SATISFECHO *con la* PROMESA *del* ESPÍRITU

SATISFECHO *con la* PROMESA *del* ESPÍRITU

Confirmando la plenitud de la provisión de Dios para la vida espiritual

THOMAS R. EDGAR

EDITORIAL PORTAVOZ

Título del original: *Satisfied by the Promise of the Spirit,* © 1996 por Thomas R. Edgar y publicado por Kregel Publications, Grand Rapids, Michigan 49501.

Traducción: Santiago Escuain
Diseño de la portada: Alan G. Hartman
Compaginación: Nicholas G. Richardson

EDITORIAL PORTAVOZ
Kregel Publications
P. O. Box 2607
Grand Rapids, Michigan 49501 EE. UU.

ISBN 0-8254-1204-8

1 2 3 4 5 edición/año 01 00 99 98 97

Printed in the United States of America

A mi hijo, Thomas Anthony Edgar,

y

a mi padre, Thomas Irwin Edgar

Contenido

Introducción

ESTE LIBRO HA SIDO ESCRITO a fin de considerar si algunos de los dones espirituales de nuestros días son idénticos a los de la Biblia. Por tanto, la Biblia, y de manera especial el Nuevo Testamento, es la fuente autorizada o competente para un estudio de los fenómenos en la iglesia apostólica que los autores del Nuevo Testamento describen como sanidades, milagros, y hablar en lenguas. La mayoría de los adherentes del movimiento carismático han dado por supuesto que los fenómenos de la actualidad son los mismos que los dones del Nuevo Testamento. Otros que no están específicamente interesados en la Biblia pero que sí lo están en el estudio de esos fenómenos, en particular de las lenguas, también han supuesto lo mismo. Si no son la misma cosa, entonces tenemos en la escena actual un fenómeno significativo en diversos campos, en los que un grupo, por una errónea identificación con conceptos bíblicos, ha alentado unas prácticas que en caso contrario no habría fomentado.

Mientras que muchas personas de diversas tendencias fomentan el movimiento carismático, otras tantas disienten con esos planteamientos. Muchos pastores y laicos, así como estudiantes de teología, se sienten perplejos ante toda su publicidad y argumentación. A menudo no están de acuerdo con el movimiento carismático, pero se sienten inseguros acerca de cómo deben responder ante el mismo. Aunque muchos cristianos no están incorporados en el actual movimiento carismático ni se interesan en experimentar personalmente los fenómenos asociados con tal movimiento, quieren sin embargo indagar acerca de los dones espirituales y de su lugar en la vida cristiana.

Como cristianos, nos es necesario comprender todos los dones espirituales, porque creemos que todos ellos son don de Dios. En este libro limitaremos nuestra definición de «milagroso» y usaremos este término para referirnos a aquellos dones que son abiertamente milagrosos y que no pueden ser duplicados por ningún esfuerzo humano. Entre estos incluimos los dones de apóstol, profeta, milagros, sanidades y hablar en lenguas. Esos dones están conectados, bien con el realizar de llevar milagros, o bien con una función más pública del Espíritu Santo.

El asunto básico y el desacuerdo existente en la actualidad se centra en estos dones en concreto. La consideración de esos dones suscita numerosas preguntas que demandan respuestas. Por esa causa, nos aplicaremos a resolver esas preguntas.

Las iglesias sanas, donde se imparte enseñanza bíblica, siempre han mantenido una instrucción respecto del uso apropiado de los dones espirituales. Dado el actual énfasis acerca de esos dones milagrosos en varios grupos carismáticos, nos es necesario examinar los asuntos suscitados por tales prácticas y dar respuesta a los interrogantes planteados. Así, el propósito expreso de este libro es buscar todas las respuestas bíblicas posibles a las muchas preguntas acerca de esos dones milagrosos.

* * *

En la mayor parte de los casos, las citas bíblicas son de mi propia traducción; cuando se indica, son tomadas de la versión *Reina-Valera*, revisión de 1960 ó 1977.

CAPÍTULO 1

¿Experiencia o las Escrituras?

A MENUDO LOS cristianos preguntan: ¿Cómo puedo vivir la vida cristiana en su plenitud? Cada persona que cree en Jesucristo recibe el perdón de sus pecados y queda justificada de inmediato. El Espíritu Santo viene a habitar en cada creyente de modo inmediato con la salvación. Cada creyente tiene acceso a Dios en oración y tiene a otros creyentes para comunión, edificación y consejo. Cada cristiano tiene todo esto de manera inmediata con la justificación. ¿Es mi justificación suficiente, de modo que por fe, con las Escrituras y sus promesas para conducirme y motivarme, pueda yo vivir la vida cristiana tal como Dios ha dispuesto? ¿Puedo estar satisfecho con lo que Dios ha provisto para mí en Cristo?

Para muchos, la respuesta es: No. Un gran número de cristianos, designados «carismáticos», dicen que necesitamos más. Lo que recibieron todos los creyentes al creer en Jesucristo no es suficiente. Cada creyente necesita más en el sentido de evidencia sobrenatural, incluidos milagros, sanidades, exorcismos, y poder. Buscan milagros personales, orientados al yo, como evidencias de la presencia y del poder de Dios. El deseo de esos milagros lo causa o motiva una falta de satisfacción fundamental con una vida de fe. Este sentido de carencia es un testimonio constante de aquellos que se sitúan en la posición carismática. Por ejemplo, John Wimber no se sentía satisfecho con los resultados de su ministerio y buscó más «poder».[1] Jack Deere no se sentía satisfecho y anhelaba más «pasión por Dios».[2] Para esos creyentes, la respuesta a su necesidad no se encuentra en las Escrituras, sino en la evidencia manifiesta, visible, de la presencia de Dios. Este planteamiento considera los milagros del Nuevo Testamento como una valiosa evidencia para aquel tiempo, pero en la actualidad se precisa de una evidencia adicional. Se desdeña la idea de que la era del Nuevo Testamento fue singular y que proveyó el fundamento histórico y probatorio para la iglesia. En vez de ello, el énfasis entre los carismáticos recae hoy en las experiencias milagrosas, que sirven ante todo, para confirmar y fortalecer al creyente individualmente y para hacer eficaz el propio ministerio. Tales experiencias proveen primariamente a las necesidades personales del creyente individual.

Por ello, debemos hacer esta pregunta: ¿Ha provisto Dios todo lo que necesitamos en Cristo, o hay carencias en la obra de Cristo? ¿Acaso la obra de Cristo queda efectivamente limitada al área de la salvación, y ahora el Espíritu ha de proveer una evidencia continuada para la vida espiritual del creyente? Sólo las Escrituras pueden dar respuestas a esas preguntas.

Antecedentes

Los elementos carismáticos de la iglesia han recorrido mucho camino desde 1901, cuando tuvo lugar el moderno «hablar en lenguas» en Parham's Bethel Bible School en Topeka, Kansas. Aunque el «movimiento de las lenguas» no adquirió fuerza hasta que fue acompañado de la creencia en la sanidad divina, fue creciendo gradualmente hasta llegar a ser un movimiento significativo dentro de la iglesia. El grupo conocido como «pentecostales» se mantuvo separado de las denominaciones históricas y de los grupos evangélicos tradicionales. Para ser considerado pentecostal, uno no sólo debe creer muchas de las doctrinas cristianas ortodoxas, sino también en un «bautismo del Espíritu» posterior a la conversión, y que se manifiesta por hablar en lenguas, y en la sanidad divina.[3] Los diversos grupos diferían en muchas prácticas y doctrinas específicas. Debido a su intenso énfasis sobre el hablar en lenguas, este movimiento es a menudo conocido como el movimiento de las lenguas. En general, creen que todos los dones espirituales descritos en el libro de Hechos, incluidos los dones manifiestamente milagrosos, deberían ser operativos en la iglesia en la actualidad. Su opinión básica es que la iglesia, en la actualidad, debería experimentar milagros, sanidades, y lenguas: es decir, todo el poder de la iglesia en Hechos.

Aunque las lenguas recibieron mucho énfasis, en algunos casos la sanidad llegó a ser el énfasis principal. Esto tuvo lugar en los ministerios «liberadores» de sanadores de avivamiento como Oral

Roberts y Kathryn Kuhlman. Los pentecostales creen a menudo que la doctrina de la expiación incluye la sanidad; es decir, que el sacrificio de Cristo nos sanó también físicamente, no sólo espiritualmente. Así, somos sanados, y cualquier enfermedad se debe directamente al pecado. Muchos de esos grupos creen que los dones de la edad apostólica continuaron pero que fueron apagados por la iglesia organizada debido a la falta de fe en lo milagroso. Otros mantienen la teoría de una «lluvia tardía»; es decir, que los dones se detuvieron hasta los tiempos del fin, y que ahora reaparecen para preparar la venida del Señor. Aunque numerosa, esta «primera ola» del movimiento carismático no hizo un gran impacto en la iglesia tradicional. La iglesia protestante tradicional creía que los dones manifiestamente milagrosos y los acontecimientos descritos en el libro de Hechos se limitaban esencialmente al período apostólico. Aunque los dones de edificación, como los de maestro y evangelista, continuaron, los dones más milagrosos, como los milagros, sanidades, lenguas, profecía, y apóstol, cesaron con la era apostólica.

En 1960, el movimiento pentecostal comenzó a expandirse hacia las denominaciones históricas. Generalmente se considera a Dennis Bennett, que introdujo esas prácticas en la iglesia episcopal, como iniciador de esa «segunda ola» o movimiento neopentecostal. Ahora se ha extendido y ha penetrado en la mayoría de las denominaciones históricas y en muchos grupos más independientes. Por cuanto este movimiento incluye ahora tanto a los pentecostales como a los neopentecostales, esta segunda ola es designada de manera más general como el «movimiento carismático». Aunque algunos pentecostales no están de acuerdo con los neopentecostales, ambos grupos abrazan la creencia de que los dones y el poder exhibidos en el libro de Hechos están disponibles hoy y que deberían operar hoy. En contraste con ello, hay aquellos que mantienen la creencia más tradicional de que los dones manifiestamente milagrosos descritos en el Nuevo Testamento cesaron durante el siglo primero y ya no están presentes en la actualidad. Las personas que creen esto son frecuentemente designados como «cesacionistas».

El buen éxito de este movimiento de ideas carismáticas o pentecostales en su introducción en iglesias no pentecostales ha resultado en una expansión mundial continuada de ideas y prácticas carismáticas. El resultado ha sido una muy amplia gama de prácticas, incluido el movimiento «Palabra de Fe» de Kenneth Copeland y Kenneth Hagin, con unas enseñanzas que prometen no sólo la sanidad física sino también prosperidad material. Han surgido movimientos como «pastoreo» y una diversidad de grupos de «restauración», algunos de ellos con graves aberraciones doctrinales. Aunque siguen con las prácticas pentecostales, el énfasis va recayendo más y más sobre las sanidades, los milagros, los exorcismos, las revelaciones y las visiones. Se pone mucho énfasis en lo sensacional y en el concepto de «poder para el servicio».

Otro reciente movimiento, a menudo designado como el movimiento de «señales y prodigios», es a menudo llamado la «tercera ola» del pentecostalismo. Identificado a menudo con la Fraternidad de la Viña de John Wimber, esto último forma sólo parte de este grupo. C. Peter Wagner, del Seminario Fuller, y Wimber son dos de los más destacados representantes. Sarles lo describe como «una mezcla de compromiso evangélico y de prácticas carismáticas. Los implicados en esta reciente tendencia afirman la continuación de todos los dones milagrosos mencionados en el Nuevo Testamento....»[4] Ellos creen que *todos* los cristianos deberían experimentar este poder. Los creyentes necesitan este poder para vivir espiritualmente.[5]

Aunque no les gusta que se les clasifique como carismáticos, es incuestionable que pertenecen a esa clasificación. No son necesariamente pentecostales, a no ser que pongan el énfasis en el «bautismo del Espíritu» posterior a la conversión y en el hablar en lenguas como su evidencia inicial, pero está claro que creen que toda la gama de los dones carismáticos está disponible hoy y debieran ser buscados. Por tanto, se oponen a la posición «cesacionista». Muchos de los involucrados en este movimiento son evangélicos que han evitado aberraciones doctrinales, en particular aquellas que afectan a las doctrinas de la Trinidad y de la persona de Cristo. Es de esperar que eso prosiga así.

La diferencia básica entre los que pertenecen al campo de las señales y los prodigios, por una parte, y los grupos evangélicos tradicionales, por la otra, atañe al asunto de los dones milagrosos. La controversia tiene que ver con los puntos de vista «cesacionista» frente al «no cesacionista» (esto es, carismático) acerca de la disponibilidad de los dones en la actualidad. Todo el movimiento carismático se ha establecido sobre la base de su pretensión de que las experiencias de los carismáticos en la actualidad son las mismas experiencias y los mismos dones que evidenciaban los apóstoles y la iglesia primitiva, en particular tal como se describe en el libro de Hechos.[6] Esta pretensión les dio credibilidad y aceptación en la iglesia en general. Es cosa cierta que el movimiento pentecostal incluye a una gran cantidad de personas de diferentes perspectivas teológicas. Como dice Lederle: «el mayor contingente de teólogos carismáticos proviene de la iglesia católica romana», y «los eruditos católicorromanos han sido procusores».[7] En tanto que Lederle considera el «bautismo del Espíritu» como la experiencia central para los carismáticos,[8] ésta no es la principal diferencia entre los evangélicos tradicionales y los evangélicos carismáticos. Para ellos, el punto clave es el cesacionismo o el no cesacionismo.

El movimiento carismático: cristianismo orientado a la experiencia

Debido a sus antecedentes y a su instrucción, Jack Deere ha venido a ser uno de los principales apologistas del movimiento «señales y prodigios» dentro del campo evangélico, y por ello mismo, de manera efectiva, de todo el movimiento carismático. En un segundo libro, según un anuncio de prepublicación, también promueve esos conceptos.[9] Por cuanto Deere comenzó originalmente desde una perspectiva no carismática, cesacionista (se graduó y enseñó en el Seminario Teológico de Dallas, un seminario puntero en el campo cesacionista), aparentemente su testimonio es un poderoso punto a favor de «señales y prodigios». El hecho de que fuese un profesor en el Seminario de Dallas se destaca en la cubierta y en la página del título de su primer libro (*Sorprendido por el poder del Espíritu*), así como en la publicidad. Por cuanto esta escuela enfatiza el estudio del texto bíblico, sería de esperar ver algunos nuevos argumentos particularmente bíblicos en la obra de Deere. En realidad, no aporta nada nuevo, sino que recurre de manera general a los comúnmente utilizados, si bien enfatiza la idea de una categoría de dones que no están al mismo nivel cualitativo que los de los apóstoles. Pero esa idea aparentemente nueva, está en realidad dada por implicación en mucho pensamiento carismático y ha sido ya expresado por otros escritores.[10] Se trata de la piedra clave de todo su argumento.

Varios académicos y otros han expresado que el libro de Deere ha de ser leído y necesita una respuesta de parte de los cesacionistas, lo cual sugiere que su libro es significativo como presentación de la perspectiva carismática. Los argumentos y la perspectiva de Deere nos darán una idea bastante precisa de los argumentos comúnmente empleados por los carismáticos así como de lo último en el pensamiento carismático acerca de este asunto. Se presentarán y considerarán los argumentos básicos de Deere antes de pasar a tratar la evidencia bíblica específica.

La experiencia es fundamental

Sin duda alguna, el argumento principal de Deere es el mismo argumento básico empleado por otros carismáticos, tanto académicos como legos. Este argumento es que la experiencia personal (que interpreto que es del Espíritu Santo) acredita la posición carismática e invalida cualquier argumento en contra. Éste no es sólo mi análisis del argumento de Deere, sino también de otros que lo critican. Por ejemplo, Mitchell, en una reseña del libro de Deere que es en general favorable, lo analiza con las siguientes afirmaciones:

> ... y sus experiencias personales jalonan cada capítulo. En realidad, hay casi un sentido en el que el libro afirma que el poder del Espíritu es real primariamente porque Deere lo experimentó y lo vio. Se acerca peligrosamente a usar la experiencia como una forma de traducción expandida del texto bíblico.[11]

Mitchell concluye con la afirmación de que Deere «infortunadamente deja al lector con la impresión de que es la experiencia religiosa misma lo que acredita aquello que argumenta».[12] Puede que Mitchell no se dé cuenta de que esto es precisamente lo que la mayoría de los carismáticos, Deere inclusive, están arguyendo.[13] La descripción del segundo libro de Deere indica que éste es el mismo argumento básico que usa para las profecías, los sueños, las visiones, y otras revelaciones. El libro de Deere es muy encomiado por presentar el argumento fundamental de toda la reflexión carismática, tanto de parte de los que tienen instrucción académica como de los legos sin instrucción teológica. Es el argumento basado en la experiencia personal, esto es: «Me ha sucedido a mí.» Para muchos carismáticos es su único argumento.

En su libro, Deere refiere que se graduó en el Seminario Teológico de Dallas, donde también enseñó durante diez años. También pastoreó una iglesia bíblica no carismática en Fort Worth, Texas, durante siete años. Originalmente, creía que Dios no daba dones milagrosos en la actualidad, y enseñaba esta idea dogmáticamente. Dice que creía esto porque era lo que le enseñaron, y porque todos en sus círculos lo aceptaban como verdad. Pone en claro que aunque era profesor y «amaba enseñar y predicar la Palabra de Dios», nunca intentó verificar la posición cesacionista en base de la Biblia.[14] Sin embargo, cuando un hombre llamado John White le dijo que había visto realmente milagros de Dios y le describió dos de ellos, la forma de pensar de Deere comenzó a cambiar sobre la base de este testimonio. Después de ver unos cuantos insólitos incidentes, se convenció de que eran milagros de Dios. Luego estudió las Escrituras desde esta perspectiva para ver si la Biblia daba cabida a esto. Deere dice que después de un estudio intensivo de las Escrituras, llegó a la conclusión de que esta no sustentaba una perspectiva cesacionista, sino más bien la no cesacionista o carismática. Ahora enseña que cualquiera que crea en los dones y los busque tendrá también la misma experiencia. Insiste él que la única razón de que alguien sea cesacionista es que no ha tenido esta experiencia.[15] Aunque este es un argumento procedente de la experiencia tal como ha tenido lugar en la vida de un hombre, es el mismo argumento básico usado por los carismáticos universalmente: «¡Me ha sucedido a mí!»

¿Son las Escrituras siervas de la experiencia?

El lugar de las Escrituras como autoridad o gobierno revela también la naturaleza centrada en la experiencia del pensamiento carismático. El asunto parece estribar en si nuestra experiencia es interpretadas y gobernada por las Escrituras, o si las Escrituras son interpretadas a la luz de nuestra experiencia.

Aunque Deere declara que su posición estaba basada en «un paciente e intenso estudio de las Escrituras», su propio testimonio muestra que la realidad es al revés. Sobre la base de una conversación telefónica con John White, dice Deere:

> Me convencí de que estaba diciéndome la verdad. Me convencí de que Dios había sanado a las dos personas de que me había hablado. Pero también estaba seguro de que Dios no daba ya los dones del Espíritu y de que debía haber otra explicación de las sanidades.[16]

Observemos que Deere quedó convencido de que Dios había sanado a dos personas mediante el ministerio de John White. El hecho de que Deere siguiera sin estar convencido acerca de la validez de los dones milagrosos carece de consecuencia, por cuanto arguye a favor de ellos sobre la base de tales experiencias generales. No hace una distinción consecuente entre tales acontecimientos y los dones.[17] Y tampoco la hace la mayoría de los carismáticos. Deere quedó convencido de la realidad de la posición que mantiene actualmente antes de estudiar las Escrituras. Quedó convencido de que esos eran milagros de Dios por medio de un hombre, John White. Así, su estudio no fue tanto para ver si las Escrituras implicaban o mantenían su posición, sino si permitían o podían ser conciliadas con aquello de lo que ya estaba convencido. Desde el principio, la experiencia, no las Escrituras, dominaba su forma de pensar. El lugar que tienen las Escrituras en su mente se desvela en su declaración de que «también había empezado a creer que Dios podía hablar de otra forma que en las Escrituras, aunque jamás contradiciendo la Biblia».[18]

Observemos que cree, como la mayoría de los carismáticos, que las Escrituras son sólo una fuente de información; las experiencias milagrosas, especialmente las profecías, visiones, sueños, y palabras de conocimiento exponen también la voz de Dios. La única restricción es que no deben contradecir a las Escrituras. Esto suena a cosa razonable. Sin embargo, *contradicción* es un término relativo. Para muchos carismáticos, la contradicción es una idea muy flexible. Una revelación del significado de «no contradicción» se indica por la aprobación de Deere del argumento de John White de que el frecuente fracaso de las sanidades en los círculos carismáticos no es «contradictorio» ante la evidencia bíblica. Y ello es así, arguye White, porque la Biblia no dice que los apóstoles no fracasaran en algunas de sus sanidades; por tanto, los apóstoles podrían haber fallado, y este hecho sencillamente no fue registrado en la Biblia.[19] Así, los fracasos de los sanadores carismáticos actuales no se consideran contrarios a las Escrituras. En otras palabras, las «experiencias milagrosas» y las «revelaciones» de los carismáticos, en su manera de pensar, no contradicen a las Escrituras a no ser que haya una declaración explícita de que no pueden ser verdaderas. Cuando analizamos la interpretación carismática de las que parecen ser declaraciones explícitas de las Escrituras que contradicen a sus puntos de vista y su interacción con aquellos pasajes bíblicos que apoyan al cesacionismo, nos damos cuenta de que hasta unas declaraciones explícitamente contradictorias pueden ser interpretadas con una interpretación improbable o sencillamente desdeñadas.[20] Las Escrituras tienen sólo un gobierno nominal y está a merced de la experiencia carismática.

La condición central de la experiencia en vez de las Escrituras es evidente también en el hecho de que los carismáticos provienen de casi cada sector de la cristiandad, incluidos a muchos cuya doctrina no es ni siquiera evangélica. Hollenweger describe al movimiento pentecostal universal como «un movimiento cuya principal característica no es el acuerdo verbal sino una correspondencia de sentimientos».[21] Esta manera de pensar orientada a la experiencia se manifiesta en el bien considerado análisis carismático de la historia de la iglesia de Kydd. Dice él en su prefacio que ha puesto gran esfuerzo en compensar sus prejuicios.[22] Kydd considera la evidencia de los dones espirituales en la «herejía y superstición» y se refiere a los gnósticos, un grupo acerca del que las Escrituras advierten a los cristianos. En cambio, debido al posible interés de ellos en las profecías, sanidades, y señales, Kydd cree que hay señales de una profunda espiritualidad dentro de estos grupos.[23] En base del resto de su discusión, parece claro que Kydd no ve tales señales en la iglesia normal o tradicional, porque evidentemente no se fomentaron esos rasgos.

La perspectiva orientada a la experiencia tocante al cesacionismo

Deere declara repetidamente que la única verdadera base de la posición de los cesacionistas es la falta de experiencia que padecen. Dice más bien dogmáticamente: «Hay una razón básica de que los cristianos creyentes que creen en la Biblia no crean en los dones milagrosos del Espíritu para hoy. Es sencillamente ésta: *no los han visto.*»[24] Y repite:

> A los cristianos no les falta la fe en los dones milagrosos del Espíritu porque las Escrituras enseñen que esos dones se ya cesaron. Más bien no creen en los dones milagrosos del Espíritu porque no los han experimentado.[25]

Según esto, la única razón de que uno sea carismático o cesacionista es haber tenido o no la experiencia. Deere rehúsa reconocer siquiera la posibilidad de que uno podría experimentar esos milagros y seguir permaneciendo como cesacionista sobre la base de las Escrituras. La evidencia de los milagros es tan abrumadora para su manera de pensar y para la manera de pensar de otros carismáticos que no importa lo que uno crea que dicen las Escrituras, afirman que si aquella persona tiene la experiencia, cambiará su manera de pensar y reinterpretará las Escrituras a la luz de la experiencia. A pesar de numerosas protestas en sentido contrario, Deere se da cuenta de que su posición está basada exclusivamente en la experiencia. En caso contrario, no podría argüir que sólo sobre la base de la experiencia cada creyente se hará carismático, y que sólo por la falta de experiencia una persona sea cesacionista.

El rechazo del cesacionismo no está basado en las Escrituras

Algunos carismáticos, contradiciendo a otros, afirman que su posición no está orientada por la experiencia, sino que tiene soporte bíblico. A pesar de sus anteriores declaraciones, Deere dice esto muy explícitamente cuando insiste: «Este cambio de idea no había sido el resultado de experentar alguna clase de fenómenos sobrenaturales. *Era el resultado de un paciente e intenso estudio de las Escrituras.*»[26] Tal como lo describe White:

> En cuanto a la pertinencia del estudio bíblico en su peregrinación desde el cesacionismo al no cesacionismo, Deere rara vez se pierde una oportunidad de recordar a sus lectores de qué manera tan abierta, y con cuánta paciencia e/o intensidad ha estudiado las declaraciones de la Biblia acerca de la obra del Espíritu.[27]

Deere insiste en que el cambio inicial en su manera de pensar fue el resultado de un estudio cuidadoso y exhaustivo de las Escrituras. Además, insiste en que mantiene su actual postura sobre aquella misma base bíblica. ¿Concuerda esto con los hechos?

Aparentemente, en época tan tardía como 1990 Deere admitió que no había estudiado 1 Corintios 13:10, Efesios 2:20 ó Hebreos 2:3, 4, unos de los pasajes más cruciales en el debate.[28] Esto refuta su pretensión de que su posición es resultado de un cuidadoso estudio de las Escrituras. Estoy totalmente de acuerdo con el análisis de White,

> de que la discusión de Deere de los textos clave que tienen que ver con la duración de los dones ... tiene una cualidad formal y tópica.... Pero si le preguntamos por los necesarios detalles en los textos que ostensiblemente le suscitan los problemas más evidentes o serios ... nos pide que esperemos a su próximo libro, o bien sepulta su brevísima discusión acerca de esos textos en apéndices y notas al pie.[29]

La evidencia da la clara impresión de que la posición de Deere no deriva del estudio de las Escrituras, sino de su experiencia. De modo que vemos que a pesar de que es un teólogo instruido en las Escrituras, el argumento primario de Deere tanto en defensa de su cambio de manera de pensar como de su actual posición es el de la experiencia personal. Lederle dejó bien claro que éste es el fundamento de la perspectiva carismática con estas palabras: «El movimiento de renovación carismática es abiertamente experimental en su naturaleza. Es esta "experiencia" del bautismo del Espíritu la que generalmente toma a la gente por sorpresa.»[30]

Por cuanto la experiencia es el argumento primario de los carismáticos, era necesario demostrar lo fundamental que es para la perspectiva carismática. Para muchos, es su único argumento. Además, determina la perspectiva que adoptan sus teólogos y laicos ante las Escrituras y la respuesta de ellos a los argumentos cesacionistas.

* * *

1. Ken L. Sarles, «An Appraisal of the Signs and Wonders Movement,» *Bibliotheca Sacra* (enero-marzo 1988):59-60.
2. Jack Deere, *Sorprendido por el poder del Espíritu* (Miami: Editorial Carisma, 1996), 210. La obra en inglés se titula: *Surprised by the Power of the Spirit*, publicado por Zondervan Publishing House, 1993.
3. John Thomas Nichol, *Pentecostalism* (Nueva York: Harper and Row, 1966), 8-17; Henry I. Lederle, *Treasures Old and New: Interpretations of "Spirit-Baptism" in the Charismatic Renewal Movement* (Peabody, Mass.: Hendrickson, 1988), 21-23; Gary B. McGee, ed., *Initial Evidence: Historical and Biblical Perspectives on the Pentecostal Doctrine of Spirit Baptism* (Peabody, Mass.: Hendrickson, 1991), 96-97.
4. Sarles, 57.
5. Tim Stafford, «Testing the Wine from John Wimber's Vineyard», *Christianity Today* 8 agosto 1986, 17-18.
6. McGee, xiv-xv.
7. Lederle, xix, 37.
8. *Ibid.*, 37.
9. Deere, *Sorprendido.*
10. Véase, p.ej., Wayne Grudem, *The Gift of Prophecy in the New Testament and Today* (Westchester, Ill.: Crossway, 1988), 109-112.
11. Kurt Mitchell, "Dispensing with Scofield", *Christianity Today*, 10 enero 1994, 57.
12. *Ibid.*
13. Lederle, 37. Considérese también la afirmación de Mallone: «Lo que estábamos viendo en nuestra propia experiencia sugería que esos dones estaban disponibles hoy,» en su *Those Controversial Gifts* (Downers Grove, Ill.: InterVarsity, 1983), 11.
14. Deere, 14.
15. *Ibid.*, 63.
16. *Ibid.*, 22.
17. Esto no significa que Deere no pretenda hacer esta distinción. Son sus argumentos los que ponen en claro que no la hace. Los carismáticos tienden a considerar todos los pretendidos acontecimientos sobrenaturales como evidencia de dones. Como ejemplo de ello, véase Ronald A Kydd, *Charismatic Gifts in the Early*

Church (Peabody, Mass.: Hendrickson, 1984), que aparentemente considera cualquier mención del Espíritu hecha por las primitivas personalidades de la iglesia como una referencia a dones.

18. Deere, 25.
19. *Ibid.*, 19-20.
20. Véase la discusión de varios pasajes a lo largo de este libro.
21. Walter J. Hollenweger, *The Pentecostals* (Minneapolis: Augsburg, 1972), xviii. Hay versión en español por Editorial La Aurora, Buenos Aires, Argentina.
22. Kydd, ix.
23. *Ibid.*, 49.
24. Deere, 63.
25. *Ibid.*
26. *Ibid.*, 25.
27. R. Fowler White, «For the Sparrow in the Hurricane: A Review of Jack Deere's *Surprised by the Power of the Spirit*» (ponencia leída en la reunión anual de la Evangelical Theological Society, Región Oriental, Filadelfia, 1994), 7.
28. *Ibid.*, 8.
29. *Ibid.*
30. Lederle, 37.

CAPÍTULO 2

Las Escrituras: ¿para acreditación o para una mera credibilidad?

EL CESACIONISTA, en vez de hacer una suposición basada en la experiencia, estudia las Escrituras para dilucidar si las experiencias carismáticas son verdaderamente los dones descritos en el Nuevo Testamento. El argumento del cesacionista se basa en las declaraciones directas de las Escrituras. También usa las Escrituras de modo indirecto para determinar la existencia de un vínculo histórico entre los dones carismáticos y los tiempos del Nuevo Testamento. En último término, las Escrituras son la norma. O bien ha de acreditar los dones carismáticos, o bien ha de acreditar el argumento cesacionista.

El argumento carismático: las Escrituras acreditan la experiencia

A menudo se pierde de vista la significación de la perspectiva carismática centrada en la experiencia. Parte del problema que subyace a la controversia es que los cesacionistas suponen que la base para determinar la validez de la perspectiva cesacionista o de la carismática será una sólida discusión bíblica. Los cesacionistas se sienten a menudo asombrados ante la limitación de los objetivos y de las perspectivas del argumento carismático. Uno adquiere la impresión de que el objetivo de ellos es meramente refutar el cesacionismo. Los carismáticos hacen bien poca cosa para demostrar que su posición se enseña en las Escrituras: sencillamente lo dan por supuesto. De igual modo dan por supuesta la continuación de los dones milagrosos a pesar del hecho de que el tenor del Nuevo Testamento significa que los acontecimientos de aquel tiempo fueron singulares.

Los cesacionistas a menudo no comprenden realmente la manera de pensar carismática. La experiencia del carismático es interpretada empíricamente como de parte de Dios. Se la supone genuina y no tiene necesidad de ser acreditada por las Escrituras. Por ello, el argumento bíblico raras veces convencerá a los carismáticos de que su interpretación de la experiencia sea errónea. Esta perspectiva explica también el enfoque profundamente limitado de todo el argumento carismático. La defensa que hacen los carismáticos de su posición ha sido básicamente mostrar que el cesacionismo no puede ser demostrado con certidumbre en base de las Escrituras. La mayoría realmente han intentando poco más que esto. El argumento va algo así: «Si el cesacionismo no puede ser demostrado con certidumbre por las Escrituras, entonces mi experiencia es un milagro de Dios.» Aun si el cesacionismo no se pudiera demostrar de manera efectiva, esto no establecería ninguna de las otras suposiciones necesarias para llegar a la conclusión de que la experiencia personal de una persona individual sea un milagro de Dios. El argumento carismático no reside en establecer la validez de su posición, por cuanto la da por supuesta; más bien se trata de eliminar un obstáculo a su credibilidad, desacreditando el cesacionismo. Así, el argumento carismático básico es una experiencia que se acredita por sí misma.

La experiencia personal: un guía incierto

Quizá una definición de *experiencia* sirva de ayuda. El *Diccionario de la Real Academia Española* da lo siguiente como uno de los significados de experiencia: «Trato directo; práctica. Conocimiento adquirido de esta manera.» En realidad, todas sus otras aceptaciones acentúan el envolvimiento personal en el sentido de realmente participar en, vivir a través u observar algo según va ocurriendo. El uso del término *experiencia* en la controversia cesacionista/carismática es consecuente con esto. El problema básico es que la experiencia no es lo mismo que el hecho. El hecho es una cosa real. No depende de la interpretación. La experiencia debe ser interpretada. Las interpretaciones pueden variar, dependiente del intérprete. Por ello, se precisa de un regulador objetivo para establecer la validez de la interpretación.

El problema de las interpretaciones no objetivas de los carismáticos

Después de oír el testimonio de un carismático, muchas personas han cometido un error lógico al pensar que la persona que da este testimonio ha de estar diciendo la verdad, porque la persona no parece estar mintiendo. Sin embargo, han descuidado el hecho de que las alegaciones de que era un milagro y de que este milagro procedía de Dios dependen enteramente de la interpretación de la persona que da este testimonio. Por ejemplo, observamos que Deere reaccionó de esta manera cuando oyó el informe de John White de dos sanidades de parte de Dios. Deere pensó:

> Hay sólo dos opciones. O el doctor White me está diciendo la verdad, o me está mintiendo. Pero él no está engañado. Es médico.... Sabe la diferencia entre enfermedades orgánicas y psicosomáticas. No está engañado. O me está diciendo la verdad o está engañándome a propósito.[2]

Al final, Deere creyó que el doctor White no lo estaba engañando de manera intencionada, por lo que aceptó todo el testimonio de White, incluido el testimonio de que se trataba de milagros procedentes de Dios.

Supongamos, sin embargo, que White no estaba mintiendo y que no se engañaba tocante a la enfermedad. Esto no deja abierta únicamente la opción de que todo su testimonio era verdadero. Deere descuidó algunos hechos muy significativos. El hecho de que White fuese médico no lo califica determinar si esto era realmente un milagro o que fuese de Dios. Después de todo, la Biblia pone en claro que Dios no es la única fuente de milagros. De modo que, ¿cómo sabía White que procedía de Dios? Otro hecho que Deer pasó por alto consiste en que White no sólo era un médico, sino un médico carismático. De modo que nos vemos obligados a hacer esta pregunta: ¿Interpretó él esta sanidad como hombre de ciencia o como carismático?

Además, supongamos que todo en el testimonio de White fuese exactamente lo mismo, excepto que declarase que esas sanidades eran del diablo. En base de sus propias suposiciones, de que White no iba a mentir y de que no podía ser engañado, Deere tendría que creer que esas mismas sanidades eran del diablo. No hay diferencia en la sanidad. La única diferencia sería a quién White acreditaría los milagros. Por tanto, las sanidades y las experiencias por sí mismas no tienen nada que hacer con la interpretación acerca de la fuente. La fuente es puramente aquella que el intérprete supone que sea. De modo que una experiencia no puede acreditarse por sí misma; no puede autoconfirmarse. Ha de ser interpretada, y la única manera de interpretar de una manera precisa es tener una norma distinta de la experiencia. Las Escrituras son la única norma precisa para determinar si una experiencia es de Dios.

La experiencia personal exige interpretación

Nuestro análisis de nuestra propia experiencia individual no es necesariamente exacto. Cuando uno viene a ser cristiano, su testimonio de este acontecimiento es exacto sólo porque la Biblia define la naturaleza de la salvación, no por la experiencia personal que uno tenga de la misma. El testimonio de un carismático se centra frecuentemente de manera expresa en la experiencia, y como resultado puede dar una imagen distorsionada, porque no tiene en cuenta todos los hechos.

Por cuanto el testimonio de Deere es característico de los carismáticos y por cuanto también relata numerosos detalles acerca de sí mismo, esto dará un buen ejemplo. Él testifica que era un cesacionista típico. Sin embargo, después de oír el testimonio de John White acerca de las sanidades y de estudiar el tema en la Biblia, vino a ser un carismático convencido. ¿Es su testimonio un análisis objetivo que pueda servir ahora de guía para otros? Creemos que sobre la base de la evidencia que el mismo Deere da, su experiencia puede interpretarse de manera diferente. Si incluimos los detalles adicionales que Deere menciona y contemplamos su testimonio como un todo, llegamos a una interpretación radicalmente diferente.

Puede que también nos preguntemos por qué Deere mostró tanta insistencia en que White, un carismático, hablase en su iglesia. La mayoría de los pastores cesacionistas no lo hubieran hecho. ¿Por qué Deere tuvo que leer quince libros de White?[3] Quizá Deere estaba interesado en la perspectiva de White largo tiempo antes de esta conversación. Un testimonio de gran importancia es su declaración de que aun al entrar en el seminario sentía que no tenía una pasión bíblica por Dios.[4] El sentimiento de esta carencia no es infrecuente entre los que pasan a la posición carismática. Quizá la declaración más llena de significado es su comentario de que escogió un sistema cesacionista para poder tener una excusa por no tener una pasión por Dios.[5] En otras palabras, antes del seminario ya había sentido una carencia y creía también que el cesacionismo era una «excusa».

Como muchos carismáticos, Deere destaca la experiencia que lo hizo cambiar de manera de pensar. Alguna otra persona podría poner igual énfasis en todo el proceso que condujo y resultó en la interpretación particular que hace Deere de aquella experiencia. La experiencia por sí misma, aparte de este proceso, no fue necesariamente el factor conducente al convencimiento. Entonces se llegaría a la conclusión de que Deere es una persona que estaba siempre buscando lo que los carismáticos pretenden poseer. Por alguna razón, fue un profeso cesacionista pero siempre anhelando ser convencido para salir y hacerse carismático. La experiencia fue meramente un catalizador que le dio una razón para dar este paso.

En vez de ser un cesacionista típico, el propio testimonio de Deere revela que fue siempre un carismático «esperando su oportunidad». De modo que su experiencia no se interpretó realmente a sí misma de forma que no pudiera interpretarse de ninguna otra manera. Más bien, la anterior inclinación y manera de pensar de Deere lo llevaron a interpretar su experiencia tal como lo hizo. Su experiencia, por tanto, no es una guía fiable para otros, porque se interpreta a la luz de una inclinación que Deere tenía antes de su experiencia, una inclinación de que otros pueden carecer. Las experiencias carismáticas son a menudo interpretadas de manera principal sobre la base de una tendencia hacia una perspectiva carismática que se centra en la experiencia misma y que descuida otros factores o posibilidades. Para muchos que se vuelven carismáticos, la verdadera causa no es la experiencia. La verdadera causa es una insatisfacción, un sentimiento de una cierta carencia. Éste es un rasgo constante en los testimonios carismáticos.[6]

Por cuanto la experiencia puede ser interpretada de manera diferente, ha de haber alguna otra manera de determinar cuál es la interpretación correcta. La experiencia no es una guía fiable. En cosas que tocan a Dios, como sucede con este asunto, el único patrón fiable de medida mediante el que podemos interpretar la experiencia es la Biblia.

Deere ha explicado este cambio de cesacionista a carismático como un argumento para convencer a otros a hacer lo mismo. Por otra parte, muchos otros han cambiado de la posición carismática a la cesacionista y pueden argüir que se debería seguir el ejemplo de ellos. De modo que la experiencia no puede ser una guía, porque no podemos saber cuál de esas dos experiencias opuestas debemos seguir. El testimonio de los carismáticos no puede ser una guía de fiar por cuanto queda anulado por el testimonio de muchos que han abandonado la posición carismática. Además, el testimonio puede proceder de un prejuicio carismático. Por ello, la única guía fiable y objetiva es las Escrituras.

El argumento cesacionista

La iglesia como un todo, a lo largo de la historia, no ha mantenido el punto de vista carismático. Todo el tenor del Nuevo Testamento, en particular los Evangelios y el libro de Hechos, señala a aquel tiempo como un período singular con muchos acontecimientos singulares. A lo largo de los siglos, la iglesia ha mantenido que la era apostólica fue diferente. Aun aquellos en la iglesia postapostólica que afirmaban ver milagros diferenciaban cuidadosamente estos de los de los apóstoles.[7] Muchos carismáticos conceden que lo que vemos hoy no es lo mismo que lo que aparece en el libro de Hechos. La limitada aparición de cualquier don milagroso en la historia de la iglesia apoya al cesacionismo. De modo que la carga de la prueba debería recaer en los carismáticos: ellos deben demostrar su posición.

Los cesacionistas señalan pasajes bíblicos que o bien enseñan o bien implican cesacionismo. Erigen argumentos bíblicos de modo inductivo por reunir diversos hechos bíblicos tocantes a los dones, y observan que ningún versículo enseña que los dones continuarán. También han estudiado las descripciones bíblicas de los dones y han demostrado que los dones milagrosos actuales no concuerdan con la descripción de los dones en el Nuevo Testamento. Además, muestran que no hay vínculo histórico entre los dones carismáticos de hoy y los de la era del Nuevo Testamento. Por tanto, las Escrituras sustentan el cesacionismo, los llamados dones milagrosos de hoy no concuerdan con la descripción bíblica de los dones, y no hay vínculo histórico entre los dones de hoy y los dones bíblicos. La posición cesacionista queda acreditada por las Escrituras.

El énfasis cesacionista sobre las Escrituras

Algunos se sienten confundidos acerca de la diferencia entre hecho y experiencia. Creen que un argumento basado en los hechos de la historia equivale a argüir desde la experiencia. Sin embargo, por definición experiencia se refiere a algo en lo que la persona está inmersa mientras aquello se desarrolla. Se ha de estar presente. Puede también incluir la respuesta de la persona o el efecto ejercido en ellos. Tal como se usa en el debate carismático-cesacionista, incluye todas estas ideas. Nadie consideraría la historia de la iglesia como «su experiencia». Pero un hecho es algo diferente. Se refiere a algo que ha sucedido realmente; no demanda envolvimiento o participación personal, y tampoco depende de la propia interpretación.[8] Un hecho es el mismo aun si no hay nadie presente para experimentarlo. La historia es de manera propia un registro de hechos, un registro de acontecimientos más que de experiencias. Si yo arguyo que no tenemos ningún registro de nadie en la historia de la iglesia que llevase a cabo milagros como los apóstoles, entonces se trata de un argumento basado en el hecho histórico, no en la experiencia. Si yo digo que hoy en mi clase nadie resucitó de los muertos, se trata de un argumento basado en hechos, no en experiencia.

Así, no es propio usar el término *experiencia* para acusar a los cesacionistas de que también arguyen en base de la experiencia cuando se refieren a la historia, bien la pasada, bien la presente.[9] Este reproche tiene la intención de neutralizar el hecho de que el argumento carismático está orientado a la experiencia. Además, la acusación emplea el término *experiencia* en un sentido diferente que el empleado comúnmente al considerar este asunto. El uso impreciso de un término aceptado sólo sirve para llevar a la confusión. Es inapropiado usarlo de manera diferente con el fin de dar la impresión de que los cesacionistas están usando la misma clase de argumento que los carismáticos. Sea cual fuere el término empleado, argüir sobre la base del hecho histórico no es lo mismo que argüir sobre la base de una suposición puramente subjetiva de que algún acontecimiento sea un milagro de Dios. Aun si la historia se describiere como experiencia, se tendría que modificar con algunos términos como experiencia *de hecho* o *histórica* para diferenciarla de la interpretación subjetiva de acontecimientos en los que el individuo tiene que estar realmente presente. Un argumento procedente de la historia es un argumento de hecho, no de la experiencia.

Con independencia de lo que los cesacionistas puedan pensar que están haciendo, Deere afirma de manera dogmática que nadie es cesacionista debido a la enseñanza de las Escrituras, sino debido a que no han visto los dones; no los han experimentado.[10] Por esto se refiere a los dones carismáticos de la actualidad. Esta acusación es manifiestamente falsa. Muchos han visto los pretendidos dones de hoy, han experimentado todas las experiencias carismáticas, han estado profundamente inmersos en el movimiento carismático, y son ahora cesacionistas debido al estudio de las Escrituras. A menudo estas personas estaban más profundamente envueltas y con mayor sinceridad que el carismático medio. Pero cambiaron debido al estudio de la Biblia, no debido a que no estuviesen involucrados en el movimiento. Muchos más han visto los dones actuales, han oído los testimonios de los carismáticos, y han estado expuestos de diversas maneras a los dones actuales, pero han permanecido cesacionistas debido al estudio de las Escrituras. La acusación de Deere es contraria a los hechos.

La acusación de que uno sea cesacionista sólo por no haber visto los dones contradice uno de los principales argumentos que usan los carismáticos para explicar la desaparición de los dones milagrosos de la iglesia. Ellos arguyen que la iglesia primitiva, de manera particular en Occidente, dejó de creer en los dones milagrosos, y que por ello no los recibieron.[11] Observemos el orden de los acontecimientos: (1) los cristianos dejaron de creer y (2) como resultado, los dones no les fueron dados. Este argumento mantiene que mientras se estaban ejerciendo los dones y mientras que la iglesia estaba envuelta en el pleno ejercicio de los dones milagrosos, los cristianos dejaron de creer en ellos y se volvieron cesacionistas. La idea de que la iglesia como un todo vio los dones milagrosos en todo su florecimiento y que a pesar de ello se volvió cesacionista está en plena contradicción con la acusación de Deere de que las personas son cesacionistas sólo porque no han visto los dones. ¿Cuál de esos dos argumentos contradictorios cree él realmente? ¿Son las personas cesacionistas porque no han experimentado los dones? ¿O experimentó la iglesia los dones, luego dejaron de creer en ellos, y finalmente se volvieron cesacionistas? No puede tener ambas cosas. O bien uno de los dos argumentos es erróneo, o ambos son erróneos. Pero los dos no pueden ser correctos a la vez.

Hemos visto que un argumento procedente de la historia no es un argumento que proceda de la experiencia tal como se emplea este término en esta discusión. Sin embargo, alguien puede con todo intentar desacreditarlo afirmando que usar los hechos de la historia o comparar los dones actuales con los de la Biblia no constituye un argumento basado en las Escrituras.[12] En primer lugar, el hecho de que un argumento no esté basado en las Escrituras no significa que sea un argumento carente de valor en una discusión que trate de temas bíblicos. Argüir en base de la historia y aparte de las Escrituras que se cumplió la profecía, por cuanto Jerusalén fue destruida en el 70 d.C., no invalida el argumento. Sin embargo, esos son argumentos basados en las Escrituras. Si comparamos la doctrina de alguien con las Escrituras y concluimos que no concuerda con esta, eso es un argumento bíblico. El uso de los requisitos bíblicos para los ancianos a fin de determinar si ciertas personas cumplen esos requisitos, y llegar con ello a la conclusión de que no los cumplen, no es un argumento experimental o histórico. Es bíblico; es un argumento basado en las Escrituras.

El uso de la descripción que hace el Nuevo Testamento de los dones para ver si los dones carismáticos de nuestros días se ajustan a esos requisitos constituye un argumento bíblico. El argumento histórico se basa también en las Escrituras. Por ejemplo, alguien podría señalar un edificio del siglo veinte en Jerusalén y afirmar que es el templo de la época de Jesús. Nosotros podríamos demostrar que el edificio no se corresponde con el templo ni con los edificios de aquel tiempo, y que ningún edificio del templo como el del Nuevo Testamento se ha visto en Jerusalén desde los tiempos del Nuevo Testamento. Este no es un argumento disociado de las Escrituras; al contrario, es historia correlacionada con las Escrituras.

En un curioso intento de desacreditar el argumento cesacionista, Deere pretende que ninguna parte del mismo se basa en las Escrituras.[13] Por cuanto los cesacionistas usan claramente las Escrituras, no puede demostrar su argumento mostrando una carencia de argumentación bíblica. Por ello, usa un razonamiento filosófico. Arguye que la verdadera objetividad no es posible, por cuanto las personas que piensan que son intérpretes objetivos mantienen diferentes interpretaciones de las Escrituras. Parece suponer que si es imposible la objetividad pura, que nadie entonces puede edificar un argumento en base de las Escrituras. Que la gente mantenga diferentes interpretaciones no significa que ninguna de ellas sea objetiva: sólo significa que algunas no lo son. El ejemplo que él emplea de la interpretación amilenarista (ningún futuro reino literal para Israel) frente a la premilenarista (un futuro reino literal para Israel) es una pobre elección para su argumento, porque una de esas posiciones ha de ser cierta y por ello estar basada en una interpretación objetiva. También arguye que si un nuevo cristiano fuese encerrado en una habitación con sólo una Biblia para estudiar, nunca saldría como cesacionista. ¿Cómo lo sabe? Lo sabe por su propia experiencia.[14] Naturalmente, eso no es cierto, porque Deere nunca estuvo encerrado en una habitación como nuevo cristiano y nunca tuvo esta experiencia. Es muy improbable que un creyente encerrado en una habitación saliese esperando nada como el actual movimiento carismático y sus «dones».

Los modernos carismáticos: una posición alterada

Cuando alguien compara los dones en el Nuevo Testamento con los practicados por el movimiento carismático, la comparación se derrumba. Aunque los carismáticos modernos pretenden que todos los dones y el poder exhibidos en el libro de Hechos por los apóstoles siguen disponibles hoy, sus dones se quedan muy lejos. Por ejemplo, Jesús y los apóstoles nunca fallaron en sus obras milagrosas, lo que contrasta en gran medida con las prácticas de los carismáticos de hoy. El hecho de que la historia no muestra la continuación de los dones como los exhibían los apóstoles, ni ningún «poder» en la iglesia como el que se puede observar en el libro de Hechos, es otro enorme obstáculo a la posición carismática. En consecuencia, estos factores han forzado a muchos modernos carismáticos a alterar sus pretensiones acerca de milagros, sanidades, y dones de revelación. Muchos líderes carismáticos explican la falta de conformidad entre sus dones y los del Nuevo Testamento diciendo que no pretenden tener los mismos dones que se describen en el libro de Hechos y que ejercieron los apóstoles. Por ejemplo, no pretenden el don de profecía infalible como se describe en la Biblia. Más bien, pretenden poseer el don de una profecía falible dado por el Espíritu Santo. Respecto a esto, Grudem se queja de que los cesacionistas están a menudo

> ... quejándose contra una postura acerca de la profecía que ningún responsable carismático mantiene.... Parecería más productivo (si uno quiere aplicar una crítica responsable al movimiento carismático) argüir contra la continuación de la clase *menor* de profecía que afirman los portavoces carismáticos más responsables que existe y funciona en la actualidad.[15]

Grudem también dice que

> se da un testimonio casi unánime desde todos los sectores del movimiento carismático de que la profecía es imperfecta e impura, y que contendrá elementos que no deben ser obedecidos y en los que no se debe confiar.[16]

Los carismáticos responsables no pretenden tener profecía en el sentido en que se comprende normalmente, como un don infalible, sino una profecía de una categoría inferior, y que no tiene más autoridad que cualquier enseñanza o predicación. Los modernos carismáticos tampoco defienden ya que tienen los dones que manifestaron los apóstoles en el libro de Hechos. Mantienen en cambio que el Espíritu Santo distribuyó dones entre los creyentes de la iglesia primitiva, pero que esos dones no estaban al mismo nivel cualitativo que los de los apóstoles. Esos sí eran los mismos que los dones carismáticos actuales, como dones de sanidades que a menudo fallan. Deere dedica mucho espacio a argüir que los carismáticos no pretenden poseer dones como los apóstoles. Ellos pretenden tener dones falibles o menores. Dice que no ve a nadie realizar milagros como los del ministerio de los apóstoles.[17] En otras palabras, los carismáticos «responsables» conceden que los dones apostólicos y el poder manifestado en el libro de Hechos cesó ciertamente con la era apostólica y que no se ven en la actualidad. Han admitido el argumento cesacionista básico. La falta de conformidad entre las lenguas carismáticas y las del Nuevo Testamento ha sido defendida durante años pretendiendo una distinción entre la «señal», como en el libro de Hechos, y el «don», como en 1 Corintios.

La mayoría de los cesacionistas son desconocedores de que los carismáticos han admitido en realidad estos argumentos cesacionistas. Muchos carismáticos probablemente no se dan cuenta de lo que estos carismáticos «responsables» les están haciendo a sus creencias. Grudem se queja de que los cesacionistas están arguyendo contra dones de calidad apostólica (como el de profecía infalible), que ningún carismático responsable cree que esté presente hoy. Pero esta queja es válida sólo en parte. Los líderes carismáticos han declarado que los dones carismáticos son de menor calidad. Aunque han admitido los puntos cesacionistas esenciales, nunca han admitido que los cesacionistas estén en lo cierto. En vez de ello han seguido arguyendo contra los argumentos cesacionistas originales, que se refieren a los dones de calidad apostólica. Todo esto ha hecho más difícil que los demás se den cuenta de que ellos han alterado su posición original. Por ejemplo, ellos protestan que los argumentos de Warfield no refutan sus pretensiones.[18] Pero en realidad ya han admitido sus argumentos y han cambiado lo que pretenden tener a una clase de don que Warfield y otros cesacionistas no trataron de manera específica. Han confundido el asunto al no admitir públicamente que están cambiando aquello que pretenden poseer.

Otro obstáculo para el punto de vista carismático ha sido el hecho histórico de que los dones como los de Hechos han cesado. Aunque algunos han tratado de mostrar la ocurrencia de milagros en la historia, se reconoce de manera general que no se han manifestado dones como los de Hechos desde los primeros años de la iglesia. Aun la evidencia de la existencia de dones menores como los del movimiento carismático aparece con mucho sólo en casos esporádicos y dispersos. Debido a que los carismáticos reconocen por lo general este problema, intentan explicarlo de dos maneras. Primero, mantienen que los dones cesaron en la iglesia debido a la incredulidad de la iglesia respecto a los dones. En otras palabras: Dios da dones sólo a los que tienen fe en dones. Segundo, algunos carismáticos arguyen que Dios hizo que esos dones cesaran pero que ahora vuelve a darlos en estos «últimos días». A eso se le llama la «lluvia tardía». La teoría de la menor calidad o de dones defectivos no sólo sirve para explicar por qué los dones carismáticos de hoy no cumplen las normas de los del Nuevo Testamento, sino que sirve también para resolver el problema histórico. Evidentemente, los dones mencionados en el libro de Hechos no continuaron; sin embargo, les es más posible pretender que los dones defectivos como los del movimiento carismático sí aparecen en la historia.

El movimiento carismático ganó credibilidad y aceptación al principio al pretender que sus dones eran los mismos que los de Hechos. Para la mayoría de la gente, es eso lo que los hace creíbles en la actualidad. Pero ahora una de sus principales defensas es afirmar que no son lo mismo. Al ser encarados con los hechos, han tenido que negar el mismo fundamento de su razón original de ser.

Los cesacionistas no comprenden a menudo lo que ha sucedido. Ha habido algunos cambios de énfasis. Por ejemplo, los carismáticos no enfatizan las lenguas tanto como se habían enfatizado en los círculos pentecostales. En vez de ello, el énfasis recae en milagros y señales. Pero hay un cambio más significativo respecto al tema en discusión. Los carismáticos argüían originalmente que todos los dones y el poder exhibido en Hechos y por los apóstoles existían en toda la iglesia del Nuevo Testamento y que estaban disponibles en la actualidad. Los cesacionistas argüían que aquellos dones estuvieron en operación durante la era apostólica y que cesaron al finalizar la misma. Muchos carismáticos inteligentes admiten que los dones como los de los apóstoles no existen en la actualidad y que no han existido desde la era apostólica. Ya no argüyen en favor de la existencia de dones como el de apóstol sino un tipo inferior de don que se corresponde con los dones carismáticos. Por cuanto no pueden demostrar que sus experiencias se conforman a las Escrituras, intentan mostrar que las Escrituras se conforma a sus experiencias.[19] En lugar de mostrar que sus profecías son como las profecías infalibles de las Escrituras, intentan mostrar que sus falibles profecías están en las Escrituras.[20]

La necesidad de validez, no de credibilidad

Suponiendo que estemos buscando la verdad, la mera neutralización de los argumentos opuestos no demuestra la propia posición. A los carismáticos les es preciso demostrar que su posición es bíblica, no meramente darlo por supuesto y emprender simplemente la neutralización de los argumentos cesacionistas. Para determinar la validez del argumento cesacionista debemos ver si la Biblia lo confirma. Debemos también examinar la naturaleza de los dones del Nuevo Testamento y determinar si son los mismos que los dones carismáticos actuales. Debemos ver también si hay alguna evidencia real de que el Espíritu da un tipo menor o defectivo de don comparable a los de la actualidad. Además, es preciso examinar la historia para ver si hay algún vínculo histórico o continuidad entre los dones en el Nuevo Testamento y los que sostienen los carismáticos contemporáneos.

* * *

1. *Diccionario manual e ilustrado de la lengua española*, de la Real Academia Española (Espasa-Calpe, Madrid 1989), «experiencia».
2. Deere, 22.
3. *Ibid.*, 16.
4. *Ibid.*, 210.
5. *Ibid.*
6. *Ibid.* Véase también Ken Sarles, que describe la frustración de Wimber ("An Appraisal of the Signs and Wonders Movement," *Bibliotheca Sacra* [enero-marzo 1988]:59-60).
7. Véase, p.ej., Tertuliano, *Contra Marción* 5:8. Véanse también Clemente de Roma, *Epístola a los Efesios* 5:3-7; 42:1-5; e Ignacio, *A los de Filadelfia* 5:1; 9:1.
8. *Diccionario manual e ilustrado de la lengua española*, de la Real Academia Española (Espasa-Calpe, Madrid 1989), «hecho», en su acepción sustantiva.
9. Deere, 63. Es absurdo argüir, como lo hace Deere, que argüir en base de la historia y comparar los dones carismáticos con los dones bíblicos es un argumento basado en la experiencia personal. Deere es también ilógico cuando afirma que la carencia de experiencia es experiencia. ¿Cómo puede ser la falta de algo lo mismo que ese algo? Deere intenta disfrazar esos argumentos de hecho de que ciertos acontecimientos no tuvieron lugar y que no hay comparación entre los dones del Nuevo Testamento y los dones carismáticos diciendo que el hecho de que algunos acontecimientos no fueron

tales no es un hecho sino una falta de experiencia. Sin embargo, un acontecimiento que no sucedió no es falta de experiencia. Es nada.

10. *Ibid. 64.*
11. Steve Durasoff, *Bright Wind of the Spirit: Pentecostalism Today* (Englewood Cliffs, N.J.: Prentice-Hall, 1972) 34; Ronald A. Kydd, *Charismatic Gifts in the Early Church* (Peabody, Mass.: Hendrickson, 1984), 56, 57, 74, 85-87; Deere, 66, 84.
12. Deere, 63, 64, 83, 84.
13. *Ibid.*, 51-64.
14. *Ibid.*, 62.
15. Wayne Grudem, *The Gift of Prophecy in the New Testament and Today* (Westchester, Ill.: Crossway, 1988), 111, 112.
16. *Ibid.*, 110.
17. Deere, 77, 78.
18. *Ibid.*, 85, 86.
19. *Ibid.*, 65-82.
20. Grudem, 109-112.

CAPÍTULO 3

Información bíblica acerca de los dones espirituales

EL NUEVO TESTAMENTO nos da una información detallada relativamente parca acerca de cualquier don espiritual específico. De hecho, en el caso de varios de los dones sólo conocemos sus nombres. De modo que parte de la controversia acerca de los dones espirituales tiene que ver con el hecho de que carecemos de información detallada acerca de los mismos.

Evidencia neotestamentaria de los dones espirituales

Aunque los evangelios describen muchos milagros o señales llevados a cabo por el Señor Jesucristo, Marcos 16:17-20 es el único pasaje de los cuatro evangelios en el que se mencionan dones espirituales dados a la iglesia.[1] Los dones no son descritos más que por el término «señales». El libro de Hechos refiere numerosos casos en los que se ejercieron los dones milagrosos, pero sólo se describen unos pocos de los dones. De modo que Hechos nos da pocos detalles tocante a los dones espirituales.

Los únicos pasajes del Nuevo Testamento que realmente dan una lista o nombran los dones espirituales aparecen en las cartas de Pablo y de Pedro. Los dones se tratan en Romanos 12:6-8; 1 Corintios 12–14, Efesios 4:11 y 1 Pedro 4:10, 11. Aparte del don de lenguas, se da poca información tocante al uso de ningún otro don específico. Por lo general podemos deducir algo de la naturaleza de ciertos dones sólo por los nombres precisos de estos dones, sencillamente porque carecemos de la descripción de los mismos.

El principal pasaje que considera el uso apropiado de los dones espirituales es 1 Corintios 12–14. Esos tres capítulos fueron escritos por Pablo a los creyentes en Corinto para tratar acerca del uso de los dones espirituales y de manera más específica del mal uso de las lenguas en la asamblea de Corinto. En Marcos 16:17-20 se menciona el echar fuera demonios, hablar en lenguas, manejar serpientes, beber cosas mortíferas, y sanar a los enfermos. Marcos dijo que eran señales que acompañarían a la predicación del evangelio: es decir, que confirmarían el mensaje del evangelio para el inconverso.

Los dones mencionados en Romanos 12:6-8 incluyen la profecía, el ministerio, la enseñanza, la exhortación, el dar, gobernar y mostrar misericordia. Los tratados en 1 Corintios 12–14 son descritos bajo el término griego general *pneumatikon*, «cosas espirituales» (véase 12:1).[2] En 12:8-10 los dones mencionados por Pablo incluyen la palabra de sabiduría, la palabra de conocimiento, fe, sanidades, hacer milagros, profecía, discernimiento de espíritus, lenguas e interpretación de lenguas. En 12:28-30 Pablo incluye apóstoles, profetas, maestros, milagros, sanidades, ayudas, gobiernos y lenguas. Efesios 4:11 se refiere a los apóstoles, profetas, evangelistas, pastores y maestros, que son ellos mismos dones dados por Cristo a la iglesia. Primera Pedro 4:10, 11 indica que cada creyente recibe un don y que los dones se dan para servir a otros.

Aunque 1 Corintios 12 relaciona el reparto de dones con el Espíritu Santo, los otros pasajes no hacen mención del Espíritu Santo en relación con los dones. Efesios 4:11 vincula de manera específica la gracia o dispensación de dones con Jesucristo. Se usan diferentes términos griegos para designar estos dones, como *pneumatikon*, «cosas espirituales» (1 Co. 12:1); *charisma*, «dones» (Ro. 12:6; 1 Co. 12:4, 9, 28, 30, 31; 1 P. 4:10); *charisma*, «dones» (Ro. 12:6; 1 Co. 12:4, 9, 28, 30, 31; 1 P. 4:10); *doma*, «dones» (Ef. 4:8), y *diakonia*, «ministerios» (Ro. 12:7).

Definición de un don espiritual

El Nuevo Testamento enseña con claridad que las personas mismas, como apóstoles y profetas, son dones dados por Cristo a la iglesia. Sin embargo, pensamos normalmente en los dones como algo dado a una persona. Un apóstol puede ser considerado como aquel que ha recibido el don o la capacidad que necesita para actuar como apóstol. Un don espiritual es una capacidad dada sobrenaturalmente por Dios a una persona por medio del Espíritu Santo a fin de que su receptor pueda usar esta capacidad para ministrar a las necesidades de la iglesia, el cuerpo de Cristo. Dios da sobrenaturalmente al creyente una capacidad especial para el servicio. Esta definición es importante.

El asunto en discusión es si ciertos dones espirituales de los tiempos del Nuevo Testamento están disponibles en la actualidad. Tanto los carismáticos como los cesacionistas están discutiendo lo mismo, por cuanto las discusiones conciernen a los apóstoles, profetas, milagros, y sanidades. Sin embargo, el argüir en defensa de su posición, los carismáticos se valen a menudo de argumentos basados en acontecimientos sobrenaturales en general en vez de en referencias bíblicas que conciernan de manera específica a los dones espirituales. De modo que la tendencia es a confundir los dones espirituales con las obras milagrosas de Dios.

En su propio relato de una entrevista con un estudiante, Deere cuenta cómo le preguntó a este acerca de los dones milagrosos.[3] El estudiante respondió que los milagros fueron comunes sólo en tres períodos. Ahora bien, está claro que el estudiante está respondiendo a la pregunta de Deere acerca de los dones, de modo que por «milagros» está evidentemente refiriéndose a dones milagrosos. En su respuesta se refiere a Moisés y Josué, a Elías y Eliseo, y a Cristo y a los apóstoles, es decir, a personas que hicieron milagros. De modo que la respuesta se refería a dones milagrosos. Deere dice también que este estudiante estaba usando el argumento de Warfield, un argumento referente a los dones. Además, Deere usa el mismo enfoque en el Apéndice C de su libro, que fue escrito para defender los dones carismáticos.[4] Por ello, está claro que en su argumento el estudiante estaba usando el término *milagros* para referirse a los dones.

Sin embargo, Deere arguye que la idea de sólo tres períodos de milagros es inexacta, porque Dios llevó a cabo muchas obras milagrosas fuera de esos tres períodos, incluidas obras como la creación del mundo, la creación de los seres humanos, el Diluvio, la confusión de lenguas en Babel, y muchos otros milagros. Pero ninguno de estos acontecimientos es un don, ni tienen pertinencia alguna con el tema en discusión. Deere sabe muy bien que los cesacionistas no pretenden que Dios actuó sólo durante tres períodos, ni afirman que Dios dejó de obrar al fin de la era apostólica. El método de Deere es argüir desde acontecimientos sobrenaturales generales como una evidencia de los dones, pero este método carece totalmente de validez y es impertinente por cuanto no atañe a los dones. Hemos de basar nuestras opiniones acerca de los dones en los pasajes que se refieren a aquellos, no en acontecimientos sobrenaturales generales ni en obras de Dios como la creación. En el caso descrito, el estudiante estaba claramente en lo cierto, y Deere en un error.

La misma crítica se aplica a la discusión de Deere en el Apéndice C [¿Hubo solamente tres períodos de milagros?] de su libro, donde incluye una tabla de acontecimientos sobrenaturales generales para demostrar la continuación de los dones milagrosos. Deere arguye también que Daniel y Jeremías ministraron en tiempos fuera de los tres períodos de milagros.[5] Pero este método da una imagen distorsionada de la posición de Warfield y de otros cesacionistas, por cuanto no niegan casos especiales de profetas enviados por Dios.

Deere dice que el ministerio de Daniel fue «lleno de señales y prodigios».[6] La realidad es que Daniel sencillamente pasó una información que recibió de Dios en respuesta a la oración. No hizo señales ni milagros, como tampoco los hizo Jeremías. Podemos ver que Deere ha ensombreido la discusión. Todo su razonamiento está viciado por esta falta de precisión al intentar edificar un argumento en favor de los dones milagrosos entre los creyentes actuales, desde los acontecimientos sobrenaturales generales y de acontecimientos especiales y ocasionales en el pasado. El número de períodos de milagros realizados por hombres no es el verdadero asunto. Este último consiste en probar que en la historia no ha habido señales y maravillas realizadas por personas con don, excepto en unas ocasiones especiales. Infortunadamente para la posición carismática tenemos el hecho de que no hay prueba de la ocurrencia de milagros de manera continua a lo largo de la historia bíblica.

Los destinatarios de dones espirituales

Los siguientes pasajes indican que todos los creyentes reciben al menos un don espiritual:

Primera Corintios 12:7, 11 — «Pero a cada uno le es dada la manifestación del Espíritu para provecho.... Pero todas estas cosas las hace uno y el mismo Espíritu, repartiendo a cada uno en particular como él quiere.»

Efesios 4:16 — «De quien todo el cuerpo, bien concertado y unido entre sí por todas las coyunturas que se ayudan mutuamente, según la actividad propia de cada miembro, recibe su crecimiento para ir edificándose en amor.»

Primera Pedro 4:10 — «Cada uno según el don que ha recibido, minístrelo a los otros, como buenos administradores de la multiforme gracia de Dios.»

No se declara de manera directa en qué momento la persona recibe los dones espirituales, y sólo se puede deducir por implicación del Nuevo Testamento. Parece que todos los creyentes tienen un don, y por ello que deben recibirlo en el momento de la salvación.

La gente se aferra a veces a opiniones acerca de ciertos aspectos de los dones sin intentar dar cuerpo a sus opiniones. Pero no se pueden dar por supuestas las respuestas a algunas preguntas. Por ejemplo, ¿deberían todos los creyentes buscar el don de lenguas? Esto realmente implica dos asuntos generales. ¿Puede un cristiano obtener un don por buscarlo? ¿Deberían todos los cristianos tener o buscar el mismo don? Estas cuestiones deben ser consideradas antes que pasemos a tratar de los dones específicos.

El propósito de los dones espirituales

¿Para qué dispensó Dios dones a su pueblo? Los dones mencionados en Marcos 16:17-20 son señales que acompañan la predicación del evangelio al mundo. Romanos 12:6-8 trata de los dones como ministerios a ejercer. Primera Corintios 14:22 declara de manera específica que las lenguas son dadas con el propósito de ser señal a los inconversos: «Así que las lenguas son por señal, no a los creyentes, sino a los incrédulos.»[7] Primera Corintios 12:7 declara que «es dada la manifestación del Espíritu para provecho». La construcción aquí y en 14:22 (*eis* con el acusativo) indica el fin o propósito deseado al dar los dones. El propósito es que sea para provecho. Es evidente del resto del capítulo que este provecho es ser de provecho para *otros*. Primera Corintios 13 destaca que los dones han de ser usados para el bien de *otros*. Deben ser usados con amor, o en caso contrario el usuario es sólo un sonido, es meramente «nada». Por supuesto, esto no significa que el usuario debe amarse a sí mismo. Los dones han de ser usados con amor; es decir, para el beneficio de *otros*.

Con su énfasis en la necesidad de edificar, 1 Corintios 14 supone que los dones son dados para ministrar a otros. Por ejemplo, 14:14 dice: «Así vosotros, por cuanto sois deseosos de dones espirituales, buscad poder destacar para edificación de la iglesia», y 14:26 dice: «¿Qué hay, pues, hermanos? Cuando os reunís, cada uno de vosotros tiene salmo, tiene doctrina, tiene lengua, tiene interpretación. Hágase todo para edificación» (véase también 14:3, 6). Efesios 4:11, 12 declara que las personas con sus dones recibidos de parte de Dios deben ministrar a la iglesia para edificarla hacia la madurez:

> Y él mismo constituyó a unos, apóstoles; a otros, profetas; a otros, evangelistas; a otros, pastores y maestros, a fin de perfeccionar a los santos para la obra del ministerio, para la edificación del cuerpo de Cristo.

Primera Pedro 4:10 declara de manera específica que «cada uno según el don que ha recibido, minístrelo a los otros, como buenos administradores de la multiforme gracia de Dios». Esta es una petición específica de usar el don para ministrar a otros. Para ser buenos administradores del don, debemos usarlo para ayudar a otros tal como Dios quiso cuando nos los dio.

Todo el Nuevo Testamento describe el uso de los dones espirituales para ministrar a otros. En ningún caso dice que los dones debieran usarse para beneficio personal. La naturaleza de los dones mismos indica que son dados con el propósito de capacitar al que los recibe para ministrar a otros. Por ejemplo, el don de *maestro* es dado para enseñar a otros, y el don de ayudas es dado para ayudar a otros. Los dones espirituales son dados por Dios con el fin de capacitar a aquel que tiene el don para que ministre a otros. Algunos dones se centran en el ministerio a inconversos, mientras que otros dones se centran en el ministerio a creyentes. Dios no dio ningún don meramente para beneficiar al receptor del don.[8]

Diversidad de dones

Una de las enseñanzas básicas y claras del Nuevo Testamento es que Dios da diferentes dones a los creyentes. No sólo el mismo número de diferentes dones relacionados implica una diversidad de dones, sino que el texto bíblico declara de manera explícita que los creyentes no tienen todos el mismo don espiritual. Por ejemplo, Romanos 12:4, 5 dice: «Porque de la manera que en un cuerpo tenemos muchos miembros, pero no todos los miembros tienen la misma función, así nosotros, siendo muchos, somos un cuerpo en Cristo.» Esto indica que dentro del cuerpo de Cristo hay muchos miembros diferentes que tienen diferentes funciones. Esto va seguido por la declaración «De manera que, teniendo diferentes dones, según la gracia que nos es dada ...» (v. 6). Este pasaje menciona una diversidad de dones, y declara que no todos tienen el mismo don.

Primera Corintios 12 también indica con claridad la diversidad de dones. Observemos las siguientes declaraciones:

> Ahora bien, hay diversidad de dones (v. 4);
> Porque a éste es dada por el Espíritu palabra de sabiduría; a otro, palabra de ciencia según el mismo Espíritu (v. 8).
> A otro, el hacer milagro; a otro, profecía ... (v. 10).

De hecho, toda la discusión de los versículos 12-30 se dedica a este asunto. No sólo afirma este pasaje que no todos tienen el mismo don, sino que declara que todos *no pueden* tener el mismo don (vv. 17-22). La declaración «si todo el cuerpo fuese ojo, ¿dónde estaría el oído?» (v. 17) indica que debe haber diferentes dones. El versículo 22 reitera esta idea: «Antes bien los miembros del cuerpo que parecen más débiles, son los más necesarios.» Pablo usa esas figuras de lenguaje para demostrar que no pueden todos los creyentes tener el mismo don, y que el don de cada uno es importante.

Dios como dador de dones espirituales

Otro factor fundamental y cierto de todos los dones espirituales es que los dones son dados de manera soberana por Dios según su voluntad, no según los deseos humanos. Primera Corintios 12:11 declara esto de modo expreso: «Pero todas estas cosas las hace uno y el mismo Espíritu, repartiendo a cada uno en particular como él quiere.» Toda esta sección supone que la persona individual no seleccionó su propio don espiritual (1 Co. 12:12-30). Las personas individuales no pueden adquirir ningún don por su propia voluntad. En caso contrario, ¿por qué iba Pablo a mostrar con tanto cuidado que cada don es importante y que la persona individual debe sentirse satisfecha con el mismo? Es indudable que el «pie» no puede llegar a ser una «mano», y que por ello debe quedar satisfecho como «pie».

Con un énfasis en la humildad y en el uso de los dones, Romanos 12:3-8 supone que los dones son dados por decisión divina, no por los deseos de la gente. El versículo 3 exhorta a los creyentes a que piensen de manera realista acerca de la importancia que tienen en el cuerpo de Cristo en vez de exaltar su propia importancia en su propia manera de pensar. La palabra «Porque» (gr., *gar*) une los versículos 3 y 4, lo que desmuestra que esta tendencia a exaltar la propia importancia está relacionada con el don que uno tiene en comparación con los dones que tienen los otros. Esta situación no surgiría, como tampoco se mantendría el razonamiento de Pablo, si los creyentes pudieran obtener dones específicos por buscarlos.

Algunos objetarán: «¿Pero qué de los pasajes que se refieren a buscar dones? ¿Acaso estos pasajes no demuestran que un creyente puede obtener ciertos dones si lo desea?» Antes de tratar esos pasajes de manera específica, observemos que ningún pasaje del Nuevo Testamento indica que nadie obtuviese un don por buscarlo. El único caso en que se busca algo que pueda haber sido un don es el incidente descrito en Hechos 8:18-24: «Cuando vio Simón [el Mago] que por la imposición de manos de los apóstoles se daba el Espíritu Santo, les ofreció dinero, diciendo: Dadme también a mí este poder, para que cualquiera a quien yo impusiere las manos reciba el Espíritu Santo.» Simón vio la naturaleza espectacular de este don que usaban los apóstoles Pedro y Juan. Deseaba tener este poder también e intentó comprarlo. No se nos dicen cuáles eran sus motivos para desear el don, pero Pedro afirma que había maldad tanto en el acto como en la intención de Simón (Hch. 8:22).

La declaración en 1 Corintios 12:31; 14:1, 12 y 39 se citan a menudo como evidencia de que un cristiano debería buscar dones específicos y que los puede obtener. Por ejemplo, Deere se refiere a estos versículos y critica a John MacArthur por decir que la Biblia no exhorta a los creyentes a buscar los dones milagrosos.[9] Estos versículos deben ser examinados a la luz de esta declaración. Aparecen en la versión Reina-Valera como sigue:

> Procurad, pues, los dones mejores. Mas yo os muestro un camino aun más excelente (1 Co. 12:31).
>
> Seguid el amor; y procurad los dones espirituales, pero sobre todo que profeticéis (1 Co. 14:1).
>
> Así también vosotros; pues que anheláis dones espirituales, procurad abundar en ellos para edificación de la iglesia (1 Co. 14:12).
>
> Así que, hermanos, procurad profetizar, y no impidáis el hablar en lenguas (1 Co. 14:39).

La palabra griega *zeteo*, «buscad», en 1 Corintios 14:12 no se refiere a buscar un don. Más bien, se le dice a la iglesia en Corinto que busquen la mutua edificación. Primera Corintios 14:12, por tanto, no da apoyo a la idea de buscar un don espiritual.

Zeloo es la palabra griega traducida «codiciar» o «desear» en 1 Corintios 12:31; 14:1, 39. Aunque *zeloo* se traduce a veces como «codiciar» o «desear», un estudio a fondo de *zeloo* indica que significa «ser celoso».[10] El celo por algo puede implicar «deseo», pero este sentido es derivado del contexto, no de la palabra *zeloo* misma. El uso bíblico, incluidas las doce veces que aparece la palabra en el Nuevo Testamento, indica que «sentir celo» (o, negativamente, «tener celos») es la mejor traducción de *zeloo* y no el sentido más interpretativo de «codiciar» o «desear». En todo caso, *zeloo* expresa una actitud (de celo) más que una acción (buscar).[11]

Todos los versículos de que se trata aparecen en un pasaje dirigido a la iglesia de Corinto como un todo. La iglesia debe restringir la manera en que ciertas personas pueden actuar durante la asamblea. Toda la sección (1 Co. 12–14) destaca la prioridad de los dones de edificación (apóstol, profeta, y maestro) sobre el don más espectacular de las lenguas, lo que aparentemente estaba recibiendo un énfasis indebido en Corinto.[12] Las instrucciones en 1 Corintios 14 demandan la acción de todo el grupo. La iglesia como grupo debe restringir sobre el uso de los dones en la asamblea, asegurando que se da el énfasis apropiado a la edificación en la asamblea, y que los que hablen sigan las normas apropiadas. El significado normal de *zeloo*, «ser celoso o entusiasta», es perfectamente idóneo en este versículo y contexto como exhortación a toda la asamblea para que sienta entusiasmo por el don edificador de la profecía en vez de por el don más «espectacular» de las lenguas. Como iglesia, los corintios deben «ser celosos [enfatizar] los mayores dones», que son evidentemente los que edifican. Así, con independencia del significado dado a *zeloo*, en este contexto se refiere a la iglesia como un todo, y no dice nada para indicar que las personas individuales deban buscar y esperar ningún don específico.

«Sentir celo» es una traducción excelente de *zeloo* en 1 Corintios, y hay varios argumentos que militan contra el traducir este término como «buscar» o «procurar». El contexto del pasaje es decididamente contrario a esto. El capítulo 12 mismo destaca la necesidad de contentarse con el don que Dios ha dado. El versículo 15 dice que el pie no puede llegar a ser mano, e ilustra así que un miembro del cuerpo de Cristo no puede llegar a ser aquel miembro (don) que prefiera. «Buscar», o «procurar», contradice a este énfasis. El versículo 11 del mismo capítulo destaca que el Espíritu nos da dones como él quiere. Buscar un don entra en contradicción con el énfasis explícito de este versículo. Esta idea se repite en el versículo 18, donde de nuevo el énfasis recae en el hecho de que Dios dispensó dones como Él quiso.

La lengua griega tiene palabras que de manera definitiva

significan «buscar» (p.ej., *zeteo*, *orego*) y «desear» (p.ej., *thelo*, *epithumeo* y *boulomai*), pero éstas no se usan aquí. Pablo no se opone al empleo de esas palabras explícitas, porque las usa en otros versículos. Usa *zeteo* con frecuencia (diecinueve veces). Usa *orego* para describir el acto de buscar o tratar de obtener el cargo de obispo (1 Ti. 3:1), pero no lo usa en ninguna parte acerca de los dones espirituales. Las varias palabras para deseo aparecen también muchas veces en las epístolas paulinas (*thelo*, sesenta veces; *boulomai*, ocho veces; *epithumeo*, cinco veces), pero en este versículo no emplea ninguna de ellas.

El intérprete no tiene razón para interpretar *zeloo* en este pasaje como «buscar» o «procurar». El contexto está decididamente contra ello. La palabra tiene a la vista una actitud, y por tanto no puede significar buscar algo. También es dudoso que el sentido de «codiciar» o «desear» sea nunca el mejor significado. Así, en este contexto es claramente impropio interpretarlo de esta manera. Aun con este sentido no se referiría a individuos en este pasaje, sino a la actitud de la iglesia como un todo. El sentido de 1 Corintios 12:31 es claro en su contexto. La iglesia (como grupo) debe ser celosa (entusiasta) por los mayores dones que edifican, como los de apóstol, profeta, y maestro, en vez de por dones como sanidades y lenguas.

Primera Corintios 14:1 y 14:39 usan la misma palabra y son muy similares en significado y contexto; por tanto, deberían interpretarse del mismo modo. Después de un interludio en el que discurre acerca del valor del amor (1 Co. 13), Pablo dice: «Sed celosos por los dones espirituales, pero sobre todo que profeticéis» (1 Co. 14:1, traducción del autor).[13] El argumento que comienza en este versículo y que prosigue hasta el final del versículo 25 no tiene nada que ver con una persona individual que busque unos ciertos dones, sino con la prioridad o preferencia que la iglesia como grupo debería dar a los dones de edificación en la asamblea.[14] Como ya se ha dicho, 1 Corintios 14:39 es similar. Toda la iglesia debe sentir celo por la profecía.

Cada uno de esos versículos expresa el concepto de que la iglesia de Corinto, y las personas que la componen, deberían sentir celo por edificar la asamblea (mediante la profecía) en vez de ser celosos (como lo eran) por el hablar en lenguas. No está a la vista la idea de que las personas individuales busquen ciertos dones. Aun si algunos insisten, contra la evidencia, en traducir *zeloo* como «buscar», es evidente que es la iglesia como un todo, y no las personas individuales, la que debe hacerlo.

Por tanto, ninguna declaración del Nuevo Testamento ni en la

Biblia entera indica que una persona deba buscar unos dones específicos. Tampoco hay indicación alguna de que nadie lo hiciera o que se pueda obtener un don por buscarlo. Al contrario, 1 Corintios 12 afirma que los dones son dados según el plan de Dios y que cada creyente debería contentarse con el don que ha recibido. A pesar de los hechos, si alguno sigue insistiendo en adquirir unos dones espirituales específicos, hay un concepto claro, según 1 Corintios 14: deberían buscar dones para la edificación más bien que los de carácter milagroso.

La restricción de los dones espirituales

He conocido a personas que han dicho: «Fui llevado en el Espíritu y comencé a hablar en lenguas.» Las declaraciones de esta clase implican que la persona que las hace no estaban realmente atemperando su don, sino que sus dones la llegaron a dominar a ella. Examinemos la Biblia para ver si las personas mantienen el gobierno sobre sus propios dones, o si el Espíritu Santo los domina sobrenaturalmente hasta el punto de que no pueden ya dominarse ellas mismas. Felizmente, en este caso las Escrituras nos dan una declaración directa sobre este asunto.

Primera Corintios 14:26-35 supone que las personas individualmente mantienen el dominio de sus dones espirituales y que no son dominados ni llevados en el Espíritu. En los versículos 27, 28, Pablo declara que una persona puede hablar en lenguas en la asamblea sólo si hay un intérprete presente. Eso significa que una persona que habla en lenguas no debe hacerlo excepto si se cumplen ciertas condiciones. En otras palabras, las personas deben gobernar sus dones. También, Pablo dice que las personas con el don de lenguas deben hablar una a la vez, y sólo deben hablar un total de dos (o tres en algunos casos). Si los corintios no hubiesen podido dominar su don de lenguas, entonces Pablo no podría haberlos instruido de esta manera. Las mismas instrucciones son de aplicación a la profecía (vv. 29-31). Pablo discurre asimismo de la situación en la que un profeta recibe una revelación directa al mismo tiempo en que otro profeta está hablando. Este último debe dejar hablar al primero. El hecho del dominio sigue evidente. El profeta que está hablando debe gobernar su don y dejar hablar al que acaba de tener la revelación. Asimismo, el que acaba de tener la revelación inmediata puede hablar cuando el otro le permite hablar. No se podrían haber dado estas instrucciones excepto si los usuarios podían controlar el ejercicio de sus respectivos dones espirituales. Sin embargo, la declaración explícita tocante al dominio de los dones todavía ha de venir. Quizá Pablo estaba anticipando que alguien podría decir: «Pero soy arrastrado por el poder del Espíritu Santo cuando profetizo, y por esto no puedo detenerme y dejar hablar a esta otra persona», porque en el versículo 32 dice: «Y los espíritus de los profetas están sujetos a los profetas.» La palabra *sujetos* significa, en este caso, que están bajo el control del profeta. Pablo dice que los profetas pueden dominar su don y que son por ello responsables de ejercitarlos en la asamblea tal como les ha instruido que hagan. El versículo 33 da la razón de que los espíritus de los profetas estén sujetos a los profetas: «Pues Dios no es Dios de confusión, sino de paz.» Si los creyentes no pudieran gobernar sus dones espirituales, la asamblea sería para desorden y no para paz.

En la práctica todos aceptamos sin objeción alguna que las personas tienen el control de su don cuando se consideran los dones como la enseñanza o la administración. ¿De qué sirve un maestro que no pueda dominar su don? Sería imposible tener clases programadas de escuela dominical si los maestros no pudieran comenzar a enseñar a la hora anunciada o, si cuando han empezado, no pudieran detenerse. La mayoría de nosotros mostraría poca paciencia con un maestro que pretendiendo estar bajo la influencia del Espíritu comenzase a enseñar a la asamblea durante el sermón del pastor. Lo mismo se aplica a todos los dones. En la práctica, los modernos hablantes en lenguas gobiernan su don, por cuanto tienden a hablar sólo en aquellos medios donde la práctica es aceptable. ¿Cuántos intentan hablar en lenguas en su lugar de trabajo o en un centro comercial? Primera Corintios declara de modo directo que hablar en lenguas y profetizar son actividades bajo el dominio del hablante y que deben ejercerse sólo cuando sea apropiado. Todos los dones espirituales se ejercen bajo el gobierno de la persona que tiene el don. La pretensión de que un creyente puede ser llevado fuera de su propio dominio no es cierto de los dones dados por el Espíritu Santo.

La significación de los dones espirituales para la persona individual

Como sería de esperar, las opiniones varían respecto a la importancia de los dones espirituales. Mientras que algunos grupos ponen mucho énfasis en los dones espirituales, este concepto es casi desconocido entre otros grupos. En la iglesia primitiva, ciertos dones eran importantes porque confirmaban o acreditaban la predicación del evangelio (véanse Mr. 16:20; Ro. 15:19).

Efesios 4:11-14 es muy útil para revelar el sentido de los dones. Aquí se dice que algunos dones son dados a la iglesia para instruir y perfeccionar a los santos. Esta instrucción resulta en una madurez espiritual, unidad, estabilidad en doctrina, conocimiento del Hijo de Dios, y el potencial de cada cristiano de servir a Cristo.

Los dones son importantes para los creyentes individuales porque son los que reciben la actividad ministerial de otros creyentes con dones. Por ejemplo, yo me beneficio cuando algún otro usa su don de enseñanza para instruirme tocante a alguna verdad acerca de Jesucristo. En tanto que no hay ninguna objeción a que los dones espirituales benefician a los que reciben la ministración procedente de aquel don, este no parece ser el énfasis en muchos círculos actuales. Por ejemplo, en la mayoría de los grupos carismáticos el énfasis recae en la importancia del don para aquel que lo posee; la importancia para los que reciben el ministerio llevado que desempeña la persona que tiene el don es secundaria. En lugar de destacar la importancia de un determinado don para el ministerio, la atención se centra en los aspectos experimentales o existenciales del don para aquel que lo tiene. Aunque puede que algunos arguyan que el don de lenguas es una excepción a este principio de que los dones se dan para ministrar a otros, según las Escrituras las lenguas se dan también con el propósito de ministrar a otros. Por tanto, el principio mencionado arriba no conoce ninguna excepción.

Un examen de los pasajes que tratan acerca de la vida espiritual revela que la posesión de un don espiritual juega poco o nada en la vida espiritual y en el crecimiento del que posee el don. Los Evangelios no dan indicación alguna de que los creyentes deban esperar dones espirituales para potenciar su propio crecimiento espiritual. Las últimas observaciones del Señor en Marcos 16:14-20 son que las señales que acompañarían a los primeros predicadores serían para confirmar el evangelio a otros, pero no da mención de dones en relación con el poseedor de los mismos. Lo mismo sucede en Lucas 24:44-53. Los versículos que mencionan al Espíritu Santo (24:48, 49) se refieren a ser testigos y a permanecer en Jerusalén hasta que los discípulos fuesen revestidos de poder, lo que sucede en el contexto de un ministerio hacia otros. En Juan 21:16, 17 Jesús manda a Pedro: «Apacienta mis ovejas», pero no hace mención alguna de dones espirituales. De hecho, las instrucciones finales en cada uno de los cuatro evangelios hacen declaraciones tocantes al ministerio hacia otros, pero no dicen nada acerca del beneficio personal que se deriva de poseer dones espirituales.

El libro de Hechos da numerosos ejemplos en los que se ejercen dones espirituales en el ministerio para el beneficio de otros. En cambio, no hay la más ligera indicación de que los dones espirituales se empleasen para potenciar la vida espiritual y el crecimiento de aquel que usaba el don. El énfasis en el ministerio para beneficio de los otros es evidente en Hechos 1:4, 5, 8. Obsérvese que Hechos 1:8 declara de modo expreso que el poder que los discípulos iban a recibir del Espíritu Santo sería para ministrar a otros, específicamente en Jerusalén, Judea, Samaria, y hasta lo último de la tierra.

Las epístolas exhortan constantemente a los creyentes a amar a los hermanos, a hacer buenas obras, a ser santos, fieles, y sanos en doctrina. Sin embargo, no hay exhortación alguna a usar dones espirituales para potenciar la propia vida espiritual. Los dones son mencionados en sólo unos pocos pasajes (Ro. 12:6-8; 1 Co. 12–14; Ef. 4:11; 1 P. 4:10, 11) y en cada caso el énfasis recae sólo en el ministerio hacia los demás. A nadie se le dice que busque un don a fin de potenciar su propia espiritualidad. Primera Corintios 12:31, 14:1 y 14:39 no son amonestaciones para que una persona busque dones específicos. Pero aun en el caso de que alguien insista en que se refieren a una búsqueda, estos versículos siguen demostrando que la búsqueda debe tener como objetivo ministrar a otros.

Romanos 12—16, una larga sección que trata de la vida espiritual, menciona los dones sólo en 12:4-8. El énfasis de esta breve sección es el empleo del propio don para ministrar a otros y evitar el orgullo por el propio don. Este pasaje no implica que la posesión de un don espiritual vaya a ayudar a nadie a vivir según las normas establecidas en estos capítulos, y en ningún lugar de esta sección se vincula la posesión del don espiritual con ninguna amonestación hacia la espiritualidad. Los dones no hacían espirituales a los corintios. A pesar de las muchas prácticas erróneas y de los problemas en Corinto que Pablo trató de resolver en sus dos cartas a los corintios, nunca insinuó que los dones espirituales fuesen a resolver ni lo uno ni lo otro. Más bien puso el énfasis en el amor, la santidad, la sinceridad, y la sana doctrina.

Efesios 1:3-14 menciona las bendiciones espirituales del creyente en Cristo. Esta sección comienza con «Bendito sea el Dios y Padre de nuestro Señor Jesucristo, que nos bendijo con toda bendición espiritual en los lugares celestiales en Cristo» (v. 3); luego da una relación de numerosas bendiciones que poseemos en Cristo, incluidas la elección, la predestinación, la redención, el perdón, el conocimiento de los propósitos de Dios, nuestra herencia en Cristo y nuestra seguridad eterna. Sin embargo, no se hace mención alguna de dones espirituales. En Efesios 1:17-19 Pablo hizo la siguiente oración:

> Que el Dios de nuestro Señor Jesucristo, el Padre de gloria, os dé espíritu de sabiduría y de revelación en el conocimiento de él, alumbrando los ojos de vuestro entendimiento, para que sepáis cuál es la esperanza a que él os ha llamado, y cuáles las riquezas de la gloria de su herencia en los santos, y cuál la supereminente grandeza de su poder para con nosotros los que creemos, según la operación del poder de su fuerza.

Pero él no oró que los efesios pudieran tener dones espirituales. De hecho, el pasaje que trata de ser «llenos del Espíritu» (Ef. 5:18) no hace mención de dones espirituales. En vez de ello, los creyentes han de vivir según los mandamientos de Efesios 5:15-19, con independencia de los dones que uno tenga.

El famoso pasaje en Efesios 6 que trata de la necesidad de revestirse de toda la armadura de Dios en nuestro conflicto con Satanás tampoco menciona los dones espirituales como parte de aquella armadura. En vez de ello, se presentan la verdad, la justicia, el evangelio, la fe, la salvación, la Palabra de Dios y la oración como los artículos necesarios para la guerra espiritual. Los dones espirituales no son parte de la armadura que necesita el creyente individual para mantenerse firme contra Satanás y sus asechanzas. Aunque las cartas de Pablo a los filipenses y colosenses contienen numerosas amonestaciones tocantes al amor y a la espiritualidad, no hay en ellas mención de los dones espirituales. El mismo énfasis se mantiene en todo el Nuevo Testamento, en las epístolas pastorales y en el libro de Hebreos.

El libro de Santiago no dice nada acerca de dones espirituales. Primera Pedro, que es escrita a los creyentes que están sufriendo pruebas, tiene mucho que decir acerca de la vida cristiana, pero la única mención de dones se refiere al ministerio dirigido a otros (1 P. 4:10, 11). Segunda Pedro 1:4 dice: «Por medio de las cuales nos ha dado preciosas y grandísimas promesas, para que por ellas llegaseis a ser participantes de la naturaleza divina, habiendo huido de la corrupción que hay en el mundo a causa de la concupiscencia.» Las promesas de Dios que nos han sido reveladas en la Biblia son los medios por los que podemos escapar de la corrupción del mundo y volvernos piadosos. Pero no se hace referencia alguna a los dones. La Palabra de Dios ayuda al cristiano a hacerse piadoso, pero ni siquiera se implica el valor de poseer un don para el propósito de la piedad.

La discusión anterior debería ser suficiente para mostrar que la meta apropiada para el creyente individual es una vida piadosa y la madurez espiritual. Éste es el fin al que deberían estarse dirigiendo todos los creyentes. La Biblia no sugiere que la posesión de un don espiritual, sea cual fuere, ayude a un creyente hacia esta meta espiritual. El ministerio de otros creyentes individuales con dones puede ayudar al creyente, o el uso del propio don en el ministerio puede ayudar a otros. En resumen, los dones no son para nuestro propio uso o beneficio, sino que deben ser usados en servicio a los demás.

La iglesia de Corinto es un ejemplo perfecto de esto. Ellos tenían numerosos dones; hasta Pablo les dijo: «nada os falta en ningún don» (1 Co. 1:7). Es evidente por 1 Corintios 12–14 que los corintios estaban llenos de celo y entusiasmo acerca de ciertos dones espirituales, especialmente el de lenguas. Pero esto no produjo creyentes espirituales. Aparentemente la iglesia de Corinto tenía más problemas que cualquier otra iglesia a que se dirija una carta en el Nuevo Testamento. De hecho, los creyentes de Corinto fueron descritos como carnales e incapaz de recibir más que los fundamentos de la verdad cristiana (1 Co. 3:1-3). Sin embargo, es la única iglesia en el Nuevo Testamento que ponía un énfasis especial en los dones espirituales. ¿Acaso los dones espirituales los hicieron carnales? ¡No! Pero no usaban sus dones para ministrar a favor o en bien de otros. La iglesia de Corinto demuestra que la posesión de dones, tal como el don de lenguas, no potencia la espiritualidad de la persona que posee el don. Los dones no fueron dados con este propósito.

El principal énfasis en el Nuevo Testamento recae sobre la piedad y la madurez espiritual de los creyentes. Los cristianos son continuamente exhortados a exhibir, entre otras cosas, fe, esperanza y amor. Dios ha dado dones espirituales a los cristianos para que puedan ministrarse unos a otros y ayudarse entre ellos a alcanzar la meta de la madurez. Los dones espirituales son un medio para este fin. La mera posesión de un don no potencia la espiritualidad. Los dones espirituales no son dados para edificar a su poseedor, ni hay indicación alguna de que vayan a tener este resultado.[15] Los dones son dados para llevar a cabo una función dentro de todo el cuerpo de Cristo, para que los cristianos puedan ministrar los unos a los otros.

El énfasis dado en la actualidad es a menudo erróneo. Aunque algunas iglesias o grupos destacan el uso de dones espirituales para el ministerio, muchos ponen todo el énfasis en el beneficio que recibe la persona individual que posee el don. Como resultado, se pierde el concepto correcto de que el don es para ministrar a otros. Este concepto de beneficio personal de los dones espirituales, tan común en el movimiento carismático, es contrario al Nuevo Testamento. El hecho de que la posesión de dones espirituales específicos no se menciona como criterio para la selección de ancianos, obispos y diáconos indica que los dones no tienen relación con la espiritualidad de quien los posee. La vida espiritual del creyente individual es el criterio para seleccionar a hombres que desempeñarán ciertos cargos.

La Biblia no ofrece instrucciones acerca de cómo reconocer el propio don espiritual. Más bien, el don se hace evidente por su ejercicio, esto es, cuando se usa en el ministerio. Si la posesión de dones espirituales específicos fuese importante por sí misma, la Biblia daría ciertamente alguna información de cómo reconocer el propio don.

Los dones espirituales son muy importantes para la iglesia, porque se precisa de personas con dones para ministrar al cuerpo de Cristo, la iglesia. La preocupación por el ejercicio de los dones en el ministerio es cosa propia. El énfasis en los dones como marca de espiritualidad o como algo que existe para el beneficio o prestigio de aquel que posee el don es falso. Así, las iglesias en la actualidad necesitan tener cuidado acerca de cómo enfatizan el uso de los dones. Si los cristianos son celosos en usar sus dones para servir al Señor en el minsiterio de otras personas, entonces tendrán la perspectiva correcta.

* * *

1. Esto era de esperar, porque los dones espirituales no fueron dados a los hombres antes de Pentecostés. Marcos 16:17-20 es de naturaleza profética, pues mira adelante al período posterior a Pentecostés.
2. Las discusiones acerca del significado preciso de *pneumatikon* no afectan lo aquí tratado. Por ejemplo, véase D.W.B. Robinson, "Charismata Versus Pneumatika", *Reformed Theological Review* 31 (mayo-agosto 1972):49-55.
3. Deere, *Sorprendido por el poder de Espíritu* (Miami: Editorial Carisma, 1996), 56-59.
4. *Ibid.*, 289-304.
5. *Ibid.*
6. *Ibid.*, 338.
7. Esta estructura, incluida la insólita interpretación de Grudem, será tratada posteriormente en la sección acerca de las lenguas.

8. En el Capítulo 7, «Las lenguas: El propósito del don», se tratan pasajes como 1 Corintios 14:4, que generalmente se usan para apoyar el uso devocional del don de las lenguas (esto es, su uso para beneficio personal).
9. Deere ridiculiza a John F. MacArthur por decir que la Biblia no exhorta a los creyentes a buscar dones. Además, dice que MacArthur no ha estudiado con seriedad los pasajes de 1 Corintios 12:31; 14:1, 39, que según Deere enseñan que uno debería buscar dones específicos (*Sorprendido por el poder del Espíritu*, 323). Aunque Deere parece conocer mi libro, *Miraculous Gifts*, no da la impresión de que ha estudiado sus argumentos, de modo específico que ni el uso de la palabra griega en cuestión, ni el contexto del pasaje, y ni siquiera la situación específica, admiten el significado de «buscar» o «procurar» (véase mi obra *Miraculous Gifts* [Neptune, N.J.: Loizeaux, 1983], 22-30, 315-318). Tampoco parece que haya estudiado con cuidado el texto bíblico, porque no podría haber estudiado esos textos y decir lo que ha dicho. Por cuanto aparentemente Deere no ha estudiado cuidadosamente esos textos y ha descuidado los argumentos de los que sí lo han hecho, es particularmente poco apropiado que él acuse a MacArthur, que sí ha estudiado los pasajes, de no haberlos examinado con cuidado.
10. Un estudio del griego clásico y del *koiné* muestra que esta palabra tiene el sentido de «celo» (o, negativamente, de «celos») en cada caso. Cualquier idea de búsqueda es sólo una derivación de este concepto básico de celo o entusiasmo en un contexto específico y en raras ocasiones constituye la mejor traducción.
11. Las versiones comunes de la Biblia, como la RV, RVR, VM y BLA no traducen *zeloo* en esos versículos como «buscar».
12. Nada en el Nuevo Testamento indica que todos los dones tengan la misma importancia para la asamblea. Primera Corintios 12–14 muestra que los dones para edificación son prioritarios. Por cuanto todos los creyentes no tienen el mismo don, se deben reconocer las prioridades para que la iglesia funcione de manera eficaz y se eviten las disputas. La prioridad se da a los dones de edificación de apóstol, profeta, y maestro, y no a dones como sanidades y lenguas.
13. El término *dones* no se usa en 14:1. El término griego *pneumatika*, usado también en 12:1, es la palabra traducida «cosas espirituales». Es probable que en este contexto se refiera a dones (tal como se traduce en RV, RVR, VM y BLA. Obsérvese que «dones» es una palabra añadida para dar sentido, N. del T.). Es probable que se refiera a dones en este contexto, pero podría también incluir otras manifestaciones y ministerios (véase también 12:4-6, respecto a manifestaciones, en el mismo contexto que 12:1).

14. Es evidente que 1 Corintios 14 se refiere a la prioridad de actividad en la asamblea y no a la prioridad de los deseos individuales, pero se debe recordar para comprender los versículos implicados. Por ello, de lo que se trata es la prioridad dada por la iglesia *como grupo* para la ministración de los dones en la asamblea. Primera Corintios 14:1 dice: «Sed celosos [entusiastas] por los dones espirituales, pero especialmente que profeticéis.» La frase «que profeticéis» hace una clara referencia a la *actitud* de la iglesia como un todo, porque el contexto de 1 Corintios 14 está decididamente en contra de que cada individuo profetice. Pablo ya ha dicho que no todos son profetas. El concepto de que cada uno debe profetizar invalidaría todo el énfasis del capítulo 12, esto es, que no todos los miembros tienen la misma función. Por ello, 1 Corintios 14:1 ha de tener referencia a la actitud de la iglesia como un todo.
15. Primera Corintios 13:1-3 implica que un don aprovechará al usuario del mismo si se ejerce en amor. Este provecho, sin embargo, no proviene del don mismo. Es el provecho que experimenta cualquier creyente al servir al Señor en su ministerio a otros.

CAPÍTULO 4

Dones de edificación: apóstol y profeta

DESPUÉS DE JESUCRISTO, la persona más importante en la iglesia primitiva era el apóstol. Los apóstoles fueron fundamentales y reconocidos como la autoridad. De manera universal, la iglesia siempre ha considerado el don de apóstol como un don del primer siglo. Los primitivos escritores cristianos testifican de manera coherente que los apóstoles existieron sólo en el nacimiento de la iglesia. Cosa interesante, muchos carismáticos están de acuerdo en que los apóstoles no están presentes en la actualidad. Sin embargo, otros carismáticos afirman que los apóstoles son para hoy. En último término, las Escrituras nos ayudarán a clarificar el don de apóstol, nos ayudarán a determinar si los apóstoles están presentes hoy, y nos darán un mejor entendimiento de la provisión de Dios para la iglesia.

¿Qué es un apóstol?

La palabra *apóstol* es traducción de la palabra griega *apostolos.* La literatura griega secular usa esta palabra con diversos significados, incluidos «representante, embajador, comandante de una expedición naval».[1] *Apostolos* aparece una vez en la Septuaginta, la traducción griega del Antiguo Testamento, en 1 de Reyes 14:6 (IV R. 14:6, LXX) donde es traducción de la palabra hebrea *shalach*, «enviar».[2] En este pasaje, la mujer de Jeroboam, rey de Israel, fue a visitar al profeta Ahías, que le dijo: «He aquí que yo soy apóstol (*apostolos*) a ti.» En este caso Ahías no viajó; en vez de ello, la mujer vino a él. Así, la idea de «enviado» en el sentido de *representante* es más prominente que cualquier idea de desplazamiento físico. Ahías es un representante de Dios. Es precario identificar a un misionero con un apóstol meramente sobre la base de *enviar* en el verbo procedente de la misma raíz, *apostello.* La palabra *apóstol* significa «un enviado» sólo en el sentido de un representante de Dios enviado al pueblo.

El apóstol en el Nuevo Testamento

En los evangelios

Los evangelios demuestran con mucha claridad que los Doce fueron *los* apóstoles. Estuvieron con Jesús y fueron enviados ocasionalmente para predicar y llevar a cabo milagros (véanse Mt. 10:2; Lc. 6:13; 9:1-10; 17:5).

En el libro de Hechos

Hay varios puntos que quedan claros en el libro de Hechos. Los Doce eran *los* apóstoles (véase Hch. 1–2). Además, el número de apóstoles permaneció en doce al decidir ellos sustituir a Judas con un hombre que había sido testigo de la resurrección de Jesucristo (Hch. 1:21-26).

> Es necesario, pues, que de estos hombres que han estado juntos con nosotros todo el tiempo que el Señor Jesús entraba y salía entre nosotros, comenzando desde el bautismo de Juan hasta el día en que de entre nosotros fue recibido arriba, uno sea hecho testigo con nosotros, de su resurrección (Hch. 1:21, 22)

Matías, el escogido, fue contado con *los once apóstoles.* Observemos también que los apóstoles acompañaron a Jesús durante su ministerio terrenal y que habían sido designados para que fuesen testigos de la resurrección de Jesús (Hch. 1:22; véase también 4:33). Un apóstol era un testigo de la resurrección. Esto se dice explícitamente acerca de los Doce.

Otros pasajes del libro de Hechos dicen que los apóstoles habían sido testigos de la resurrección (p.ej., Hch. 1:1-14). Los apóstoles a los que escogió Jesús recibieron pruebas indiscutibles de la resurrección de Jesús (vv. 2, 3) y fueron designados como testigos de Jesús (v. 8). Los sermones de los apóstoles dejan claro también que el testimonio era principalmente acerca de la resurrección. En Hechos 5:17-32 los apóstoles que fueron interrogados por las autoridades (v. 18) respondieron que eran testigos de la resurrección y exaltación de Jesús (vv. 29-32). En Hechos 10:41, 42, Pedro dijo que el Cristo resucitado apareció «no a todo el pueblo, sino a los testigos que Dios había ordenado de antemano, a nosotros que comimos y bebimos con él después que resucitó de los muertos. Y nos mandó que predicásemos al pueblo, y testificásemos ...»

El libro de Hechos enseña varios conceptos adicionales acerca de los apóstoles. Los apóstoles enseñaban (2:42), hacían milagros (5:12), y como los representantes directos de Cristo estaban caracterizados como la autoridad para la iglesia (2:42; 4:35-37; 5:1-11; 6:2-6; 9:27). Pablo y Bernabé son también llamados apóstoles en el libro de Hechos (14:4, 14). Sin embargo, no está claro que Lucas emplea el término *apóstol* en el sentido preciso que tiene en los Evangelios. Puede que lo use aquí en un sentido más amplio, pero no puede demostrarse. Excepto por Bernabé y Pablo, los apóstoles no se caracterizaron por la actividad misionera. Al contrario, los apóstoles permanecieron en Jerusalén mientras otros salían con el mensaje (véanse Hch. 5:2, 18; 6:2-6; 8:1; 9:27; 15:2; Gá. 1:17–2:10). Hechos 8:1 pone esto en claro de una manera especial, ya que los apóstoles se quedaron en Jerusalén después que el resto de la iglesia fuese esparcida y aun años después de este acontecimiento (véanse Hch. 11:1; 15:2; Gá. 1:18; 2:1). El empuje inicial del cristianismo hacia el exterior fue llevado a cabo por el evangelista Felipe (Hch. 8:5-40), no por un apóstol.

En las epístolas

Los evangelios usan el término *apóstoles* para designar a los Doce, pero dan pocos detalles adicionales. El libro de Hechos informa de unas situaciones históricas reales en las que los apóstoles se vieron envueltos, no enseñanza doctrinal acerca de los apóstoles. Pero las epístolas sí que enseñan varios principios respecto a los apóstoles.

Generalmente, las epístolas usan el término *apóstol* para referirse a uno de los Doce o a Pablo. Algunos afirman que las epístolas indican que el término *apóstol* se aplicaba a un grupo más amplio que a los Doce más Pablo y quizá Bernabé. Uno de los pasajes a los que generalmente se hace referencia para apoyar esto es Romanos 16:7, que dice: «Saludad a Andrónico y a Junias, mis parientes y mis compañeros de prisiones, los cuales son muy estimados entre los apóstoles, y que también fueron antes de mí en Cristo». La expresión «muy estimados entre los apóstoles» es tan ambigua en griego como en español. Puede significar bien que Andrónico y Junias eran realmente apóstoles o que los apóstoles los estimaban mucho. Inicialmente, la expresión «muy estimados entre los apóstoles» (gr., *episemoi en tois apostolois*) parece implicar que Andrónico y Junias pertenecían al círculo designado como apóstoles, pero este concepto suscita numerosos interrogantes. Por ejemplo, si el sentido que Pablo quiere dar es el de «apóstoles estimados», ¿por qué no lo dijo? Si Andrónico y Junias eran «apóstoles estimados», ¿por qué ni las Escrituras ni la historia les asigna tal notoriedad? Este versículo indica que eran judíos y que habían sido salvados aun antes que Pablo mismo, pero los evangelios no dan mención de esos «apóstoles estimados», y la historia de la iglesia no conoce acerca de ningún apóstol en Roma aparte de Pablo, y quizá Pedro. Si eran apóstoles, ¿por qué se encuentran en medio de una lista de salutaciones en vez de en una posición más destacada? En su salutación, Pablo declara su apostolado y se dirige a los santos en Roma (Ro. 1:1, 7), pero pasa por alto esos «apóstoles estimados» al comienzo de su epístola, y no les presta ninguna atención especial en Romanos 16. ¿Por qué tuvo Pablo la necesidad de escribir esta carta a Roma si ya había en Roma dos apóstoles, con el conocimiento y la autoridad de apóstoles, especialmente si eran «apóstoles estimados»? Además, Pablo dijo que él no edificaba sobre el fundamento que hubieran echado otros (Ro. 15:20). ¿Por qué dijo esto y luego indicó que deseaba ministrar a la iglesia de Roma si ya había allí dos apóstoles? Si esto fuera cierto, habría estado desde luego edificando sobre el fundamento echado por otros.

Cuando se consideran estos interrogantes, parece claro que Pablo se estaba refiriendo a Andrónico y a Junias como creyentes bien conocidos y respetados por los apóstoles, pero que no eran apóstoles ellos mismos. Es probable que hubiesen estado en Jerusalén al principio mismo del ministerio de Jesús, porque fueron salvados antes que Pablo y eran bien conocidos por los apóstoles.[3]

La salutación de ciertas epístolas se usa también como argumento de que aquellos incluidos con Pablo en su salutación tienen una autoridad como la suya, y que por ello mismo son apóstoles. Por ejemplo, este argumento mantiene que Sóstenes debe ser apóstol, por cuanto 1 Corintios 1:1 lo menciona junto con Pablo (véase también Timoteo en 2 Co. 1:1; 1 Ts. 1:1; 2 Ts. 1:1). Sin embargo, lo que se indica es precisamente lo contrario, porque Pablo dice sencillamente: «Pablo, llamado a ser apóstol de Jesucristo por la voluntad de Dios, y el hermano Sóstenes» (1 Co. 1:1). Si Sóstenes hubiera sido un apóstol, ¿por qué no decir: «Pablo y Sóstenes, apóstoles de Cristo»? Pablo se designa a sí mismo como apóstol, pero no incluyó a Sóstenes en este título. Sóstenes (1 Co. 1:1), Timoteo (2 Co. 1:1; Col. 1:1) y otros creyentes (Gá. 1:1-2) son cuidadosamente excluidos de la designación de *apóstol.* Observemos que cuando otros quedan directamente incluidos con Pablo en la dirección sin ningunos términos o conexiones distintivas, no aparece la palabra *apóstol* (véanse Fil. 1:1; 1 Ts. 1:1; 2 Ts. 1:1). La salutación de las distintas Epístolas indica que los otros mencionados junto con Pablo no eran considerados apóstoles.

Segunda Corintios 8:23 se refiere a «mensajeros» (RVR; lit., «apóstoles») de las iglesias, lo cual significa «representantes de las asambleas locales de creyentes». El término *apóstol* era usado de manera común en la cultura de aquel tiempo. Este versículo muestra que no necesariamente tenía referencia al don espiritual o a un individuo. Filipenses 2:25 describe de manera similar a Epafrodito como «mensajero» (gr., *apostolos*).

Según Gálatas 2:7-9, en Jerusalén no se tomaban a la ligera la idea del apostolado. El reconocimiento del apostolado de Pablo no fue dado a la ligera por la iglesia primitiva, sino que fue examinado con sumo cuidado. Aunque el apostolado de Pablo fue reconocido, Bernabé no quedó incluido. Pablo dice: «como vieron que me había sido encomendado el evangelio de la incircuncisión, como a Pedro el de la circuncisión», y que «el que actuó en Pedro para el apostolado de la circuncisión, actuó también en mí para con los gentiles» (v. 8). Cuando Pablo dice: «Y reconociendo la gracia que me había sido dada» (v. 9), usa sólo la forma de la primera persona «me», excluyendo a Bernabé. Así, es probable que el uso de *apóstol* en Hechos 14:4 y 14 no significa que Lucas contemple a Bernabé como poseedor del don de apóstol, sino meramente como compañero de Pablo. Por ello, Gálatas 2:7-9 nos lleva a cuestionar la posición de Bernabé como apóstol en su pleno sentido de «apóstol de Cristo» o uno de los Doce.

Gálatas 1:19 puede sugerir que Jacobo era apóstol, aunque este pasaje es a menudo discutido. Su naturaleza oblicua deja esto abierto a la duda. Primera Tesalonicenses 2:6 se usa también para incluir a otros en la categoría de apóstol porque Pablo usa la frase «apóstoles de Cristo» refiriéndose aparentemente a sí mismo, a Silvano y a Timoteo (véase 1 Ts. 1:1). Es concebible que el uso de «apóstoles» en el plural pudiera incluir a todas las personas relacionadas en la dirección de la carta, pero esto es muy improbable debido a las declaraciones de la carta misma. Este parece ser un uso editorial del plural como el que se usa a menudo en la actualidad. Las declaraciones en 1 Tesalonicenses 2 podrían ser de aplicación a todos los tres hombres, pero se aplican sólo a Pablo en un sentido preciso. Por ejemplo, en 1 Tesalonicenses 2:18 Pablo dice: «Por lo cual *quisimos* ir a vosotros, *yo* Pablo ciertamente una y otra vez» (cursivas añadidas). Esto identifica directamente el «quisimos» con Pablo en solitario. Lo mismo sucede en los siguientes versículos: «Por lo cual, no pudiendo soportarlo más, *acordamos* quedarnos *solos* en Atenas, y enviamos a Timoteo nuestro hermano ... para confirmaros» (1 Ts. 3:1, 2). Una comparación con Hechos 17:14-15 y el uso de la palabra «solos» en este pasaje indican que ni Timoteo ni Silvano estuvieron con Pablo en Atenas, lo que impide que puedan quedar incluidos en la forma plural en «nosotros» de este pasaje (véase 1 Ts. 3:5). Por tanto, es más que dudoso que en 1 Tesalonicenses 2:6 Pablo esté indicando que Silvano y Timoteo sean apóstoles. Más bien, usa el «como apóstoles» para aplicárselo a sí mismo de manera específica, e incluye a los otros sólo en un sentido muy general.

Las epístolas indican que un apóstol era un testigo directo de la resurrección. En 1 Corintios 9:1, 2 Pablo da evidencia de su apostolado: «¿No soy apóstol? ¿No soy libre? ¿No he visto a Jesús el Señor nuestro? ¿No sois vosotros mi obra en el Señor?» Por cuanto Pablo consideraba el hecho de que había visto al Señor resucitado como evidencia de su apostolado, es lógico que para ser apóstol debía haber visto al Señor resucitado. Un apóstol había visto al Señor resucitado en una verdadera manifestación física.

Según 1 Corintios 15:5-8, Pedro (Cefas), los doce apóstoles, Jacobo y Pablo vieron todos ellos al Señor resucitado. Son relacionados en este pasaje junto con los quinientos hermanos creyentes que fueron también testigos del Señor resucitado. El versículo 9 comienza con la palabra «Porque» (*gar*), que relaciona la aparición del Señor resucitado a Pablo con el apostolado de este.

A fin de ser apóstol, uno debe haber realmente visto a Jesucristo en una de sus apariciones en resurrección. Aun si incluimos a Jacobo, Bernabé, Andrónico y Junias en la categoría de apóstoles, este principio se mantiene. Sabemos que los Doce, Pablo y Jacobo fueron testigos del Cristo resucitado. Andrónico y Junias fueron en Cristo antes que Pablo y muy probablemente estuvieron entre los quinientos creyentes que vieron al Señor resucitado (1 Co. 15:6). Bernabé estaba en Jerusalén al comienzo mismo de la iglesia (Hch. 4:36, 37), y, a no ser que acabase de llegar entonces, estuvo allí durante el tiempo de las apariciones en resurrección. Por tanto, es muy probable que fuese también testigo de la resurrección.

Las epístolas indican que un apóstol podía hacer milagros. En 2 Corintios 12:11, Pablo declara que en nada había sido él menos que los más grandes apóstoles. Luego dice: «Con todo, las señales (*semeia*) de apóstol han sido hechas entre vosotros en toda paciencia, por señales (*semeiois*), prodigios (*terasin*) y milagros (*dunamesin*)» (v. 12). Aparece el artículo con el término «apóstol», lo que lo designa como el don apostólico específico. Pablo dice expresamente que los milagros son señales o pruebas de que él era un apóstol. Si ésas son pruebas, entonces es evidente que si alguien es verdaderamente apóstol ha de ser capaz de efectuar señales, prodigios y milagros. Ésta es una de las pruebas de su apostolado.[4]

Algunos han interpretado las señales de un apóstol como características en el sentido del ejercicio de la gracia, la capacidad de plantar iglesias, y otros aspectos, más bien que milagros.[5] Un argumento dice que los términos *señales, prodigios y milagros* estarían en el caso nominativo en griego y no en el caso instrumental (dativo) si significase que las señales y los prodigios fuesen la «señal» del apostolado.[6] Esto es engañoso: sencillamente no es verdad. El caso instrumental usado aquí comunica la interpretación usual de este versículo. No hay razón que Pablo fuese a usar el nominativo cuando el caso que emplea es el normal para este verbo en particular al comunicar la idea de que las señales de un apóstol consistían en señales, prodigios y milagros. Es sumamente improbable que este versículo signifique, como algunos pretenden, que las señales y los prodigios acompañaban a las señales de un apóstol.[7]

Las señales de un apóstol han de ser algo restringido de manera particular a los apóstoles, y no ser algo que cualquier cristiano pudiera hacer, como ejercitar la gracia y plantar iglesias. ¿Qué podían hacer los apóstoles como señal que no pudieran hacer otros cristianos? Sabemos que los apóstoles eran casi los exclusivos obradores de señales y milagros. El hecho de que Felipe y Esteban obrasen señales no excluye el hecho de que las mismas fuesen casi exclusivamente apostólicas. Además, el término *señal* se refiere casi de manera exclusiva a obras milagrosas. Cuando Pablo dice «señales» y usa el mismo término inmediatamente después otra vez con referencia a milagros, es mucho más probable que lo haga de la misma manera a no que cambie el sentido. Por poderosos que sean esos argumentos, el gramatical es el argumento más concluyente. Si esto fuese un dativo de asociación, que signifique «junto con», aparecería generalmente con un verbo de asociación, lo que no es el caso en este pasaje.[8] Además, si este fuese el dativo asociativo con el significado que Deere dice, tiene que relacionarse o estar asociado con el nombre «señales». Sin embargo, según destacadas autoridades de la gramática griega, el dativo asociativo no aparece en el Nuevo Testamento en asociación con nombres.[9]

Así, ya sólo desde una base gramatical, la interpretación asociativa es improbable. Además, en el Nuevo Testamento, *katergazomai*, el verbo usado en 2 Corintios 12:11 toma el acusativo como objeto directo y el instrumento o medio por el que la acción se lleva a cabo está en el caso dativo, como aquí. Así, la estructura usada aquí es exactamente la construcción que sería de esperar si el versículo significa que los signos o evidencias del apóstol se manifestaron mediante señales, prodigios, y milagros. Finalmente, es casi imposible tomar esta estructura como relacionada con nada más que el verbo en esta oración en concreto. Dada la estructura del versículo, es sumamente improbable que esté relacionada con el nombre. Con unos argumentos gramaticales tan sólidos en contra del punto de vista asociativo, resulta una interpretación imposible. El mero hecho de que un caso dativo pueda ser asociativo en algunos casos no significa que sea posible en este versículo. Los argumentos no gramaticales contrarios al punto de vista asociativo meramente confirman lo que el argumento gramatical ha expuesto de manera final. Las marcas de apóstol se hicieron patentes mediante señales, prodigios y milagros.

En contradicción a este versículo, Deere arguye que es ilógico que los milagros sean una señal de apostolado, por cuanto Esteban y Felipe también hicieron milagros. El hecho de que otros dos personajes de la iglesia realizaran milagros en algunas ocasiones no niega el hecho de que fuesen sumamente inusuales o que fuera necesario para que alguien que afirmase ser apóstol tuviera el poder de hacer milagros. Deere arguye también que por cuanto Jesús llevó a cabo milagros y que ellos lo acreditaron, no habría necesidad de acreditar a los apóstoles. Podrían predicar sobre la base de los milagros de Cristo tal como hacemos en la actualidad. Naturalmente, este argumento es defectuoso, tanto lógica como teológicamente. Sabemos quién es Jesús no sólo debido a sus milagros sino debido principalmente a su muerte y resurrección. Él habría sido olvidado pronto si la evidencia acerca de él se hubiera limitado sólo a los milagros que había hecho. Los apóstoles fueron los testigos primarios de su resurrección. El evangelio tiene que ver con su muerte, sepultura y resurrección. Los apóstoles fueron confirmados mediante señales como representantes directos de Cristo y como testigos de los fundamentos del evangelio, de acontecimientos que tuvieron lugar después de los milagros de Cristo y después de su muerte.

Las epístolas indican que el don de apóstol fue dado sólo al comienzo de la iglesia. Efesios 2:20 dice: «Edificados sobre el fundamento de los apóstoles y profetas, siendo la principal piedra del ángulo Jesucristo mismo.» Algunos han interpretado esto como significando el fundamento que echaron los apóstoles y profetas. La expresión «de los apóstoles y profetas» está en caso genitivo y es plural. El caso genitivo en griego puede funcionar de muchos modos, e indicar aspectos como contenido, posesión, o relación. La única manera de determinar la función del caso es mediante el contexto, por cuanto la forma no cambia. Aquí en Efesios 2:20 el genitivo aparece desde luego en su uso apositivo; es decir, podemos traducir este pasaje como «edificados sobre el fundamento *que es* los apóstoles y profetas.» Las razones para considerar esto como un genitivo apositivo son como siguen: La figura que usa Pablo es un edificio que se compone de personas. La piedra angular es una persona, Jesucristo. Según los versículos 21 y 22, el edificio mismo se compone de personas, creyentes. Por tanto, queda claro que el fundamento se compone también de personas, los apóstoles y profetas. Además, éste es un uso normal, bien aceptado, del caso genitivo griego. Algunos que han interpretado erróneamente este versículo como que significa que los apóstoles y profetas echaron el fundamento de la iglesia han pasado luego a decir que este versículo se aplica también a la «plantación» (esto es, echar el cimiento) de iglesias locales. Y así ellos llegan a la conclusión de que Dios puede seguir enviando apóstoles para ministerios precursores en el campo misionero. Pero ya hemos visto que este versículo no trata del concepto de echar un fundamento.

El contexto de Efesios se refiere a la iglesia universal, al cuerpo entero de Cristo, no a una asamblea local en particular. La carta entera, especialmente en Efesios 2, arguye que judío y gentil son hechos uno en el cuerpo de Cristo. La figura en Efesios 2:19-22 demuestra específicamente que en Cristo los gentiles han sido introducidos en la misma casa de Dios que los judíos, y que todos somos edificados juntamente sobre el mismo fundamento y sobre la misma piedra angular. Efesios 2:20 declara que los apóstoles y los profetas son el fundamento para la iglesia universal. Eso sustenta el concepto de que el fundamento no es sólo básico, sino que es primero en lo temporal, y que no está siendo construido continuamente. El tiempo de «edificados» «*epoikodomethentes*, v. 20) es realmente pasado (aoristo) y podría ser mejor traducido como «que hemos sido edificados», e indica que el fundamento ya está en su lugar y que el edificio está dispuesto encima. Así como la principal piedra del ángulo, Jesucristo, ha sido puesto, así el fundamento ha sido echado y la iglesia edificada encima. No hay necesidad de otras piedras del ángulo (otros mesías), por cuanto Cristo cumplió su obra, y la iglesia sigue beneficiándose de la misma. Igualmente, no hay necesidad de otros fundamentos (de otros apóstoles posteriores), por cuanto la obra de los apóstoles ha sido cumplida y la iglesia es edificada sobre aquel fundamento y aquella piedra angular.

Los apóstoles de nuestros días no pueden ser fundamentales a la iglesia universal. Un fundamento necesariamente se echa al principio, y el resto de la superestructura se levanta sobre él. Un fundamento no carece de significación temporal. Excepto por la piedra del ángulo, el fundamento ha de echarse en primer lugar. El fundamento de la iglesia universal ha de existir al comienzo de la iglesia universal. Los apóstoles y profetas son el fundamento sobre el que la iglesia ha sido edificada a lo largo de los años.

Primera Corintios 15:8 dice: «Y al último de todos, como a un abortivo, me apareció a mí». El contexto se refiere a una sucesión de acontecimientos. Pablo dice: «Después (*epeita*) apareció a Jacobo; después (*eita*) a todos los apóstoles; y al último de todos (*eschaton panton*) ... me apareció a mí» (15:7, 8). Pablo fue el último de todos aquellos a los que apareció Jesús. Para ser apóstol, uno debe haber visto al Señor resucitado. Por cuanto la última persona a la que apareció fue Pablo, es improbable que nadie después de Pablo llegase a ser apóstol. En opinión de Deere, ésta no es una interpretación probable, pero intenta apoyarla sencillamente remitiéndose a un comentarista en vez de dar una sola evidencia a su favor. Hace la afirmación de que este versículo no significa necesariamente que Jesús no podía aparecerse a nadie después de hacerlo a Pablo.[10] Sin embargo, ¿estamos tratando de descubrir qué es lo que dicen las Escrituras, o estamos simplemente tratando de sustentar una posición? Pablo podría haber continuado con «después», o «luego», o aun «y el último de ellos». Sin embargo, usa una declaración mucho más intensa: «el último de todos.»

El contexto se refiere a apariciones del Resucitado que apoyan el mensaje básico del evangelio. No describe ninguna visión o aparición incidental. Éstas son apariciones reales, físicas, en resurrección, para confirmar que Cristo resucitó, y son, en realidad, parte del testimonio del evangelio. No hay necesidad de volver a establecer esto de nuevo. Las Escrituras muestran que aunque otros habían visto al Señor en sus primeras apariciones, los testigos básicos de la resurrección de Jesús eran los Doce. Las afirmaciones de

Pablo en este pasaje destacan lo insólito que era que él viera al Señor resucitado en una época tan tardía y llegar a ser un apóstol junto a los Doce. Era tan insólito que lo comparó con un aborto. Desde luego, Pablo no esperaba ninguna futura aparición, y cuando dijo «el último de todos» tenía sus razones. No hay adicionales apariciones en resurrección en las Escrituras. El Señor apareció en una visión en Apocalipsis 1, pero no en una aparición en resurrección. El mismo Deere admite que no hay ni ha habido apóstoles adicionales. Aunque no puede demostrarse más allá de toda duda, es mucho más probable que Pablo significara «el último de todos» hasta que el Señor regrese.

Judas 17, 18 sustenta también la idea de que el tiempo de los apóstoles ha pasado. Esos versículos dicen: «Tened memoria de las palabras que antes (*proeiremenon*) fueron dichas por los apóstoles de nuestro Señor Jesucristo; los que os decían (*elegon*).» El tiempo de los verbos indica un tiempo pasado desde el punto de vista del escritor. Esto significa que los apóstoles eran un grupo específico que ya había hablado.

Algunos pueden creer que hay un don de apóstol para hoy que en algún sentido difiere del de los «apóstoles del Señor». Sin embargo, tal apóstol es meramente un no apóstol. Una postura de este tipo carece de justificación bíblica. No hay apóstoles hoy.

Las epístolas indican que un apóstol recibía unas responsabilidades y revelaciones muy especiales y singulares. Un apóstol tiene autoridad sobre las asambleas locales. Esta autoridad es muy fuerte y se extiende a mucho más que un mero consejo, según pasajes como 1 Corintios 4:19-21; 5:3, 4 y 2 Corintios 13:2, 3, 10. Un apóstol ha sido designado o llamado por el Señor de manera específica. Pablo se refiere frecuentemente a esto en los versículos introductorios de sus epístolas. Este concepto de designación o llamamiento se menciona en pasajes como Romanos 1:5; Gálatas 1 y 2 y 1 Timoteo 2:7. Pablo dice también que los apóstoles y profetas reciben revelación (Ef. 3:5) y que él mismo fue el receptor de una revelación especial (2 Co. 12:1-7).

Los apóstoles son singulares

Los apóstoles del Señor Jesucristo fueron singulares. Grudem intenta igualarlos a los profetas del Antiguo Testamento. Esto le permite argüir que por cuanto los profetas del Nuevo Testamento son inferiores a los apóstoles, son también inferiores a los profetas del Antiguo Testamento. Así, el Espíritu Santo da profetas menores o «falibles», como los actuales «profetas» carismáticos. Aquellos profetas del Antiguo Testamento que se describen como haciendo milagros parece que los hacen a menudo a manera de espectáculos o advertencias, como Elías en el monte Carmelo. En contraste con los apóstoles, los milagros de los profetas del Antiguo Testamento parecen ser más ocasionales, y son a menudo admoniciones dirigidas a personas específicas. Los apóstoles realizaron milagros en una escala más panorámica, sanando a multitudes como evidencia de las Buenas Nuevas más que como reconvenciones. Además, los apóstoles los hicieron durante un largo período de tiempo.

Los apóstoles fueron un grupo muy reducido que existió durante un período de tiempo. Se les prometió que se sentarán en doce tronos para juzgar a las doce tribus de Israel (Mt. 19:28), y sus nombres estarán en el fundamento de la ciudad celestial (Ap. 21:14). A los profetas del Antiguo Testamento no se les promete nada de esto. Todo acerca de los apóstoles señala a su singularidad. Como se ve en pasajes como 1 Corintios 12:28 y 14:37, tienen autoridad sobre los profetas.

No tenemos información acerca de la existencia de ningún gran número de «apóstoles obradores de maravillas» que estuviesen presentes en la iglesia primitiva. Aunque las iglesias del Nuevo Testamento se encontraban con numerosos problemas, aparentemente no había entre las iglesias gentiles ningún apóstol genuino para corregirlos aparte de Pablo. Este nunca se dirigió a ningún apóstol al escribir a las iglesias ni indicó que la iglesia debiera consultar a un apóstol. Timoteo y Tito, asociados de Pablo, fueron dejados en ciertas iglesias para corregirlas en vez de esperar que algún apóstol itinerante llegase para resolver el problema. De modo que parece que los apóstoles eran bien pocos en número.

Los Doce son cuidadosamente señalados como apóstoles en los evangelios y en el libro de Hechos. Hay un grupo muy selecto en Hechos 1–2. Pablo es también precisamente señalado como apóstol en el Nuevo Testamento. ¿Por qué deberíamos esperar que otros sean apóstoles cuando no son debidamente designados del mismo modo?

Los apóstoles según el testimonio de la historia de la iglesia

Por lo general, la iglesia no ha aceptado el concepto de la existencia de apóstoles después del primer siglo d.C. De hecho, muchos de los que apoyan el movimiento carismático no creen que haya apóstoles presentes en la iglesia de hoy. La gran mayoría de creyentes genuinos a lo largo de la historia de la iglesia jamás han creído que el apostolado fuese un don dado más allá de la primera generación de la iglesia. Los argumentos de los que creen que los apóstoles están presentes hoy no han podido convencer a la mayoría de cristianos.

Los apóstoles del Nuevo Testamento *no* están presentes en la actualidad. El don de apóstol fue dado a individuos en la iglesia primitiva, pero no ha sido dado desde entonces.

¿Qué es un profeta?

El don de profecía es un don de edificación de la mayor prioridad y es también milagroso en su operación. En la actualidad, algunos afirman ser profetas. Por cuanto esta pretensión es contraria a la opinión aceptada de la iglesia a lo largo de la mayor parte de su historia, el don de profecía demanda un estudio adicional.

Aunque el cristiano medio piensa que el sentido de profeta y profecía está claro, entre los teólogos existe alguna confusión acerca de estos términos. Por ejemplo, Conzelmann dice: «La operación adscrita a la profecía deja en claro que no es predicción del futuro.»[11] Por otra parte, algunos dicen que el «elemento de predicción» queda «a menudo minimizado, pero que no debería ser pasado por alto».[12] En contraste con lo que podríamos esperar, ni los teólogos pentecostales están de acuerdo acerca de la naturaleza de la profecía. Algunos creen que es la capacidad de predecir, mientras que otros la consideran como exhortación.[13] Hollenweger concluye:

> Aparte de unas pocas excepciones, que son no obstante importantes, me parece que la profecía bíblica está ausente en el movimiento pentecostal. Porque la profecía bíblica contiene más que la exhortación edificadora conocida como profecía en el movimiento pentecostal de nuestros tiempos.[14]

Así, un asunto básico acerca del profeta del Nuevo Testamento es si se trata principalmente de un *proclamador* (esto es, predicador, edificador, exhortador) o de un *predictor* (esto es, alguien que predice). Muchos académicos no consideran posible un ministerio de predicción. La opinión de tales académicos acerca de este asunto no es fiable. De hecho, sólo el verdadero profeta de Dios podía predecir. Por ello, para poder determinar si había algún elemento predictivo en la profecía del Nuevo Testamento, sólo la evidencia bíblica puede darnos una información fidedigna. Naturalmente, la evidencia procedente de literatura no bíblica no incluirá un elemento predictivo que pueda ser verificado. Por ello, el significado de *profeta* o de *profecía* en la literatura pagana no es suficiente para una definición de un profeta bíblico que podía de hecho predecir, por el poder de Dios.[15]

Muchos intérpretes han considerado la declaración «Pero el que profetiza habla a los hombres para edificación, exhortación y consolación» (1 Co. 14:3) como definición del profeta del Nuevo Testamento. Este versículo, no obstante, no define el don de profecía, sino que se refiere al hecho de que la profecía es comprensible y que por ello mismo su resultado es edificación, exhortación y aliento. Este es un argumento que explica por qué en la asamblea es preferible la profecía a las lenguas, que los oyentes no comprenden. Los que contemplan este versículo como una definición de profecía no comprenden cómo se usa en este contexto. Godet explica esto con mucha claridad:

> A menudo se ha sacado de este versículo la conclusión de que por cuanto profetizar es edificar, exhortar, y consolar, todo aquel que edifica, exhorta, y consuela merece, según Pablo, el título de profeta. Este razonamiento viene a decir lo mismo que lo siguiente: El que corre mueve las piernas; por tanto, todo aquel que mueve las piernas, corre.... Uno puede edificar, exhortar, y alentar sin merecer el título de profeta o de profetisa.[16]

Otros dones, como el de apóstol y maestro, también edifican, alientan y exhortan. Una definición de profeta debe basarse en un estudio de su uso en el Nuevo Testamento y no en un listado que da un versículo de algunos de los resultados de la profecía. Varios dones edifican y comunican las verdades de Dios, pero cada uno tiene sus propios rasgos que lo hacen diferente de otros dones. Un don se define no por los rasgos que comparte con otros dones, sino por aquellos que le diferencian de los otros.

En el Nuevo Testamento se usan los mismos términos para *profeta* que los que aparecen en la versión griega del Antiguo Testamento. Además, el Nuevo Testamento se refiere frecuentemente a los profetas y a las profecías del Antiguo Testamento, y usa sus mismos términos para designar a los profetas y profecías dadas a la iglesia. Todos esos factores sugieren que el don de profeta en el Nuevo Testamento es similar al del profeta del Antiguo Testamento. La similitud en términos y descripción presenta un claro obstáculo a aquellos que arguyen en favor de diferencias distintivas. Así, los profetas del Antiguo Testamento y del Nuevo Testamento parecen ser virtualmente equivalentes tanto en terminología como en actividades, y sólo una evidencia muy clara demostraría lo contrario.

Profeta y profecía: la terminología bíblica

El trasfondo del Antiguo Testamento

Profetizar (propheteuo). Esta forma verbal significa «ser profeta» o «exponer o predicar bajo la influencia del Espíritu Santo».[17] El griego secular del período del Nuevo Testamento usa *profetizar* para denotar la interpretación de un pronunciamiento oracular y de tomar las cosas divinas y profetizar a los hombres.[18] La Septuaginta (el Antiguo Testamento griego) usa este verbo para denotar predicción, aunque a veces el aspecto del cumplimiento es inmediato.[19] Podemos llegar a la conclusión provisional de que el verbo *profetizar* significa la comunicación de información derivada de una manera sobrenatural (por revelación), y en referencias bíblicas tiene que ver con acontecimientos futuros.

Profeta (prophetes). El nombre *profeta* en el uso común de aquel tiempo se refería a una persona que habla de parte de Dios e interpreta su voluntad al pueblo.[20] La Septuaginta usa este término para denotar a un representante de Dios que lleva la Palabra de Dios directamente al pueblo. Su información la obtiene mediante revelación directa, como por una visión o un sueño.[21] Por ejemplo, el profeta Natán dio a David una opinión incorrecta acerca de la voluntad de Dios tocante al templo, pero luego recibió una revelación directa de Dios que lo llevó a cambiar sus primeras instrucciones a David (2 S. 7). Este ejemplo muestra que un profeta, como sería de esperar, no siempre habla debido a una revelación directa de Dios, y puede errar, a no ser que hable por revelación.

La predicción es un aspecto destacado del profeta del Antiguo Testamento. Los eruditos discuten y redactan estudios con la intención de eliminar la idea de predicción de la palabra «profeta» y del verbo «profetizar». Algo de ello debe ser debido a un prejuicio en contra del aspecto sobrenatural implícito en la predicción, porque el aspecto predictivo es muy destacado. Deuteronomio 18:20-22 dice:

> El profeta que tuviere la presunción de hablar palabra en mi nombre, a quien yo no le haya mandado hablar, o que hablare en nombre de dioses ajenos, el tal profeta morirá. Y si dijeres en tu corazón: ¿Cómo

conoceremos la palabra que Jehová no ha hablado?; si el profeta hablare en nombre de Jehová, y no se cumpliere lo que dijo, es palabra que Jehová no ha hablado.

La palabra hebrea *nabi* es traducida aquí con la palabra griega para *profeta*. Esos versículos no sólo indican que un profeta habla por mandamiento directo (revelación) del Señor, sino que implican que la predicción está normalmente incluida en la profecía. También dicen con claridad que la prueba de un profeta de Dios es si puede predecir. Por tanto, un profeta ha de ser capaz de predecir por medio de una revelación divina directa. Por cuanto ésta es *la* prueba, dada sólo a profetas, ha de ser una característica esencial de un profeta. Muchos dones tienen que ver con hablar a los hombres de parte de Dios, pero la capacidad de predecir es aquella que diferencia al profeta de otras personas con otros dones. Todos los que pretenden ser profetas afirman hablar por revelación divina; sin embargo, si un profeta no puede hacer predicciones precisas, no es un verdadero profeta de Dios.

Profecía (propheteia). Este término se usaba en la cultura de aquel día para designar el don oracular, la profecía misma, o a veces el oficio de profeta.[22] La Septuaginta se refiere al libro de Isaías como una *propheteia* (2 Cr. 32:32). En 2 Crónicas 15:8 y Esdras 5:1 el término se usa para designar una palabra de Dios.[23] En el Antiguo Testamento griego, esta forma nominal nunca se refiere al *oficio* (don) de profeta; más bien, se refiere siempre al *contenido* del mensaje del profeta. Podemos llegar a la conclusión de que la profecía (*propheteia*) significa bien el mensaje del profeta, o, en griego secular, el oficio de un profeta. El Antiguo Testamento lo usa sólo con referencia al mensaje, es decir, al contenido de la comunicación del profeta.

Su uso en el Nuevo Testamento

Profetizar (propheteuo). Este verbo se usa veintiocho veces en el Nuevo Testamento. Aparece once veces en 1 Corintios, las únicas ocasiones en las epístolas de Pablo. En los evangelios y en el libro de Hechos aparece trece veces. Las otras cuatro ocasiones son 1 Pedro 1:10, Judas 14, Apocalipsis 10:11 y 11:3. Varias ocasiones se refieren sólo a ejemplos del Antiguo Testamento. Esas son Mateo 15:7, Marcos 7:6, 1 Pedro 1:10 y Judas 14, todas las cuales se refieren a actos de predicción; Mateo 11:13 implica predicción. En los siguientes párrafos contemplaremos el uso de «profetizar» en el Nuevo Testamento.

Aunque no se declara la naturaleza y el contenido de las profecías, sabemos que algunas personas profetizarán falsamente en nombre de Jesús. Los implicados en ello pretenderán también echar fuera demonios y llevar a cabo milagros, e implicar así que profetizar es considerado algo sobrenatural (Mt. 7:22, 23).

En una ocasión vendaron los ojos a Jesús, y luego lo golpearon, y le dijeron sarcásticamente que profetizase quién era el que lo había golpeado. Esto implica que para la gente del pueblo profetizar no siempre demandaba predicción, pero sí que exigía revelación sobrenatural. La mera edificación y exhortación no se ajustan a este pasaje (Mt. 26:67, 68; Mr. 14:65; Lc. 22:64).

Según Lucas 1:67, Zacarías profetizó después de ser lleno del Espíritu. Esto parece ser un tipo de pronunciamiento oracular. Aparentemente, se basaba en una revelación directa procedente de Dios, porque el contenido es una predicción, aunque algo de la información ya fue dada por el ángel en Lucas 1:14-17. Además, los detalles de la profecía (1:68-79) son más de lo que habría sido normalmente sabido por un humano, y la profecía, en este caso, fue resultado de que el Espíritu Santo llenase a Zacarías.

Según Juan 11:51, Caifás, el sumo sacerdote, profetizó involuntariamente en una ocasión. No hay evidencia aquí de visión, sueño, o revelación. Aparentemente, en este versículo Juan usa el verbo «profetizar» significando una predicción involuntaria. Este elemento predictivo es la única base sobre la que se puede considerar la predicción de Caifás como una profecía. Esto hace evidente que la predicción es el concepto principal en el acto de profetizar.

En algunos pasajes no se indica el contenido, de modo que es imposible determinar si es predictivo. En la mayor parte de los casos se puede diferenciar claramente de la mera edificación o exhortación (Hch. 2:17, 18; 19:6; 21:9; 1 Co. 11:4, 5; 13:9; 14:1-39). Como resultado de esta información impartida, la persona que profetiza edifica, exhorta, y consuela a otros (1 Co. 14:3-5). En resumen, edifica a la iglesia, porque, tal como indica 1 Corintios, lo profetizado puede ser comprendido por los oyentes; no se precisa de interpretación. Sin embargo, este pasaje no indica el contenido de las profecías.

A primera vista, la declaración en 1 Corintios 14:31, «Porque podéis profetizar todos uno por uno», parece indicar que todos pueden profetizar. Pero esto no es lo que significa el pasaje. Todo el capítulo se basa en el hecho de que no todos profetizan, sólo algunos. El capítulo no tendría sentido si todos profetizasen.[24] Este versículo va introducido con el término «Porque» (*gar*), lo que muestra que es la razón de lo que se declara en el versículo 30, que se refiere sólo a los profetas, no a todos. Ellos deben profetizar de una manera ordenada, porque todos tendrán a su vez la oportunidad de profetizar. Todo el contexto de los versículos 29-32 se refiere a los profetas y no a la congregación como un todo. Pablo dice de manera explícita en 1 Corintios 12:29 que no todos son profetas. Un estudio de este pasaje muestra que los profetas son los que profetizan. Pablo declara de manera específica en 1 Corintios 14:5: «Quisiera que todos vosotros hablaseis en lenguas, pero más que profetizaseis». La declaración «pero más que profetizaseis» significa, «pero deseo más que todos profetizaseis». No todos profetizaban, o Pablo no habría deseado que lo hicieran. Finalmente, 1 Corintios 14:37 indica que algunos de la iglesia de Corinto se consideraban como profetas.

Apocalipsis 10:11 y 11:3 revelan poco para el propósito de nuestro estudio, aunque parece estar presente la idea de predicción. El verbo «profetizar» describe ciertas acciones de los profetas y no se usa de todo aquel que habla de parte de Dios. En los libros históricos no se usa de Jesús, de los apóstoles, de Pablo, ni de nadie en la iglesia, excepto de las hijas de Felipe y para describir la recepción inicial del Espíritu por los hombres en Hechos 19. Aparte de ello, y excepto por las declaraciones en Primera Corintios 11–14, el verbo «profetizar» no se usa para describir las actividades de la iglesia.

Profecía (propheteia). Esta palabra aparece diecinueve veces en el Nuevo Testamento. De esas diecinueve, siete se dan en Apocalipsis y cinco en 1 Corintios. Mateo 13:14 usa la palabra para referirse a Isaías 6:9, 10, una profecía del Antiguo Testamento. El uso que hace Mateo con el verbo *pleroo*, «se cumple», muestra que Mateo lo considera como una predicción. Aparentemente, se refiere a una profecía (contenido) en 1 Corintios 13:8; 14:6, 22; 1 Tesalonicenses 5:20; 1 Timoteo 1:18; 4:14; 2 Pedro 1:20-21; Apocalipsis 1:3; 19:10; 22:7, 10, 18, 19, y probablemente 11:6. Parece que en 1 Timoteo 1:18 y 4:14 está implícita la revelación divina directa. Se implica predicción en 2 Pedro 1:20, 21 así como en los pasajes en Apocalipsis. Los restantes pasajes no dan información alguna sobre el contenido de las profecías.

Sólo Romanos 12:6, 1 Corintios 12:10 y 13:2 se refieren al cargo o don de un profeta, y este sentido en los últimos dos versículos está abierto a la duda. El nombre *propheteia* se refiere generalmente a «profecía», es decir, al mensaje o contenido dado mediante profecía. Se refiere al don de profecía en quizá sólo tres casos. En Apocalipsis 11:6 parece referirse a alguna actividad profética.

Profeta (prophetes). «Profeta» aparece mucho más frecuentemente que los otros términos (treinta y cuatro veces en Mateo; cinco veces en Marcos; veintinueve veces en Lucas; catorce veces en Juan; treinta veces en Hechos, y veintisiete veces en el resto del Nuevo Testamento.

En la mayor parte de las ocasiones los Evangelios usan *prophetes* para referirse a los profetas del Antiguo Testamento. Para este estudio los evangelios sinópticos dan poca ayuda, excepto en Lucas 7:39. La palabra se usa de los profetas del Antiguo Testamento en Juan, excepto en 7:52; sin embargo, Juan 4:19, 6:14, 7:40 y 9:17 parecen pasajes útiles. Los evangelios sugieren una similitud entre el Nuevo Testamento y el AntiguoTestamento en el uso del término.

Lucas 7:39 — Aquí, los fariseos esperaban un profeta que tuviese discernimiento sobrenatural, de modo que la idea de edificación o exhortación no se ajusta a este pasaje.

Juan 4:19 — La mujer junto al pozo atribuyó a Jesús la condición de profeta cuando le habló de la vida pasada que ella había llevado. El conocimiento sobrenatural le indicó que él era un profeta. Aquí la edificación no está a la vista.

Juan 6:14 — Después de efectuar la señal de alimentar a los cinco mil, Jesús fue considerado por la multitud como «el Profeta». La idea de edificación o de exhortación está ausente del pasaje.

Juan 7:40 — Jesús fue considerado como «el Profeta» después de hablar en la fiesta.

Juan 9:17 — El hombre curado de su ceguera consideró a Jesús, que le había sanado, como profeta. La idea de edificación o de exhortación está ausente de este pasaje.

Ya que Juan 6:14 y 7:40 hacen referencia a «el Profeta», puede que no sean de aplicación a los profetas en general. Los versículos acabados de relacionar describen todos ellos unos acontecimientos que tuvieron lugar históricamente antes del don del profeta del Nuevo Testamento, pero indican ciertas cosas que Israel consideraba como típicas de un profeta, incluidos un discernimiento y conocimiento sobrenatural y decir verdades acerca de Dios. El acto de hacer milagros parecía indicar que Jesús era más que un profeta. Indicaba que era alguien especial: Él era «el Profeta», en cumplimiento de Deuteronomio 18:18. Esto implica que la operación de milagros no estaba asociada con el profeta normal en el Antiguo Testamento.

El libro de Hechos describe la época de la iglesia primitiva; por tanto, tratará directamente acerca de la naturaleza del profeta del Nuevo Testamento. De las numerosas ocasiones en Hechos, se consideran significativas las siguientes: El resto se refiere principalmente a los profetas del Antiguo Testamento:

Hechos 2:30, 31 — Este pasaje dice, acerca de David: «Pero siendo profeta, y sabiendo ..., viéndolo antes, habló de la resurrección de Cristo ...» En este pasaje, Pedro destaca que debido a que David era profeta, vio anticipadamente y predijo la venida de Cristo, por lo que vincula con ello de manera directa al profeta con la capacidad de predecir.

Hechos 3:18-25 — En esta sección el versículo 18 dice: «Pero aquellas cosas, que Dios había expuesto antes mediante todos sus profetas, que Cristo había de sufrir, él las ha cumplido así.» Todos los profetas tuvieron un ministerio predictivo acerca de Cristo.

Hechos 7:52; 10:43 — Tanto Esteban como Pedro se refieren a predicciones hechas por los profetas respecto a Cristo.

Hechos 11:27, 28 — Ágabo es el primer ejemplo de un profeta del Nuevo Testamento. Su actuación fue muy similar a la de un profeta del Antiguo Testamento. Recibiendo información dada por el Espíritu Santo, predijo un hambre que tuvo lugar.

Hechos 13:1; 15:32 — La iglesia en Antioquía incluía profetas y maestros. Sabemos pocos de su ministerio específico como profetas. Judas y Silas eran profetas de la iglesia en Jerusalén, y alentaron a los hermanos con abundancia de palabra.

Hechos 21:10 — Ágabo llegó de Judea y predijo la cautividad de Pablo. Ágabo actuó precisamente como un profeta del Antiguo Testamento y declaró de manera explícita que su predicción procedía del Espíritu Santo. Según el libro de Hechos, su profecía fue cumplida de manera precisa.[25]

Hechos 26:22, 23 — Pablo indicó que los profetas del Antiguo Testamento predijeron los acontecimientos acerca de Cristo.

Por el libro de Hechos vemos que el profeta, tanto en el Antiguo Testamento como en el Nuevo Testamento, estaba ocupado en un ministerio que incluía la predicción. Los únicos ejemplos específicos que tenemos de un profeta del Nuevo Testamento son Hechos 11:27, 28 y 21:10, que se refieren a Ágabo; y Hechos 15:32, que se refieren a Judas y a Silas. En ambos casos, Ágabo predijo un acontecimiento futuro. En Hechos 21:10 dijo de manera específica que su información fue recibida por revelación directa. También, Lucas dijo en Hechos 11:27, 28 que Ágabo «daba a entender por el Espíritu». Aunque su «iglesia local» era probablemente Jerusalén, parece haber tenido un ministerio itinerante. Es imposible determinar los términos específicos del ministerio de Judas y Silas en Antioquía, por cuanto se describe bajo la declaración general de «consolaron y confirmaron a los hermanos con abundancia de palabras». No se dice de manera específica que profetizasen.

En el libro de Romanos todas las referencias son a los profetas del Antiguo Testamento. Los siguientes pasajes de las restantes epístolas parecen ser significativas para el estudio del profeta del Nuevo Testamento.

Primera Corintios 12:28, 29 — Este pasaje se refiere claramente a profetas del Nuevo Testamento. Son la segunda categoría de la iglesia. Por cuanto la lista no se da en orden cronológico, es difícil considerar «segundo» en ningún sentido aparte del de importancia, prioridad o autoridad. El aspecto de prioridad queda sugerido también por la estrecha relación con los apóstoles en otros pasajes (Ef. 2:20; 3:5). Aunque es un don importante, se asevera que no todos lo tienen.

Primera Corintios 14:29-32 — En la asamblea, los profetas han de hablar uno a la vez, y no más que dos o tres deben hablar. Un profeta que reciba una revelación directa, inmediata, tiene prioridad para hablar sobre otro profeta que esté hablando aparte de una revelación inmediata. Una revelación no es algo insólito para un profeta; de hecho, es algo que se espera. Una revelación así es inmediata y no puede ser meramente identificada con el conocimiento bíblico. Un profeta puede recibir revelación en algún otro momento y comunicarlo posteriormente a la asamblea. Sin embargo, quien recibe la revelación durante la reunión de asamblea tiene prioridad. Los otros profetas deben discernir (gr., *diakrino*) todos los pronunciamientos de los profetas. Por cuanto Pablo dice que «los espíritus de los profetas están sujetos a los profetas», nadie puede pretender ser arrebatado y con ello evitar esas restricciones.

Efesios 2:20 — Como se ha visto en la anterior discusión de este versículo, los apóstoles y profetas mismos son el fundamento de la iglesia universal. Aquí tenemos una intensa implicación de que los profetas no sólo tienen una gran prioridad, sino que son un don para el inicio de la iglesia como un todo. Por cuanto Cristo, los apóstoles, profetas y cristianos, todos son parte del edificio en esta figura, los profetas a los que se hace referencia en este versículo forman parte de la iglesia; por ello, son profetas del Nuevo Testamento.[26]

Efesios 3:5 — Los apóstoles y profetas vuelven a estar cercanamente relacionados, aquí como receptores de verdad (revelación) por el Espíritu. Este versículo, que dice «que en otras generaciones no se dio a conocer a los hijos de los hombres, como ahora es revelado a sus santos apóstoles y profetas por el Espíritu», se refiere de manera específica a los profetas de aquel tiempo, los profetas del Nuevo Testamento. La inmediata relación que se hace evidente entre los apóstoles y profetas en Efesios 3:5 implica que Efesios 2:20 se refiere también a los profetas del Nuevo Testamento.

Efesios 4:11 — El don de profeta tiene por objeto edificar la iglesia hacia la madurez en Cristo. Lo mismo que el don de apóstol, es un don de liderazgo, aunque ambos sean distintos.

Tito 1:12 — Este versículo hace referencia a un profeta de los cretenses, un profeta pagano.

Primera Pedro 1:10 — Este pasaje se refiere a profetas del Antiguo Testamento. Indica claramente que predecían mediante revelación. Ya que Pedro no da un perfil de los profetas como profetas del Antiguo Testamento, y que se emplea el mismo término para ambos, es probable que el oficio de profeta del Nuevo Testamento difiriese en poco del oficio del Antiguo Testamento.

El libro de Apocalipsis usa frecuentemente el término *profeta*, pero añade poca nueva información a este estudio. Aparentemente, habrá profetas presentes durante el período de la gran tribulación. Los profetas están vinculados con la predicción (véase Ap. 22:6). En 22:9, el ángel dice que él es consiervo con Juan y de «tus hermanos los profetas».

En base de este estudio podemos llegar a la conclusión de que no todos los creyentes tienen el don de profeta. Un profeta está generalmente envuelto en un ministerio de predicción. Los profetas son receptores de revelaciones divinas directas, lo cual puede tener lugar inmediatamente antes de hablar. Los profetas pueden hablar aparte de una revelación inmediata; sin embargo, es dudoso que sus pronunciamientos sean descritos como profecía si no se basan en revelación directa. Los profetas han sido dados para edificar a la iglesia. Cuando el profeta habla debido a una revelación inmediata, su ministerio exhorta y lleva a los oyentes a que escuchen. Un profeta puede sujetar o restringir su don. Finalmente, Efesios 2:20 muestra que los profetas fueron dados a la iglesia sólo en su comienzo.

¿Son falibles los profetas del Nuevo Testamento?

Numerosos carismáticos dan testimonio de que sus «profetas» no son infalibles.[27] Hollenweger, un investigador pentecostal bien conocido, no ve profetas en el movimiento pentecostal mundial que sean profetas bíblicos.[28] En su intento de mostrar que esos «profetas falibles» son el don del Nuevo Testamento, algunos han argüido que los profetas del Nuevo Testamento pertenecen a un orden inferior al de los profetas del Antiguo Testamento y poseen menor autoridad que ellos. Son falibles e incluso pueden comunicar mensajes incorrectos. No son más fiables que cualquier predicador o consejero.[29] Eso contrasta con los profetas infalibles del Antiguo Testamento y con lo que la mayoría de las personas esperan de los profetas. Por cuanto este concepto es necesario para mantener que los actuales falibles profetas carismáticos son el don del Espíritu, y por cuanto Wayne Grudem ha presentado uno de los más detallados argumentos en favor de esta postura, será necesario encarar sus argumentos con cierto detalle.

Grudem afronta el asunto de los profetas del Nuevo Testamento con un doble enfoque. Primero, intenta mostrar que los apóstoles son iguales a los profetas del Antiguo Testamento. Ya que la autoridad de los profetas del Nuevo Testamento, como es evidente, era inferior a la de los apóstoles, los profetas del Nuevo Testamento tienen asimismo una menor autoridad que los profetas del Antiguo Testamento. De modo que la conclusión es que los profetas del Antiguo Testamento son infalibles, mientras que los del Nuevo Testamento son falibles. En segundo lugar, Grudem arguye que el profeta del Nuevo Testamento no es fiable ni con autoridad, posición ésta con la que concuerda Carson.[30]

El argumento de Grudem de que el apóstol se identifica con el profeta del Antiguo Testamento tiene dos puntos débiles. Primero, no parece haber considerado nunca la posibilidad de que los apóstoles tengan una autoridad *mayor* que la de los profetas tanto del Antiguo Testamento como del Nuevo Testamento. El aspecto singular de los apóstoles, el puesto único que les es asignado en la ciudad celestial, y la declaración de que Juan el Bautista como precursor del Mesías es mayor que los profetas, abre la posibilidad concreta de que esos especiales representantes del Mesías tienen también una autoridad especial o extraordinaria. Si es así, entonces la mayor parte de los argumentos de Grudem se desmoronan, porque todos ellos se basan en la suposición de que el profeta del Antiguo Testamento es la mayor figura de autoridad y que los apóstoles son sólo iguales a ellos en cuanto a autoridad. Segundo, Grudem usa sólo unos cuantos profetas seleccionados del Antiguo Testamento para comparar a los apóstoles y a los profetas del Nuevo Testamento con los profetas del Antiguo Testamento.

El argumento de Grudem asevera que no hay evidencia de ningún grupo de profetas en el Nuevo Testamento que, a semejanza de los profetas del Antiguo Testamento, pudiera hablar con una autoridad divina absoluta y que tuviera autoridad para escribir libros de las Escrituras.[31] Sin embargo, hay evidencia directa de que el profeta del Nuevo Testamento hablaba con una autoridad divina comparable a la del profeta del Antiguo Testamento, como veremos más adelante. Con respecto a la autoridad para escribir Escritura, ¿acaso todos los profetas del Antiguo Testamento tuvieron autoridad para escribir Escritura? Los profetas del Antiguo Testamento no tenían autoridad para escribir Escritura como parte de su oficio profético. En realidad, sólo unos pocos hombres especialmente seleccionados tuvieron este privilegio. Del mismo modo, ¿acaso los apóstoles tenían autoridad para escribir Escritura como parte de su oficio apostólico? ¿Podrían Tomás o Matías haber escrito Escritura si se hubieran sentido inclinados a ello? De nuevo, parece que ni los profetas del Antiguo Testamento ni los apóstoles tenían autoridad, como parte de su oficio, para escribir Escritura. Sólo los hombres específicamente escogidos por Dios para ello tuvieron esta autoridad. Ni Marcos ni Lucas eran apóstoles, pero ambos escribieron Escritura. Ni los apóstoles ni los profetas del Antiguo Testamento tenían más autoridad para escribir Escritura que esos dos que no eran ni lo uno ni lo otro. El hecho de que tanto Marcos como Lucas escribieran Escritura, aunque ninguno de ambos era apóstol, debilita considerablemente la tesis de Grudem.

Otro argumento usado por Grudem es que tanto los apóstoles como los profetas del Antiguo Testamento habían sido enviados por Dios, y que por lo tanto se trata de algo idéntico.[32] Pero Ananías había sido también enviado por Dios en Hechos 9, y Ágabo fue enviado por Dios en Hechos 11 y 21, y ninguno de los dos era un profeta del Antiguo Testamento. Grudem arguye también que los apóstoles son «vinculados» en varios pasajes con los profetas del Antiguo Testamento, mientras que los profetas del Nuevo Testamento no son vinculados «de la misma manera» con los profetas del Antiguo Testamento.[33] Sin embargo, los apóstoles son también vinculados con los profetas del Nuevo Testamento. Si su vinculación con los profetas del Antiguo Testamento demuestra que los apóstoles son iguales a los profetas del Antiguo Testamento, entonces la vinculación con los profetas del Nuevo Testamento demuestra también que los apóstoles son iguales a los profetas del Nuevo Testamento y que los tres grupos son iguales. Naturalmente, eso no es verdad, porque los apóstoles tienen una autoridad superior a la de los profetas del Nuevo Testamento. Si los apóstoles son vinculados con los profetas del Antiguo Testamento en algunos pasajes y con los del Nuevo Testamento en otros, entonces una conclusión más lógica sería que los profetas del Antiguo Testamento y del Nuevo Testamento son iguales, y que los apóstoles son superiores a ambos. En realidad, «vinculados con» es un concepto tan vago que no demuestra nada con respecto a la relación existente.

En uno de los casos en los que el apóstol es «vinculado con» los profetas del Antiguo Testamento, Grudem se refiere a la declaración en Hebreos 1:1, 2, que dice: «Dios, habiendo hablado ... en otro tiempo a los padres por los profetas, en estos postreros días nos ha hablado por el Hijo.» Sobre la base de esta aseveración, él argumenta que Jesús es llamado apóstol en Hebreos 3:1 en vez de profeta, con lo que se vincula al apóstol con los profetas del Antiguo Testamento. Luego argumenta que la declaración de que Jesús es un apóstol contrasta en el mismo pasaje con Moisés, el «profeta arquetípico», con lo que se vincula al apóstol con un profeta del Antiguo Testamento.[34] Pero esa pretendida vinculación demuestra precisamente lo contrario. En Hebreos 1:1, 2 lo que se arguye es que la revelación mediante Jesús el Hijo de Dios es muy superior a la de los profetas del Antiguo Testamento; y en Hebreos 3:1ss el argumento es que Jesús el apóstol es el Hijo de Dios y sobremanera superior a Moisés el profeta arquetípico. Así, esta vinculación, si demuestra algo, es un argumento en favor de la superioridad del apóstol sobre los profetas del Antiguo Testamento, incluido a Moisés, el profeta arquetípico.

El hecho de que Pablo afirme su autoridad sobre los profetas del Nuevo Testamento significa poca cosa, a no ser que se demuestre que no podría ejercer autoridad sobre los profetas del Antiguo Testamento en las mismas circunstancias.[35] Asimismo, el argumento de que los apóstoles son a veces designados profetas carece de sentido, porque son también llamados maestros y predicadores. Pero esto no los identifica con los maestros y predicadores del Antiguo Testamento, ni demuestra que en consecuencia los maestros y predicadores del Nuevo Testamento sean inferiores a los del Antiguo Testamento.[36] Así, tampoco puede significar esto con relación a los profetas. El don de apóstol incluía todas esas capacidades como profeta, maestro y predicador, pero era más que cualquiera de ellas.

El hecho de que los apóstoles no sean llamados profetas presenta un grave obstáculo al concepto de que son idénticos a los profetas del Antiguo Testamento. Si son iguales a los profetas del Antiguo Testamento, entonces, ¿por qué no llamarlos profetas? ¿Para qué tener un título diferente si son lo mismo? Grudem se da cuenta de que esto es un obstáculo. Usa dos argumentos para dar cuenta de ello.

Primero, Grudem arguye que Joel y otros predijeron que un día todo el pueblo de Dios serían profetas; por tanto, se precisaba de un término diferente para diferenciar a los apóstoles de los demás.[37] Este argumento es inválido por dos razones. En el tiempo actual no todo el pueblo de Dios son profetas. La profecía de Joel se refiere al futuro, de modo que, ¿por qué es necesario un término diferente en nuestro tiempo? Además, si la cosa fuera así, entonces, ¿por qué iba Dios a usar el término «profetas» para uno de los grupos más importantes en la iglesia, dado que también se debería diferenciar entre ellos y los otros profetas?

Segundo, Grudem argumenta que el término *profeta* había llegado a tener una connotación más amplia en el mundo de aquel día, de modo que no conllevaría la idea de «uno enviado con una autoridad divina absoluta». Así, se precisaba de una palabra diferente, como «apóstol».[38] Pero, ¿acaso el término *profeta* llegó a tener jamás en la cultura general el significado de «uno enviado con una autoridad divina absoluta»? Lo cierto es que la palabra *apóstol* tenía una connotación mucho más amplia en la cultura griega que la palabra *profeta*. ¿Para qué elegir un término aun más amplio si el problema era éste? Además, el término *profeta* tenía una amplia connotación en tiempos del Antiguo Testamento, y podía incluso referirse a falsos profetas. ¿Por qué entonces lo usó Dios para designar a los profetas del Antiguo Testamento si este hubiera sido un problema tan grave? Además, si hubiese tal clase de problema con el término *profetas*, ¿por qué lo usó Dios en absoluto, y, en concreto, por qué lo usaría para designar al segundo grupo en autoridad en la iglesia? La razón de que los apóstoles sean llamados apóstoles y no profetas es que en realidad forman un grupo especial, los apóstoles.

La significación de Efesios 2:20

En un intento de demostrar que los apóstoles son iguales a los profetas del Antiguo Testamento, Grudem emplea una insólita interpretación de Efesios 2:20. Este versículo se refiere a los cristianos, que son «edificados sobre el fundamento de los apóstoles y profetas, siendo la principal piedra del ángulo Jesucristo mismo». Grudem interpreta las palabras «los apóstoles y profetas» como significando «los apóstoles que son profetas» o los «apóstoles-profetas».[39] En otras palabras, considera ambos nombres como idénticos. La base sobre la que hace esta aseveración es que hay sólo un artículo («los») con ambos nombres («apóstoles y profetas») unidos por «y» (*kai*). Hace referencia a once versículos donde dice: «se significa una persona o grupo de personas, pero se usa la misma construcción que en Efesios 2:20 y 3:5.»[40]

Pero ninguno de los once ejemplos que da presenta exactamente la misma construcción que Efesios 2:20 ó 3:5. La construcción inequívoca empleada aquí significa siempre precisamente lo contrario de lo que pretende Grudem; esto es, la construcción designa a dos grupos distintos, no uno y el mismo. Además, el hecho de que esos nombres estén en plural es significativo en esta construcción, pero muchos de los ejemplos de Grudem se refieren a nombres singulares. Sin embargo, hay una diferencia más evidente entre Efesios 2:20 y 3:5 por una parte, y los ejemplos que Grudem presenta. Se conocen setenta y una ocasiones de esta construcción general con nombres plurales.[41] Pero menos de una tercera parte de ellos tienen esta construcción precisa que aparece en Efesios 2:20 y 3:5. La construcción en Efesios 2:20 y 3:5 tiene dos nombres independientes, pero ninguno de los ejemplos de Grudem se ajusta a este patrón. Sus ejemplos se refieren a participios (adjetivos verbales), adjetivos o nombres en una relación adjetiva con algún otro nombre en el versículo; se refieren a algún otro referente nominal presente o sobreentendido en el versículo. Este es el factor que los liga y, por ello, no son independientes.

En Efesios 2:20 y 3:5 los dos nombres no se refieren a ningún otro nombre, ni explícito ni implícito; son independientes. Así, no se pueden considerar como la misma construcción, porque en el primer caso hay algún factor que liga los dos nombres que no está presente en Efesios 2:20 y 3:5. El primer ejemplo de Grudem, Romanos 16:7, ilustrará esto. Este versículo dice: «Saludad a Andrónico y a Junias, mis parientes y mis compañeros de prisiones.» Hay un artículo delante de «parientes» (un adjetivo usado como nombre) y «compañeros de prisiones» y esto se refiere a las mismas personas, Andrónico y Junias. Sin embargo, el único artículo no los hace los mismos; es el hecho de que tanto «parientes» como «compañeros de prisiones» se refieren a los nombres específicos, «Andrónico y Junias», especificados en el versículo, lo que los hace lo mismo. Si no fuera así, no podrían ser considerados lo mismo. No todos los parientes de Pablo son asimismo compañeros de prisiones, ni tampoco todos los compañeros de prisiones de Pablo son sus parientes. Sólo Andrónico y Junias, que son específicamente mencionados en este versículo, se ajustan a estos criterios. Los dos «nombres» coinciden sólo en el caso de esas dos personas. Los nombres de que se trata funcionan en una relación adjetiva, o modificadora, y no como nombres independientes. De modo que el artículo solitario no es el factor que indica que son lo mismo, porque si hubiera un artículo delante de cada nombre, seguirían refiriéndose a las mismas personas.

Otros cuatro ejemplos que da Grudem están todos en singular, y todos ellos tienen algún referente específico en el versículo (véanse Ef. 6:21; Fil. 2:25; Flm. 1; He. 3:1). De modo que no tienen la misma construcción que Efesios 2:20 ni 3:5. En Colosenses 1:2, «santos» y «fieles hermanos» están ambos en plural, pero los dos modifican un referente específico. Aun las declaraciones «Dios y Salvador» en 2 Pedro 1:1 y «Señor y Salvador» en 1:11, aunque son nombres singulares, tienen en cada caso un referente específico, «Jesucristo». Gálatas 1:7 y 1 Tesalonicenses 5:12, los dos pasajes restantes, tienen participios (esto es, adjetivos verbales) en vez de nombres. No sólo son adjetivales, sino que comúnmente dos ideas verbales acompañan a un sujeto. Cada una tiene el mismo sujeto indicado representado por el artículo. Como Wallace ha mostrado, dos participios con un artículo se refieren generalmente a un grupo o persona; sin embargo, dos nombres se refieren a dos grupos distintos o personas distintas.[47] Así sucede en Efesios 2:20. De modo que la construcción usada en Efesios 2:20 y 3:5 no se refiere a grupos idénticos.

Aun si los dos nombres fuesen interpretados como idénticos, cosa contraria a la gramática griega, la interpretación de Grudem de «apóstoles-profetas» seguiría siendo inaceptable. Ello demanda una manera específica pero muy dudosa de considerar los dos nombres. Normalmente, si dos nombres son idénticos, se refieren a lo mismo. Así, apóstoles y profetas serían lo mismo. Pero es evidente que no es así, lo que debería ser suficiente para resolver la cuestión. Pero la interpretación de Grudem exige que el nombre «profetas» se refiera no al bien conocido grupo de personas destacadas en la iglesia, sino sólo a algunos profetas, esto es, a los apóstoles. Pero los apóstoles no son designados en ningún otro lugar como «profetas». Esto es particularmente evidente, porque Grudem ya ha ido a grandes extremos para tratar de demostrar por qué los apóstoles no son llamados «profetas». ¿Hay algún ejemplo de una interpretación así en ningún otro lugar?

Contemplemos una construcción similar a Efesios 2:20 donde se emplea el mismo término *apóstol* junto con el término *ancianos*. En Hechos 15:2 se usa la misma construcción —un artículo delante de dos nombres en plural unidos por «y»—, donde se refiere a los «apóstoles y ancianos». Si aplicamos el mismo principio que Grudem aplica para interpretar Efesios 2:20, tendremos un nuevo grupo de personas llamado «apóstoles-ancianos». Sin embargo, esta interpretación es incorrecta. En Jerusalén había ancianos. En Hechos 15:4 se mencionan los «apóstoles y los ancianos», con una construcción gramatical que muestra claramente que los apóstoles y los ancianos son dos grupos distintos. Además, el artículo aparece delante de cada grupo en Hechos 15:6, 22, 23. Sin embargo, en Hechos 16:4, donde se hace referencia al mismo suceso, de nuevo los dos grupos son designados mediante sólo un artículo. Así, en Hechos 15:2 y 16:4 se hace referencia a los mismos grupos con un solo artículo, como en Efesios 2:20; y en Hechos 15:6, 22, 23 son designados también con dos artículos con lo que se indica que el autor tiene en mente a dos grupos separados. Los ejemplos que tienen sólo un artículo sencillamente juntan los dos grupos separados, «apóstoles y ancianos», debido a algo que el autor contempla como común a ambos. Por ejemplo, como Wallace observa en Mateo 3:7, sólo un artículo precede a los «saduceos y fariseos», pero son claramente dos grupos distintos.[43] Por tanto, la idea de que Efesios 2:20 hace referencia sólo a un grupo es insostenible tanto desde el criterio gramatical como del lógico.

La aseveración de Carson de que la exégesis de este versículo es tan compleja que cualquier deducción del mismo se debería usar con cautela es incorrecta, como es incorrecto que reproche a Gaffin que use este versículo como argumento.[44] Efesios 2:20 no podría ser más claro. El versículo no contiene palabras difíciles ni ninguna construcción gramatical difícil ni inusual. La construcción gramatical de un artículo que precede a dos nombres unidos por «y» es familiar y bien conocida. Cualquier pretendida complejidad en la interpretación de este versículo no surge del versículo mismo, sino de las presuposiciones del intérprete. Que algunos pocos académicos no estén de acuerdo con el sentido de este versículo no tiene nada que ver con la pretendida complejidad del versículo. La mayoría de los académicos no tienen dificultad alguna con él. Por ello, los cesacionistas están del todo justificados en usar este versículo perfectamente claro para apoyar su posición. No hay ninguna razón válida para evitar destacarlo sólo porque los que están en desacuerdo con él hayan tenido alguna dificultad en ajustarlo a su manera de pensar.

La aseveración de que los profetas del Nuevo Testamento son defectivos

Grudem usa varios argumentos indirectos en su intento de demostrar que los profetas del Nuevo Testamento son deficientes en comparación con los del Antiguo Testamento. En un argumento algo extraño, mantiene que cuando Pablo instruye al profeta que pueda estar hablando que se detenga y que deje hablar a otro que esté recibiendo una revelación directa (1 Co. 14:30), Pablo está mandando que esas palabras se pierdan. Así, llega a la conclusión de que no pueden ser palabras de Dios.[45] Pero el pasaje ni siquiera insinúa tal idea. No hay razón alguna para suponer que el hablante original no pueda reanudar y terminar su mensaje una vez el hablante revelatorio ha concluido su revelación.

Otro argumento en el sentido de que la palabra «revelación» no implica autoridad divina puede extraviar a los desconocedores del griego, porque pueden pensar que esta palabra griega misma está en la base del argumento de Grudem.[46] Sin embargo, este argumento no tiene más fuerza que la que tendría con la palabra española «revelación». Podemos decir que me fue revelado que debo estudiar más intensamente. El hecho de que esto no implica una revelación divina no tiene nada que ver con el sentido de «revelación» en la declaración: «el profeta de Dios nos comunicó una revelación». El contexto y la identificación con un profeta de Dios, junto con el hecho de que los profetas generalmente comunican revelaciones divinas, hacen que quede claro el aspecto de revelación divina. Tomarlo de otra manera sería desdeñar el contexto. Tampoco la declaración «¿Acaso ha salido de vosotros la palabra de Dios, o sólo a vosotros ha llegado?» (1 Co. 14:36) implica que los profetas en Corinto no hablasen con autoridad divina, como afirma Grudem.[47]

Pablo no se está refiriendo en este versículo a algunas profecías falibles. Está meramente preguntando a los corintios en esta declaración más bien algo cáustica si piensan acaso que habían recibido alguna información especial para que hicieran las cosas de manera diferente de las demás iglesias. Esto no tiene nada que ver con la exactitud real de sus profetas. También arguye que por cuanto las mujeres pueden profetizar según 1 Corintios 11, esto implica que la profecía del Nuevo Testamento no es con autoridad.[48] Este argumento depende de una posible interpretación de 1 Corintios 14:34-35, y supone que 1 Corintios 11 se refiere a la asamblea. No dice nada acerca de la asamblea. Siempre que la asamblea está específicamente a la vista en Corintios, se dice de manera explícita. Sea como fuere, el argumento en 1 Corintios 11 es que las mujeres debieran ir cubiertas, específicamente porque la profecía es con autoridad.

Esta serie aparentemente interminable de argumentos tenues e indirectos se debe a que no hay declaraciones directas de las Escrituras para apoyar el concepto de «profeta falible». También argumenta él que la expresión «y los demás juzguen» en 1 Corintios 14:29 se refiere a toda la congregación y que esto somete a los profetas del Nuevo Testamento a la congregación entera.[49] No obstante, esto es contrario al contexto, que está hablando sólo respecto a los profetas, que usa el mismo término específicamente de los profetas en los siguientes versículos y que concluye de modo claro que todos pueden profetizar, refiriéndose sólo a todos los profetas. En cualquier caso, ¿cómo podría esto indicar que los profetas del Nuevo Testamento son inferiores a los del Antiguo Testamento, por cuanto toda la congregación de Israel también había recibido la instrucción de juzgar a sus profetas? (Dt. 18:22).

Otro argumento, que la palabra «discernir» (gr., *diakrino*) significa que los oyentes han de cribar para entresacar lo bueno de lo malo en una profecía, y que esto indica que puede contener bueno y malo, se basa en el hecho de atribuir a la palabra un significado que no se puede sostener.[50] La palabra *diakrino* no implica que haya bueno y malo que cribar. Se usa a menudo en un contexto como este, con referencia a emitir una sentencia entre dos personas, es decir, para determinar quién está en lo cierto y quién en un error. En contraste con las aseveraciones de que difiere de *krino*, «juzgar», es un hecho que este término se usa trece veces de esta manera en la Septuaginta, y que en nueve de estos pasajes queda explícitamente identificado con *krino* o *krisis*. De modo que las declaraciones de Carson y Grudem acerca del significado de *diakrino* tienen poca base de hecho. En el Nuevo Testamento puede significar también juzgar o valorar personas. De hecho, se usa en un pasaje anterior de esta epístola (1 Co. 6:5) de la misma manera que en la Septuaginta (véanse p.ej., Éx. 18:16; 1 R. 3:9; Zac. 3:7 y muchos otros pasajes en el Antiguo Testamento). Si hay algún juicio que hacer, es sólo para emitirlo acerca de las personas que son juzgadas. La declaración de Carson de que «juzguen» se refiere a juzgar la profecía misma,[51] si es correcta, significaría juzgar si toda la profecía era verdadera o falsa. No significaría cribar para entresacar lo bueno de lo malo y considerar lo bueno como de parte de Dios y al profeta como un profeta genuino. Esto contradice la práctica bíblica.

El uso normal de *diakrino* en esta clase de contexto significaría emitir un juicio respecto a personas. Se ajustaría bien con las amonestaciones de probar los espíritus y con la declaración de Pablo al principio de esta sección de que los hablantes pueden comunicar desde diferentes fuentes de revelación. Ésta es la palabra específica cuyo objeto es indicar un juicio para determinar si el profeta que habla es verdadero o falso. Parece claro por el ministerio de Ágabo así como por 1 Juan 4:1 y otros documentos históricos que era necesario poner a prueba a los profetas itinerantes. En todo caso, todo el argumento acerca de cribar y evaluar carece de sentido en la demostración de que todos los profetas del Nuevo Testamento sean «falibles» o inferiores a los profetas del Antiguo Testamento, por cuanto se tendría que «cribar» o evaluar el contenido de la profecía para emitir un juicio acerca de la veracidad del profeta o aun para determinar el significado de la profecía. ¿Y de qué otra manera podría alguien determinar si un profeta era verdadero o falso? Por tanto, la idea de criba o valoración no sirve para nada de apoyo al argumento de que había verdaderos profetas del Nuevo Testamento que eran «falibles». Sin embargo, el hecho de que *diakrino* se usa comúnmente en contextos de juicio a personas y no para evaluar detalles aislados milita decididamente en contra del punto de vista de Grudem. *Diakrino*, desde luego, no implica que se tenga que cribar para entresacar lo bueno de lo malo de la profecía. No implica que haya unas aseveraciones verdaderas y otras falsas en toda la profecía del Nuevo Testamento, ni que un profeta genuino pueda dar profecías falsas.

¿Ha sido Ágabo tratado con justicia?

El profeta Ágabo ha sufrido un trato exacerbadamente crítico a manos de algunos eruditos. Ágabo acudió a Pablo y a sus compañeros en Cesarea, y dijo: «Esto dice el Espíritu Santo: Así atarán los judíos en Jerusalén al varón de quien es este cinto, y le entregarán en manos de los gentiles» (Hch. 21:11). Acerca de Ágabo y su profecía, Carson dice que «no puede pensar de ningún profeta del Antiguo Testamento cuyas profecías yerren tanto en los detalles».[52] Carson afirma que los judíos no ataron a Pablo; que lo hicieron los romanos, y que los judíos no entregaron a Pablo a los romanos, sino que los romanos rescataron a Pablo. Aunque Gaffin intenta defender a Ágabo, Carson acusa a Gaffin de no prestar atención a los detalles.[53] Veamos a continuación quién ha prestado atención a los detalles.

Grudem es aun más enérgico en sus comentarios acerca de Ágabo. Grudem dice: «Por las normas del Antiguo Testamento, Ágabo habría sido condenado como falso profeta, porque en Hechos 21:27-35 no se cumple ninguna de sus predicciones.»[54] Dice: «Lucas nos dice dos veces que no fueron los judíos, sino los romanos los que ataron a Pablo.» También dice que el segundo «error» de Ágabo fue decir que los judíos iban a entregar a Pablo en las manos de los gentiles. Grudem insiste en que esta palabra «entregar» en todos sus otros 119 usos en el Nuevo Testamento significa siempre «entregar voluntariamente, conscientemente».[55] Quizá debiera haber mostrado más sobriedad en sus acusaciones. Primero, Lucas no nos dice ni una vez que no fueron los judíos los que ataron a Pablo. Lucas nos dice que los romanos ataron a Pablo, pero no dice nada que implique que los judíos no lo hicieran. Carson dice que los judíos no ataron a Pablo, pero no nos dice cómo lo sabe. Desde luego, no hay en las Escrituras ninguna declaración respecto a esto. No hay ninguna razón lógica para suponer que por el hecho de que los romanos atasen a Pablo, esto signifique que los judíos no le hubieran podido atar antes. Desde luego, Pablo no acompañó voluntariamente a la turba judía; le debieron atar en algún sentido. Debido a que la palabra griega *deo*, «atar», puede tener varios significados amplios, incluido el sentido de «llevar cautivo», lo cual evidentemente hicieron los judíos con Pablo, es ilógico decir que los judíos no «ataron» a Pablo tal como Ágabo dijo. Sin embargo, no hay razón alguna de suponer que los judíos no ataron realmente a Pablo con algún medio físico.

La aseveración de que Pablo no fue entregado a los gentiles como había dicho Ágabo contradice al mismo Pablo. Al describir los acontecimientos a los ancianos en Roma, Pablo dijo acerca de sí mismo: «He sido entregado preso desde Jerusalén en manos de los romanos» (Hch. 28:17). Aquí él usa exactamente el mismo verbo que Ágabo para describir este acontecimiento (*paradidomi*, «entregar»). Pablo describe este acontecimiento de la misma manera que Ágabo, y Pablo, mejor que nadie, debía saber lo que había sucedido y poder explicarlo de manera correcta y precisa. Por ello,

Ágabo no cometió errores. Más bien, los errores los cometen los que acusan a Ágabo de equivocarse.

Carson dice también que es raro que una profecía del Nuevo Testamento sea dada «en forma de una cita directa de Dios, quizá con el prefacio de un duro "así ha dicho el Señor"».[56] Sin embargo, cada lugar en el que se citan las palabras explícitas de una profecía de un profeta del Nuevo Testamento van introducidas con las palabras: «Así dice el Espíritu Santo.» Desde luego, esto es «raro», porque sólo se da una vez en el Nuevo Testamento, y se trata precisamente del pasaje que estamos considerando. Es Ágabo el que hace la declaración: «Esto dice el Espíritu Santo.» Esta fórmula es paralela a la de los profetas del Antiguo Testamento: «Así ha dicho Jehová», excepto por el hecho de que en el Nuevo Testamento se especifica de manera explícita al Espíritu Santo. En los pocos lugares que quedan en los que se hace referencia a la profecía de un profeta del Nuevo Testamento en términos generales, pero sin citarla verbalmente, Lucas declara explícitamente que es de parte del Espíritu (Hch. 11:28; 21:4). La ocasión en que Judas y Silas fueron enviados por la iglesia de Jerusalén a las iglesias gentiles no describe ninguna profecía, sino que da sólo un sumario general de su ministerio (Hch. 15:32). Así, vemos que Ágabo no cometió error alguno. Además, se presenta a sí mismo y su profecía con una correspondencia casi exacta con los profetas del Antiguo Testamento y la introduce con «así dice el Señor», por lo que asevera autoridad divina para las palabras de su profecía.

No tenemos las palabras exactas de la profecía en Hechos 21:4, que trata del mismo tema que el de la profecía de Ágabo. De modo que es inapropiado decir con Carson y Grudem que Pablo no hizo caso de esta profecía, mostrando con ello que no la consideraba autorizada.[57] Esto es particularmente cierto por cuanto hay una correspondencia directa con esta situación en el mismo pasaje. Cuando Ágabo dio su profecía, advirtiendo a Pablo de lo que le iba a suceder en Jerusalén, los discípulos, incluido Lucas, interpretaron la advertencia como significando que Pablo no debía ir a Jerusalén, aunque Ágabo no dijo de manera específica que Pablo debía mantenerse apartado de Jerusalén (Hch. 21:12, 13). La manera más lógica de interpretar Hechos 21:4 es que la profecía era muy semejante a la de Ágabo: una advertencia y no una prohibición de ir a Jerusalén. Lo mismo que la profecía de Ágabo, este pasaje fue interpretado como una advertencia.

Esta advertencia fue luego comprendida por la mayoría de los presentes como una prohibición, del mismo modo que la similar advertencia fue incorrectamente considerada una prohibición en Hechos 21:12, 13. Por cuanto el Señor se mantiene junto a Pablo más tarde en Hechos y le indica que todo es conforme a su plan, difícilmente le hubiera dado una prohibición directa a Pablo mediante profecía. Así, Pablo no descuidó esta profecía como una profecía inferior que pudiese dejarse a un lado. Más bien, la interpretó correctamente como una advertencia y no una prohibición. También debemos recordar que Lucas dice explícitamente que el Espíritu dio esta información. En todo caso, la opinión de que la profecía en Hechos 21:4 prohibía a Pablo que fuese a Jerusalén no se ajustará con ninguna idea evangélica de la profecía del Nuevo Testamento, porque el profeta en Hechos 21:4 hablaba «por el Espíritu», y si prohibía a Pablo que fuese a Jerusalén, entonces mandaba a Pablo por el Espíritu que desobedeciese la voluntad de Dios. Incluso la idea más flexible de lo que significa que un profeta del Nuevo Testamento hable «por el Espíritu» no parece permitir la falsedad, y mucho menos una abierta contradicción de Dios. Hechos 21:4 fue una advertencia interpretada por los presentes lo mismo que esta advertencia lo fue en Hechos 21:10-13. Pablo no menospreció esta profecía como si careciese de autoridad; por ello, este pasaje no da apoyo al concepto de que los profetas del Nuevo Testamento sean inferiores a los profetas del Antiguo Testamento, ni que cometan errores o carezcan de autoridad.

Conclusión acerca del don de profeta

Aunque puede ministrar en otras maneras, un profeta del Nuevo Testamento recibe revelaciones directas del Señor. Normalmente, su ministerio puede ser descrito como uno que implica predicción. De manera similar al profeta del Antiguo Testamento, actúa como portavoz de Dios. Si alguien no recibe una revelación directa y no predice en ciertas ocasiones, no es un profeta. El Antiguo Testamento dice que un profeta ha de ser capaz de predecir. Los únicos ejemplos de un ministerio profético en el Nuevo Testamento reflejan este elemento predictivo.

Aparentemente, los profetas ministraban tanto en la iglesia local como en ministerio itinerante, pero no se restringía a lo uno o a lo otro. En una asamblea determinada puede haber más de un profeta. El profeta es un don de alta prioridad a menudo vinculado con el apóstol. No tenemos evidencias válidas de profetas neotestamentarios en la iglesia que sean inferiores o deficientes, o que carezcan de autoridad divina cuando hablen por revelación. Aun si estos profetas no fuesen plenamente iguales a los profetas del Antiguo Testamento, eso no implicaría que sus profecías eran incorrectas o erróneas, ni que hablaban sin autoridad divina. En vez de esto, los profetas del Nuevo Testamento son comparables a los profetas del Antiguo Testamento, pero diferentes de los «profetas falibles» que se encuentran en la actualidad en círculos carismáticos.

El profeta fue un don dado sólo a la iglesia primitiva. Los apóstoles y profetas son el fundamento de la iglesia establecida por Cristo, la principal piedra del ángulo. Nadie ha podido mostrar que haya en la iglesia de nuestro tiempo presente personas que exhiban las características bíblicas de un profeta. En base de la descripción del profeta en el Nuevo Testamento, nadie puede demostrar que sea un profeta aparte de la capacidad de predecir el futuro. Las predicciones no son declaraciones generales y vagas, sino predicciones bien específicas que pueden ser verificadas dentro de un plazo razonable. También deben recibir revelaciones directas, inmediatas. Cualquier persona que pretenda ser profeta sencillamente porque alcance una comprensión de las Escrituras está haciendo una aseveración errónea. Los que aseveran que cualquiera que aliente, exhorte y consuele es un profeta están haciendo una aseveración errónea. La exhortación y el aliento son resultados del ministerio del profeta, pero también son los resultados de los ministerios de otros que no son profetas.

En la iglesia primitiva las personas descritas como profetas eran infrecuentes. De hecho, sólo Ágabo, las hijas de Felipe y algunos en Antioquía son designados como profetas. Se implica que había profetas en la asamblea en Corinto, y por extensión los habría en otras iglesias. No obstante, poco es lo que se dice de su actividad en otros lugares del Nuevo Testamento.

Recapitulación

Segunda Corintios 12:12 declara de una manera directa que los milagros son una señal de un apóstol. Esto es apoyado por ejemplos del Nuevo Testamento. La enseñanza de que un apóstol ha de haber visto al Señor resucitado la da Pedro en Hechos 1 y Pablo en 1 Corintios 9:1, 2. La limitación del apostolado a un grupo reducido queda indicada por declaraciones directas de las Escrituras. La singular autoridad del apóstol queda expuesta en declaraciones directas de las Escrituras (véanse 1 Co. 4:19-21; 5:3, 4; 2 Co. 13:2, 3, 10; 1 Ti. 1:20). La enseñanza de que los apóstoles y profetas recibieron revelación se menciona en Efesios 3:5 (véase también 2 Co. 12:1-11), y el hecho de que un profeta recibe revelación directa inmediata del Señor se expone en 1 Corintios 14:29-32. La enseñanza de que los apóstoles y profetas son el fundamento de la iglesia al lado de Jesucristo la principal piedra del ángulo se expone de manera explícita en Efesios 2:20.

Todas las importantes conclusiones a las que se llega en este capítulo tocante a los apóstoles y profetas se enseñan directamente en las Escrituras. El único punto importante que no se enseña directamente es el aspecto predictivo del ministerio de profeta. Sin embargo, los escritores del Nuevo Testamento dan esto por supuesto. Por ejemplo, Pedro dice explícitamente acerca de David que «siendo profeta,... vio anticipadamente» (Hch. 2:30, 31). En otros lugares de las Escrituras hay numerosas declaraciones de que los profetas del Antiguo Testamento vieron anticipadamente (véase, p.ej., Hch. 3:18-25), y los pocos ejemplos de profetas del Nuevo Testamento incluyen predicción como parte de sus ministerios. Por cuanto la terminología es la misma y las funciones son similares, hay un paralelismo entre los profetas del Antiguo Testamento y del Nuevo Testamento. Ninguno de los argumentos en favor de que el profeta del Nuevo Testamento sea un profeta inferior o «falible», como los que pertenecen al movimiento carismático, ha resistido el escrutinio. Por ello, después de un examen de la evidencia, llegamos a la conclusión de que los apóstoles y profetas bíblicos no están presentes en la iglesia de nuestro tiempo.

* * *

1. James Hope Moulton y George Milligan, *The Vocabulary of the Greek New Testament* (Londres: Hodder and Stoughton, 1930), 70; y Henry George Liddell y Robert Scott, *A Greek Lexicon*, ed. rev. (Oxford: Clarendon Press, 1968), 220.
2. Edwin Hatch y Henry A. Redpath, *A Concordance to the Septuagint and the Other Greek Versions of the Old Testament*, 2 tomos (Graz, Austria: Academische Druck-u Verlagsanstalt, 1954), 1:145.
3. Si son «apóstoles» de una categoría inferior, no poseen el don de apóstol y por ello mismo siguen sin ser de ayuda para determinar la naturaleza del don de apóstol.
4. Excepto por los milagros hechos por Felipe en Samaria y Esteban en Jerusalén, todos los numerosos milagros del libro de Hechos fueron realizados por apóstoles. El siguiente capítulo trata acerca de los milagros.
5. Deere, *Sorprendido por el poder del Espíritu* (Miami: Editorial Carisma, 1996), 121, 122; Philip E. Hughes, *Paul's Second Epistle to the Corinthians* (Grand Rapids: Eerdmans, 1962), 457.

6. Deere, *Sorprendido*, 319.
7. *Ibid.*, 121, 122.
8. F. Blass y A. DeBrunner, *A Greek Grammar of the New Testament and Other Early Christian Literature*, trad. y rev. Robert W. Funk (Chicago: University of Chicago Press, 1961), 101-102.
9. Blass y DeBrunner, *Greek Grammar*, 100-102; Nigel Turner muestra sólo ocasiones de palabras distintas de los nombres, como verbos. En estos casos él también observa que el dativo asociativo presenta «el medio por el cual», pero tiene un intenso énfasis sobre el acompañamiento o la vecindad, y si describe acompañamiento añade *en* (*Syntax*, tomo 3, *A Grammar of New Testament Greek*, James H. Moulton, 4 tomos [Edimburgo: T. & T. Clark, 1963], 240). A.T. Robertson menciona unas pocas posibilidades, como Juan 12:12 (*A Grammar of the Greek New Testament in the Light of Historical Research* (Nashville: Broadman, 1934], 528); sin embargo, es dudoso que esto sea realmente acompañamiento.
10. Deere, *op. cit.*, 336, *nota* 37. Deere debería dar alguna evidencia de su aseveración de que no es probable que Pablo signifique «el último de todos», en vez de simplemente referirse a alguien más que secunda su postura.
11. Hans Conzelmann, *First Corinthians*, Hermeneia (Filadelfia: Fortress, 1975), 234.
12. Leon Morris, *The First Epistle of Paul to the Corinthians* (Grand Rapids: Eerdmans, 1958), 172.
13. Walter J. Hollenweger, *The Pentecostals* (Londres: SCM, 1972), 345. Hay edición en español: *El pentecostalismo* (Buenos Aires: La Aurora).
14. *Ibid.*
15. Naturalmente, otros tienen diferentes puntos de vista acerca del don de profeta, como Watchman Nee, que cree que el profeta es un individuo dotado en la iglesia local que por revelación puede determinar quién tiene el don de apóstol (*The Normal Christian Church Life*, ed. rev. [Washington, D.C.: International Students, 1969], 30). Hay edición en español: *La iglesia normal* (Terrassa, España: CLIE).
16. F. L. Godet, *Commentary on the First Epistle of St. Paul to the Corinthians*, 2 tomos (1898; reimpresión, Grand Rapids: Zondervan, 1971), 2:267-268.
17. Liddell y Scott, *Lexicon*, 1530-1540.
18. Moulton y Milligan, *Vocabulary*, 555.
19. Hatch y Redpath, *Concordance*, 1231-1232.
20. Liddell y Scott, *Lexicon*, 1540.
21. Hatch y Redpath, *Concordance*, 1232-1233.

22. Liddell y Scott, *Lexicon,* 1539; y Moulton y Milligan, *Vocabulary,* 555.
23. Hatch y Redpath, *Concordance,* 1231.
24. Primera Corintios 14:24, «Pero si todos profetizan» es un ejemplo hipotético introducido con el «si» condicional. No se dice que todos profeticen o que puedan hacerlo.
25. Las aseveraciones de unos pocos eruditos que están en desacuerdo se tratarán en la sección acerca de profetas defectivos o «falibles».
26. La novedosa pero incorrecta idea de que los profetas en este versículo son los apóstoles se tratará en la sección acerca de «profetas falibles».
27. Grudem, *Gift of Prophecy,* 109-112.
28. Hollenweger, *The Pentecostals,* 345. *El pentecostalismo* (Buenos Aires: La Aurora).
29. Grudem, *Gift of Prophecy,* 109-112.
30. D. A. Carson, *Showing the Spirit* (Grand Rapids: Baker, 1987), 97-98.
31. Grudem, *Gift of Prophecy,* 18-25.
32. *Ibid.,* 25-26.
33. *Ibid.,* 26-27.
34. *Ibid.*
35. *Ibid.,* 30-31.
36. *Ibid.,* 27-44.
37. *Ibid.,* 32ss.
38. *Ibid.,* 33-41.
39. *Ibid.,* 50-60.
40. *Ibid.,* 50-51.
41. Daniel A. Wallace, «The Article-Noun-*kai*-Noun Plural Construction», *Grace Theological Journal 4:1* (Primavera 1983): 59-84.
42. *Ibid.*
43. Daniel A. Wallace, *Exegetical Syntax,* un borrador preliminar, 203.
44. Carson, *Showing the Spirit,* 96-97.
45. Grudem, 79-81. El argumento de Grudem de que el primer hablante no proseguiría hablando después deja de lado el punto central del pasaje. El hablante que recibe la revelación inmediata tiene prioridad debido a este mismo hecho. Esta es la razón de que no debe retener la revelación hasta que el otro haya terminado, y por la que el primer hablante ha de ser interrumpido. Esta «interrupción» no impide en absoluto que el primero termine su mensaje una vez que el hablante revelatorio haya terminado.
46. *Ibid.,* 81-83.
47. *Ibid.,* 83-85.

48. *Ibid.*, 86-87.
49. *Ibid.*, 70-79.
50. *Ibid.* Carson (*Showing the Spirit*, 95-96) concuerda con Grudem, pero un estudio de *diakrino* no apoya en absoluto las conclusiones que sacan Grudem y Carson. En Éxodo 18:16 Moisés juzga entre dos partes. En 1 Reyes 3:9, Salomón juzga al pueblo de Dios por discernir entre lo bueno y lo malo. Salmo 50:4; 82:1; Eclesiastés 3:18; Joel 3:2, 12; Zacarías 3:7; Ezequiel 17:20 y 20:35, 36 se refieren al juicio del pueblo por parte de Dios. Proverbios 31:9 se refiere al rey que juzga al pueblo. Ezequiel 44:24 se refiere a los sacerdotes que juzgan al pueblo. Todos estos pasajes se refieren a hacer juicio, bueno o malo, culpable o no culpable, condenado o no. Es el significado más común en el Antiguo Testamento griego. En cuanto a la aseveración de que este verbo difiere significativamente de *krino*, ¿dejaron de lado el hecho de que las acciones de Moisés descritas con *diakrino* en Éxodo 18:16 se describen también mediante *krino* y *krisis* en el contexto inmediato? Moisés lo describe como *krino* en el versículo 13. Además, tanto *krino* como *diakrino* se refieren al mismo juicio hecho por el rey en 1 Reyes 3:9. El Salmo 81:1-3 también parece usar *krino* y *diakrino* del mismo modo. Lo mismo puede decirse de Job 23:10, 13. En Eclesiastés 3:16-18 se describe la misma acción con *krino, krisis* y *diakrino.* Uno de los pasajes más distintivos es Ezequiel 20:35-36, donde no sólo se emplean ambas palabras, sino que el Señor dice: «y allí litigaré (*diakrithesomai*) con vosotros cara a cara. Como litigué (*diakrithen*) con vuestros padres en el desierto de la tierra de Egipto, así litigaré (*krino*) con vosotros, dice Jehová el Señor.» Esto equipara ambas palabras de manera explícita. Ezequiel 34:20, 22 son otro caso donde *krino* y *diakrino* son lo mismo. Ezequiel 44:24 usa *krisis* y *diakrino* para describir lo mismo. No hay justificación para pretender que exista alguna diferencia entre estas dos palabras que implicaría que los profetas del Nuevo Testamento sean falibles o inferiores.
51. Carson, *Showing the Spirit*, 95.
52. *Ibid.*, 98.
53. *Ibid., 97-98.*
54. Grudem, *Gift of Prophecy*, 96.
55. *Ibid.*, 97.
56. Carson, *Showing the Spirit*, 94.
57. *Ibid.*, 97; Grudem, *Gift of Prophecy*, 94, 110.

CAPÍTULO 5

El don de milagros y el don de sanidad

AUNQUE LOS MILAGROS y las sanidades son dos dones distintos en el Nuevo Testamento, son raros los incidentes de milagros directos aparte de las sanidades. Los principios y las conclusiones son similares para ambos dones, y por ello se tratarán juntos.

Hechos bíblicos tocantes a los milagros

Estudiaremos pasajes en los que se emplean los términos *milagro* (gr. *dunamis*), *señal (semeion)* o *prodigio (teras)*, así como los otros pasajes que se refieren a acontecimientos milagrosos. Por cuanto en la actualidad se presentan pocas aseveraciones acerca de milagros aparte de la sanidad, se estudiarán de manera particular los pasajes tocantes al don de sanidad.

La evidencia de los evangelios

Por cuanto estamos estudiando dones dados a personas individuales en la iglesia, los milagros antes de Pentecostés forman sólo una parte incidental de esta discusión. Marcos 16:15-20 es el único pasaje en los Evangelios que trata acerca de dones ejercitados por los creyentes después del día de Pentecostés.[1] Marcos 16:15 conecta las declaraciones en los siguientes versículos con la predicación del evangelio, es decir, con la proyección evangelística. Echar demonios, hablar en lenguas, manejar serpientes, beber veneno y sanar son cosas que reciben el nombre de *señales*. Es la misma palabra (*semeion*) que emplea Juan en su Evangelio para describir los milagros de Cristo, que fueron llevados a cabo para acreditar su persona y mensaje (véase Jn. 20:30, 31).

Según Marcos 16:15-20, los actos milagrosos, como las sanidades, echar fuera demonios y hablar en lenguas deben ser *señales* que acompañarán a la predicación del evangelio y que confirmarán su mensaje. Algunos intérpretes creen que Jesucristo estaba prometiendo que estas señales siempre acompañarían a los creyentes; es decir, que estarían presentes a lo largo de la historia de la iglesia. Si así fuese, entonces estas señales habrían sido evidentes a lo largo de la historia de la iglesia en todos los sectores de la misma, fuese cual fuese la actitud de la iglesia. Jesús dijo que acompañarían a los que habían creído (tiempo pasado). No puso condiciones; por ello, acompañaron a aquellas personas que creyeron durante la duración que el Señor dispusiera. Gramaticalmente, el pasaje no demanda que esas señales acompañen a todos los creyentes durante todo tiempo. Jesús dijo que esas señales acompañarían «a los que han creído». La expresión *los que han creído* está relacionado temporalmente con el verbo principal, «seguirán» y es antecedente al mismo. Podría referirse bien a los creyentes de aquel tiempo, bien a los creyentes a lo largo de la historia de la iglesia. El tiempo pasado abre la posibilidad de que se refiera a los que ya habían creído para el tiempo en que Jesús hizo esta declaración.

Se trata de una declaración inequívoca de que estas señales seguirían a los creyentes envueltos. La presencia de esas señales no depende de la fe ni de buscar las señales y los dones milagrosos implicados. No espera el avivamiento ni ninguna otra eventualidad, ni se refiere sólo al comienzo y a los tiempos posteriores de la historia de la iglesia. La declaración no demanda que todos los creyentes ejerzan todas esas señales. La declaración condicional, «y si bebieren cosa mortífera, no les hará daño» se aplica a cualquiera de aquellos creyentes a los que se refería Jesús. De modo que ninguno de «los que han creído» serán dañados por beber ninguna cosa mortífera. Lo mismo se aplica a manejar serpientes. Si esto se refiere a los creyentes de toda la era de la iglesia, entonces ningún creyente morirá jamás por beber algo mortífero y ningún creyente morirá de mordedura de serpiente. Lo anterior es cierto sea cual fuere su fe, conocimiento, o creencia en los dones espirituales, por cuanto es una profecía directa e incondicional. Esto es improbable; por tanto, es improbable que se refiera a toda la edad de la iglesia.

Marcos 16:18 dice: «Sobre los enfermos pondrán sus manos, y

sanarán.» Eso no está condicionado a ninguna respuesta o disposición de la persona enferma. Su fe no tiene nada que ver con el resultado. No hay lugar al fracaso. *Sanarán.* Pero esas señales no han seguido a todos los creyentes ni han estado presentes durante la mayor parte de la historia de la iglesia. Las pretensiones esporádicas de hablar en lenguas durante los mil novecientos años transcurridos no han sido acreditadas y han ocurrido sólo en casos aislados. Las lenguas no siempre han seguido a los creyentes. Lo mismo se puede decir de las otras señales mencionadas en este pasaje. Los sanadores no siempre han estado ni han pretendido estar presentes en la iglesia.

La creencia de que estas señales no han estado presentes durante la mayor parte de la historia de la iglesia debido a la falta de fe de parte de los cristianos es contraria a este pasaje. Jesús dijo que esas señales acompañarían a los creyentes. No hay ninguna condición de ninguna clase. Pero ha habido creyentes que han muerto por haber bebido veneno y otras cosas mortíferas, y no tenemos evidencias de que los creyentes sean inmunes al veneno en la actualidad. Si Marcos 16:15-20 significa que en la actualidad están presentes los milagros y las lenguas y que siempre han estado presentes en la iglesia, también significa que los creyentes pueden hoy beber veneno sin daño alguno. Si estas señales han de acompañar hoy a los creyentes y no se expresa condición alguna (como la búsqueda de tales dones, o poner fe en obras carismáticas), ¿por qué no se manifiestan entre todos los grupos de creyentes genuinos? Por tanto, este pasaje no significa que todos los creyentes harán esas señales, o que estas señales fueran a estar siempre presentes en la iglesia.

Debemos interpretar cuidadosamente este pasaje para ver lo que significa. Observemos los siguientes tres puntos. Primero, Jesús no dijo que esas señales siempre seguirían a los creyentes. Por cuanto en realidad no ha sido así, esta omisión es significativa. Segundo, el hecho de que estas palabras fueron dirigidas a los apóstoles y referidas a «los que han creído» (tiempo aoristo) hace gramaticalmente posible referir esas declaraciones al primer grupo de creyentes, es decir, a los que ya habían creído. Tercero, Marcos 16:20 dice que esta predicación y confirmación mediante señales *fue cumplida* (tiempo pasado) por los que estaban presentes. Había sido cumplido para la época en que Marcos escribió su Evangelio. El resto del Nuevo Testamento confirma este hecho. Esto es todo lo necesario para cumplir las promesasede Marcos 16:15-20.

En muchos casos, en los evangelios se ve a Jesús sanar a personas que no hubieran podido ejercitar fe. Un ejemplo evidente de esto es la curación de los diez leprosos en Lucas 17:11-19. Diez de ellos fueron sanados, pero sólo uno tuvo fe, y fue salvo. En Mateo 8:5-13, el siervo del centurión fue sanado, pero sólo el centurión tenía fe. Por cuanto los dos endemoniados de Mateo 8:28, 29 eran feroces y hostiles, es irrazonable imaginar que acudieron por fe a Jesús para ser sanados. El hombre poseído por un demonio en Marcos 1:23-26 no pudo haber ejercitado fe. El muchacho en Marcos 9:17-29 no ejercitó fe. Cuando los discípulos se preguntaron por qué no habían podido echar el demonio fuera, Jesús no se refirió a la fe del muchacho, sino a la necesidad de los discípulos de oración y ayuno para poder echar fuera el demonio. Por cuanto el hombre sanado en el estanque de Betesda ni siquiera sabía quién era Jesús, no fue sanado por su fe (Jn. 5:1-16). Jesús sanó también a un muchacho epiléptico en medio de un ataque. ¿Cómo podría haber ejercitado fe en aquel momento? Estos ejemplos, así como la curación de multitudes, muestran que la curación de personas afligidas no dependía de la fe de las mismas. Al contrario, Jesús dice de modo expreso que el fracaso el intento de sanar se debe a la falta de fe y de oración por parte de los sanadores (Mt. 17:19, 20; Mr. 9:17-20).

Algunos objetan que versículos como Mateo 9:22 y 29 muestran que la fe es necesaria para ser sanado. Sin embargo, estos versículos no afirman que sea necesario; dicen sólo que Jesús respondió a la fe de ellos. No demuestran que no podría haberlos sanado excepto que hubieran ejercitado fe. Lo mismo sucede con Marcos 5:34, 10:52; Lucas 7:50; 18:42. En muchos de esos casos es difícil determinar si la expresión «tu fe te ha salvado» (p.ej., Lc. 7:50; 8:48; 18:42) se refiere a la sanidad o a la salvación, puesto que se usa el verbo *sozo*, «salvar». Según Marcos 2:5 y Lucas 5:20, los que llevaron al enfermo tenían la fe, no el enfermo mismo. La última objeción que suscitan algunos es la declaración de que Jesús no pudo hacer ningún milagro en su propio país debido a la incredulidad de ellos (Mr. 6:5). Sin embargo, este versículo no dice directamente que el sanar dependiese de la fe de ellos. Tampoco implica ni afirma que Jesús tratase de sanarlos pero que fracasase debido a la falta de fe de ellos. Al contrario, algunos fueron sanados. Los que acudieron a Jesús para ser sanados lo fueron. Quizá debido a la hostilidad reinante, sólo unos pocos acudieron. Desde luego, la abierta incredulidad que mostraron esas personas no puede compararse con la actitud de los que acuden para ser sanados pero que no reciben sanidad en las actuales reuniones de sanidades.

Jesús nunca intentó sanar para fracasar en el intento. Cuando los discípulos fracasaron, Jesús atribuyó el fracaso a la poca fe de ellos.

La evidencia del libro de Hechos

El libro de Hechos trata del comienzo de la iglesia, cuando los dones espirituales milagrosos eran operativos. Es el único relato que tenemos que describa el ejercicio de los dones espirituales donde no tenemos duda alguna de que están a la vista los dones genuinos.

Hechos 2:1-14 — Éste es el primero de los acontecimientos milagrosos durante el tiempo de la iglesia primitiva. Este milagro incluye el sonido procedente del cielo, lenguas como fuego sobre los participantes, y hablar en lenguas (vv. 2-4). El milagro fue hecho en público, delante de multitudes de incrédulos (vv. 5-13, 37-41). Sirvió para el propósito de reunir una multitud para el sermón evangelístico de Pedro. A pesar de las aseveraciones de algunos de que ha habido numerosos «Pentecostés», la iglesia no ha experimentado nada como lo que se vio en el día original de Pentecostés.

Hechos 2:22 — Este versículo ha de ser traducido como sigue: «Varones, israelitas, oíd esas palabras. Jesús el nazareno, hombre probado [confirmado] a vosotros por Dios, por medio de milagros y prodigios y señales que Dios hizo por medio de él en medio de vosotros ...» Este versículo afirma que Dios acreditó a Jesús ante Israel por medio de los milagros que hizo. Se emplean los términos *dunamis*, *semeion*, y *teras*. Los milagros realizados por Cristo tuvieron por objeto confirmar o verificar su ministerio y deidad, y no fueron primariamente para beneficio de quienes los recibieron o los experimentaron.

Hechos 2:43 — «Y muchas maravillas y señales eran hechas por los apóstoles.» Los milagros eran realizados por los apóstoles. Observemos también que estos milagros fueron hechos evidentemente delante de *incrédulos* y no en algún tipo de reunión especial.

Hechos 3:3-16 — El hombre cojo fue sanado por el apóstol Pedro a la puerta del templo. Este milagro fue hecho por un apóstol y fue en público y no en una reunión. No hay indicación alguna de que el cojo fuese creyente ni que ejercitase fe en esta ocasión. El contexto y el hecho de que pidiera limosna a Pedro y Juan demuestra que no sólo no pedía que le sanasen, sino que ni siquiera tenía idea alguna de que esto estuviera a punto de suceder. El cojo prestó atención a Pedro y a Juan, «esperando recibir de ellos algo» (Hch. 3:5). Que lo que él esperaba era dinero, no sanidad queda claro por la afirmación de Pedro: «No tengo plata ni oro» (3:6). La referencia a la fe en 3:16 es a la fe de Pedro, no a la fe del cojo. Esta sanidad fue evidente para todos los que estaban alrededor y el resultado fue que se agolpó una gran multitud, principalmente compuesta de incrédulos. El milagro fue tan evidente e innegable que los gobernantes interrogaron a Pedro y Juan al respecto, y fueron incapaz de refutarlo, a pesar de su deseo de hacerlo (véase 4:9-10, 14, 16). Dijeron: «Porque de cierto, señal manifiesta ha sido hecha por ellos, notoria a todos los que moran en Jerusalén, y no lo podemos negar» (4:16). Observemos el contraste entre este milagro de sanidad y las sanidades de nuestros días. Este milagro de sanidad que nos ocupa fue hecho de manera inmediata y directa por los apóstoles. Fue realizado públicamente por alguien que no buscaba ser sanado, y las autoridades se vieron incapaz de negar su realidad. Hoy las sanidades son pocas veces inmediatas, por no decir nunca, se hacen en reuniones, no en público, están relacionados con oraciones y otros actos religiosos y no directamente por acción del sanador, se realizan u operan en los fieles o los buscadores (y los fracasos se achacan a la falta de fe de parte del enfermo), y pocas veces, por no decir nunca, son reconocidas por todos como más allá de toda duda.

Hechos 4:29, 30 — Como respuesta al interrogatorio y a la consiguiente liberación de Pedro y Juan, la iglesia oró: «Concede a tus siervos que con todo denuedo hablen tu palabra, mientras extiendes tu mano para que se hagan sanidades y señales y prodigios mediante el nombre de tu santo Hijo Jesús.» La mano de Dios se extendería mientras la palabra fuese hablada. «Mientras extiendes tu mano» denota un tiempo coetáneo. En griego, como queda bien reflejado en la traducción RVR, no se separa «sanidades» de «señales y prodigios», como lo hacen algunas otras traducciones. Así, las obras milagrosas debían acreditar el mensaje.

Hechos 5:5, 10 — Ananías y Safira murieron a la palabra de Pedro después que hubieron mentido acerca de su ofrenda. Esto aparentemente tuvo lugar en la asamblea, y fue el resultado inmediato de la palabra de Pedro. No vemos incidentes así en la actualidad, ni los hemos visto a lo largo de la historia de la iglesia. Esto indica que *no* todas las cosas siguieron igual.

Hechos 5:12-16 — Este pasaje enseña varios importantes aspectos tocantes a los milagros. Por ejemplo, los apóstoles realizaron muchos milagros en público delante de los incrédulos. Los versículos 14-16 dicen que acudían multitudes, y que *todos* eran sanados. La gente llegaba procedente toda la región; muchos eran puestos en las calles, y algunos eran sanados sólo con que la sombra de Pedro cayese sobre ellos. Además de los milagros de sanidades, también los demonios eran echados fuera. No tenemos indicación alguna de fracasos, ni exigencia alguna de que los enfermos ejercitaran fe, ni «reuniones». Desde luego, no hay nada que se parezca a esta magnitud o tipo de ministerio en la actualidad. Si hubiera hoy las mismas acciones, entonces podríamos ver los mismos tipos de milagros. Aunque no vemos fracaso alguno en el libro de Hechos, somos testigos de una multitud de fracasos de los sanadores actuales. Hasta donde hemos llegado en nuestro estudio del Nuevo Testamento, hemos observado que sólo los apóstoles han realizado milagros o sanidades.

Hechos 5:19; 12:7-9 — Pedro fue milagrosamente liberado de la cárcel. La liberación de Pablo fue también hecha posible por un milagro (Hch. 16:26). Si todas las cosas deben continuar a lo largo de la edad de la iglesia tal como fueron en el principio, ¿por qué no tenemos evidencias de milagros así?

Hechos 6:8 — Descrito con las palabras «lleno de poder», Esteban realizó grandes prodigios y milagros entre el pueblo y de manera pública. Este es el primer caso mencionado en el que alguien que no era apóstol llevó a cabo milagros. No se hacía en reuniones ni hay indicación alguna de que los enfermos tuviesen que ejercitar fe. Para describir el ministerio de los apóstoles se usa la misma terminología que la usada para el ministerio de Esteban de realizar «muchas maravillas y señales» (véase 2:22, 43). Así, su ministerio estuvo al mismo nivel que el de los apóstoles, y no a un nivel inferior, falible.

Hechos 8:6, 13 — Felipe hizo milagros de sanidad y echó fuera demonios entre los samaritanos, lo cual sirvió para confirmar su predicación evangelística. Lo mismo que en el caso de Esteban, los milagros de Felipe se llaman señales y milagros y son del mismo orden y calidad que los de los apóstoles. Toda la ciudad era conocedora de esto. Obsérvese que esto confirma el empuje inicial del evangelio en una nueva área. Además de los apóstoles, Esteban y Felipe son las únicas otras personas a las que se atribuyen milagros. De modo que hasta este punto de nuestro estudio del libro de Hechos no tenemos evidencia alguna de que la capacidad de realizar milagros estuviese generalizada en la iglesia primitiva.

Hechos 9:1-18 — La salvación de Pablo y su ministerio fueron milagrosos. Echado en tierra por un fulgor de gloria y cegado durante tres días, Pablo recibió palabra directamente de Jesucristo. Simultáneamente, el Señor habló personalmente con Ananías, y éste ministró posteriormente a Pablo, al que le fue restaurada la vista con la llegada de Ananías. La singularidad de la salvación de Pablo es una de las muchas diferencias entre la edad apostólica y los períodos siguientes de la historia de la iglesia.

Hechos 9:32-34 — El apóstol Pedro sanó a Eneas, que había estado paralítico durante ocho años. Todos los que vivían en la región lo vieron, y se volvieron al Señor. La sanidad fue inmediata, completa, y hecha por un apóstol. Confirmó el evangelio a los que supieron acerca de ello.

Hechos 9:36-42 — Pedro resucitó a Dorcas en privado, pero todos en Jope oyeron acerca de ello, y muchos creyeron en el Señor. Éste es el primer caso en el que sabemos de un milagro realizado por un cristiano con don a favor de un creyente. Anteriormente, los milagros y las sanidades habían sido hechos para beneficio de incrédulos y a fin de acreditar ante ellos el mensaje del evangelio. El resultado fue el mismo cuando Dorcas resucitó, porque muchos creyeron en el Señor (v. 42). Este milagro fue obrado por petición específica de los creyentes en Jope. Es asimismo el primer ejemplo en la iglesia de un milagro realizado en privado y no en público. La pregunta con que nos quedamos es: ¿Por qué no vemos milagros así en la actualidad? ¿Ha resucitado alguien a alguna persona muerta específica bajo petición?

Hechos 13:11, 12 — Pablo cegó a Elimas, el mago, simplemente diciéndole: «serás ciego.» No sólo sirvió el milagro para confirmar el mensaje de Pablo, sino que el cónsul lo observó y como consecuencia creyó. ¿Vemos a opositores del evangelio silenciados así en la actualidad?

Hechos 14:3 — Describiendo el ministerio de Pablo en Iconio, Lucas dice: «Por tanto, se detuvieron allí mucho tiempo, hablando con denuedo, confiados en el Señor, el cual daba testimonio de la palabra de su gracia, concediendo que se hiciesen por las manos de ellos señales y prodigios.» La coma es editorial, siendo que no existe en el texto griego original.

Así, la oración se traduciría: «Por tanto, se detuvieron allí mucho tiempo, hablando con denuedo, confiados en el Señor, el cual daba testimonio de la palabra de su gracia concediendo que se hiciesen por las manos de ellos señales y prodigios.» Hechos 14:3 es una declaración clara y directa de que el Señor dio milagros para confirmar el mensaje a los incrédulos en Iconio, idea que es coherente con los pasajes estudiados hasta ahora.

Hechos 14:8-10 — Pablo sanó al cojo de Listra. Esta sanidad fue hecha en relación con la predicación del evangelio, e hizo impacto sobre toda la ciudad. Éste es el único lugar en el que se menciona la fe de la persona que está siendo sanada. Sin embargo, este caso es algo diferente del precedente. Pablo estaba ya predicando el evangelio, y el cojo estaba respondiendo con fe. Él no había acudido en busca de sanidad física, y no hay razón alguna de suponer que esperase ser sanado. Al ver que el hombre tenía fe para ser salvado (esto es, que estaba respondiendo al evangelio), Pablo tomó la iniciativa y sanó al hombre. La fe del hombre era en el evangelio que Pablo estaba anunciando, no en la sanidad.[2]

Hechos 19:11, 12 — Pablo hizo milagros especiales en Éfeso. Muchos fueron sanados, algunos mediante los paños tomados del cuerpo de Pablo. Los malos espíritus eran echados fuera. Este ministerio milagroso prosiguió durante algún tiempo, hasta el punto que Lucas dice: «de manera que todos los que habitaban en Asia, judíos y griegos, oyeron la palabra del Señor Jesús» (v. 10). Los milagros tuvieron como resultado el testimonio público del poder milagroso de Dios.

Hechos 20:9-12 — Pablo levantó a Eutico, que había caído de una ventana de un piso alto durante un sermón de Pablo. Éste es el segundo caso registrado de una sanidad obrada de manera específica en un creyente. Esto no se realizó en una reunión, sino en la escena de accidente. ¿Por qué no vemos hoy milagros así?

Hechos 20:17-38 — Este pasaje no describe un milagro; sin embargo, describe el ministerio de Pablo en Éfeso, especialmente a los creyentes. Pablo menciona muchas cosas respecto a su ministerio, pero no menciona las obras milagrosas, como las sanidades y las expulsiones de demonios. No obstante la asombrosa magnitud de esas obras de Pablo en Éfeso (Hch. 19:11, 12), él aparentemente consideró toda su obra milagrosa como algo insignificante por lo que respectaba a su ministerio a los creyentes. Observemos que su énfasis recae en un ministerio que edifica, como la enseñanza. En Hechos 20:32-38 encomienda a los efesios a la Palabra de Dios, pero no les manda que hagan milagros ni que ejerciten ninguno de los dones de señales, ni les manda que los busquen ni que los enfaticen. Y no hace mención de los dones milagrosos.[3]

Hechos 27 — Pablo profetiza acerca del naufragio y de los detalles tocantes al mismo, lo cual sucedió como él lo había anunciado.

Hechos 28 — Pablo no quedó afectado por la mordedura de serpiente que sufrió (vv. 1-6), y sanó a algunas personas en la isla de Malta (vv. 8, 9).

Los milagros descritos en el libro de Hechos son de una magnitud jamás vista en la historia de la iglesia desde aquel tiempo. Debido a que esos milagros los hicieron obradores de milagros, no pueden ponerse en la misma categoría que los milagros hechos por Dios como respuesta a las oraciones de la iglesia. Las grandes multitudes que eran sanadas y la naturaleza inmediata de las sanidades no se han vuelto a repetir. Los milagros fueron llevados a cabo por apóstoles, con excepción de Esteban y Felipe, los milagros de los cuales fueron cualitativamente los mismos que los de los apóstoles. Los milagros eran hechos en público a favor de incrédulos por parte de hombres que confiaban en el poder de Dios y no en reuniones especiales de sanidades o de oración. Los milagros se efectuaban primariamente para confirmar el evangelio, aunque los que los recibían evidentemente se beneficiaban de estos. La fe del que recibía el milagro no lo alteraba. Además, todos los intentos de sanidad eran con éxito. No había fracasos. En la actualidad, no vemos morir a la sola palabra de un apóstola a miembros de la iglesia tomados en falta (5:5-10), ni vemos a los oponentes cegados bajo la palabra de un obrador de milagros (13:11, 12). ¿Dónde está hoy la evidencia de que nadie haya resucitado a un determinado difunto como respuesta a la petición de otros?

La evidencia de las epístolas

Ahora consideraremos la evidencia de los milagros en las epístolas. Aunque 1 Corintios 12:10, 28, 29; 2 Tesalonicenses 2:9; Hebreos 6:5 y las referencias en el libro de Apocalipsis tienen que ver con milagros, no son significativas para este estudio.

Romanos 15:19 — El contexto de este versículo habla claramente de la proyección evangelística a los gentiles, porque Pablo habla de estar «ministrando el evangelio de Dios, para que los gentiles le sean ofrenda agradable, santificada por el Espíritu Santo» (Ro. 15:16). En 15:18, 19, Pablo habla de la obediencia de los gentiles y declara que Dios obró por él «para la obediencia de los gentiles, con la palabra y con las obras, con potencia de señales y prodigios, en el poder del Espíritu de Dios; de manera que desde Jerusalén, y por los alrededores hasta Ilírico, todo lo he llenado del evangelio de Cristo.» Pablo dice claramente que los milagros, señales y prodigios fueron la confirmación de parte de Dios a su propio ministerio evangelístico. Dios obró milagros por medio de Pablo para que los gentiles creyeran.

Primera Corintios 2:4 — Pablo dice que su evangelio llegó a los corintios en demostración del Espíritu y poder. Este poder *(dunamis)* está relacionado con el ministerio evangelístico primero en Corinto. Pero no está claro que Pablo se refiera en este pasaje a los milagros.

Segunda Corintios 6:7 —Es imposible determinar si este pasaje hace referencia a milagros.

Segunda Corintios 12:12 — Pablo dice que los milagros, las señales, y los prodigios son los signos o distintivos de un apóstol. Si son evidencia de apostolado, entonces no podían ser comunes en la iglesia. Aparentemente, se refiere a su primera visita a Corinto. Por cuanto el libro de Hechos no menciona los milagros de Pablo en Corinto, Lucas no debió considerarlos tan significativos como otros aspectos del ministerio del Apóstol allí. Como la enseñanza por ejemplo. Como ya hemos mencionado, esto se ajusta a las enseñanzas de Pablo acerca del aspecto milagroso de su ministerio en Éfeso (Hch. 20:17-28).

Gálatas 3:5 — Este versículo se refiere a Dios como quien suministra el Espíritu y obra milagros. No dice nada acerca de persona alguna que obra milagros. Por cuanto son contrastados con las obras de la ley, están conectados con la fe y unidos con la suministración «del Espíritu», han de estar relacionados por ello con la recepción inicial del evangelio. Quizá en el pensamiento de Pablo la regeneración sea el milagro principal.

Hebreos 2:3, 4 — Este pasaje conecta los milagros, las señales y los prodigios con testigos oculares del Señor. Implica que fue la presentación inicial del evangelio a sus destinatarios. El verbo «fue confirmada» *(ebebaiothe)* está en pretérito, lo que indica que esta confirmación había tenido lugar en el pasado y que no estaba en operación cuando se escribió Hebreos. Las obras milagrosas tuvieron por objeto confirmar el testimonio del evangelio de parte de los testigos oculares del Señor, y no estaban operando en aquel momento.

Santiago 5:14, 15 — Esos versículos son frecuentemente citados para respaldar las modernas pretensiones de sanidades. Santiago dice: «¿Está alguno enfermo entre vosotros? Llame a los ancianos de la iglesia, y oren por él, ungiéndole con aceite en el nombre del Señor. Y la oración de fe salvará al enfermo, y el Señor lo levantará; y si hubiere cometido pecados, le serán perdonados.» Observemos que el enfermo llama a los «ancianos» de la iglesia y no a un «sanador». El uso del artículo con «iglesia» hace probablemente referencia a la iglesia o asamblea específica a la que pertenece el enfermo. Los ancianos oran por el hombre y lo ungen con aceite; no hay indicación alguna de que impongan las manos al enfermo. La agencia eficaz en la sanidad por el poder de Dios es la oración de los ancianos, no una persona con un don de sanidad. Aquí es necesario observar algunos aspectos de la sanidad. Primero, Santiago se refiere a ancianos de la iglesia del enfermo que oran por él para que sea sano. Esto difiere del don de sanidad que es la operación de milagros de sanidad por una persona específica. En vez de esto, aquí tenemos la respuesta de Dios a la oración de los creyentes. Dios lleva a cabo la sanidad sin agente humano. En cambio, las sanidades en el libro de Hechos eran hechas por personas como agentes directos del milagro. Segundo, aparentemente no había sanadores ni obradores de milagros dispuestos para los creyentes cuando Santiago escribía, pues en caso contrario parecería razonable que él mismo instruyese al enfermo que encontrase a alguien con el don de sanidad. Este versículo implica claramente que no había sanadores presentes o siquiera disponibles. Tercero, no encontramos evidencias aquí de una reunión pública de ninguna clase, ni vemos sugerencia alguna de que la persona enferma deba ir a buscar un predicador o sanador itinerante. Cuarto, la oración y la fe de los ancianos restaura al enfermo. No vemos indicación alguna de que la fe del enfermo constituya un factor.

Santiago 5:16 — Este versículo dice: «Confesaos vuestras ofensas unos a otros, y orad unos por otros, para que seáis sanados.» En esta sección de Santiago tenemos instrucciones tocantes al enfermo que se ajustan a la práctica normal de la iglesia. Los creyentes, específicamente los ancianos, deben orar por la persona enferma. Dios puede sanar a la persona en respuesta a la oración. Esto es un milagro por cuanto Dios efectúa la sanidad. Aparentemente, no había personas dispuestas con el don de sanidad. Es imposible conciliar Santiago 5:14-16 con la opinión de que había abundancia de personas con el don de sanidades en la iglesia primitiva, o de que estén presentes hoy. Podemos explicar este pasaje de dos maneras posibles: (1) el don de sanidad ya no era dado a la iglesia para cuando Santiago escribió su epístola; o (2) el don de sanidad no era ejercitado en favor de los miembros de la iglesia, sino que se reservaba con el propósito de ministrar a los incrédulos para confirmar el evangelio entre ellos. En cualquiera de ambos casos, el actual énfasis sobre los sanadores no se ajusta a Santiago 5:14-16.

El concepto carismático de dones inferiores

Los modernos dones y milagros carismáticos quedan muy por debajo de los descritos en el Nuevo Testamento. Hollenweger, que es pentecostal, dice: «Aparte de unas pocas excepciones, que son sin embargo importantes, me parece que la profecía bíblica está ausente en el movimiento pentecostal.»[4] Grudem, también carismático, describe la situación de la manera siguiente: «Se da un testimonio casi uniforme desde todas las secciones del movimiento carismático en el sentido de que la profecía es imperfecta e impura, y que contendrá elementos en los que no se puede confiar y que no se deben obedecer.»[5] Dice Deere: «No veo a alguien que tenga la calidad y cantidad de milagros que tuvieron lugar en el ministerio de los apóstoles.»[6] Durante muchos años, los carismáticos intentaron demostrar que sus dones son los mismos que los dones bíblicos; sin embargo, esto es imposible mantenerlo. El hecho de que sus dones no se ajustan a los de la Biblia constituye un grave problema para los carismáticos. Debido a que no pueden mantener que sean la misma cosa, Grudem ha argüido defendiendo una profecía inferior, falible, como el don del Nuevo Testamento, mientras que Deere arguye en favor de dones inferiores o menores de milagros y sanidades. Como ya hemos visto, los argumentos en favor de un don de profecía falible en el Nuevo Testamento no soportan el escrutinio. Ahora debemos examinar los argumentos de Deere en favor de dones menores de milagros y sanidades. Debido a que ha recogido la mayoría de los argumentos posibles, se deberían examinar sus aseveraciones para dilucidar si este concepto es válido o no.

Un rasgo destacado de su argumento es que no da ninguna declaración bíblica directa de que los milagros, sanidades u otro don cualquiera fuesen dado a un nivel menor del descrito en el libro de Hechos. Tampoco exhibe ningún ejemplo bíblico específico de un don dado a la iglesia y que opere a un nivel menor o inferior. Esto parece particularmente inapropiado para alguien que ha repetido una y otra vez, y que representa a un grupo que vocifera cuando arguye contra el cesacionismo, insistiendo en que no hay un solo versículo que diga de modo específico que cesarán los dones. Por cuanto hay numerosos ejemplos registrados de milagros y sanidades y hay varias referencias a los dones, es especialmente significativo que no haya aseveraciones directas ni ejemplos que sustenten el concepto de dones menores.

La naturaleza de los dones inferiores

En un doble argumento, Deere contiende primero que los dones no son «automáticos». Con esto se refiere a que el sanador o el obrador de milagros no puede sanar «a voluntad», es decir, «dónde y cuándo quisieron, en cualquier circunstancias».[7] La idea clave es que no pueden sanar «a voluntad». Aunque sólo arguye así respecto al don de sanidades, lógicamente tiene que aplicarse también a todos los dones. En opinión de Deere, ni siquiera Jesús y los apóstoles podían sanar a voluntad. Declara que Jesús no podía sanar «a propia discreción», porque Dios «otorga su poder para sanar y otras veces lo retiene».[8] Lo significativo es que Deere no está diciendo que Jesús no sanó o no hizo milagros por su propia voluntad, sino que no podía. Como evidencia de ello, Deere se refiere a incidentes en la vida de Jesús que según pretende él muestran que «no era libre para sanar a voluntad». En otras palabras, Jesús sólo habría podido sanar en ocasiones en las que Dios le dispensase poder para sanar; en otras ocasiones, cuando Dios retenía el poder, Jesús no podía sanar. El mismo concepto se aplica a los apóstoles y a otros cristianos dotados. Luego se presenta esto como la razón de que los sanadores de hoy frecuentemente no pueden sanar.

El primer incidente es Lucas 5:17, que se refiere a una ocasión en la que los fariseos y otros estaban observando a Jesús. La «evidencia» reside en la declaración de Lucas: «Y el poder del Señor estaba con él para sanar» (Lc. 5:17). Deere, basándose en la traducción inglesa, pregunta: «¿Por qué habría de decir Lucas que "el poder del Señor estaba con Él para sanar" si Jesús pudiera sanar cuando quisiera, bajo cualquier condición y únicamente a su propia discreción?»[9] Antes de estudiar este versículo, contemplemos la lógica del argumento. ¿Acaso el concepto de que algo está presente implica que sólo está presente algo del tiempo? La traducción de 2 Corintios 5:8, un versículo que usa un verbo distinto pero el mismo concepto que Lucas 5:17, dice que Pablo desea estar presente con el Señor. ¿Implica esto que Pablo deseaba estar sólo temporalmente con el Señor? Naturalmente que no. La declaración de que algo esté presente no implica que en ocasiones esté también ausente. El tiempo pasado del verbo «estaba» en Lucas 5:17 no tiene pertinencia en este asunto, porque Lucas está describiendo un acontecimiento pasado y el poder estaba presente en aquel momento en Lucas 5:17.

Un error aun más transparente es el hecho de que aunque todo el argumento de Deere depende de la palabra «presente», el versículo no dice que el poder estuviera presente. La palabra *presente* es suplida en algunas traducciones inglesas para dar el versículo en un inglés más legible. Literalmente, el versículo usa el verbo «era» con una construcción que generalmente denota resultado o propósito. Este versículo no contrasta la presencia del poder en un momento con su ausencia en otras ocasiones. Más bien, lo que hace el versículo es enfatizar la dirección del poder hacia la sanidad. El poder del Señor «era» dirigido hacia, o resultó en, sanidad. Usando el mismo verbo y tiempo, «era», pero sin la construcción de propósito, Lucas 2:36 dice (lit.): «Y era Ana profetisa». ¿Sugiere esto que algunas veces no era profetisa? Lucas 5:3 dice: «La barca era de Simón.» ¿Significa esto que era su barca sólo en aquel momento, y no en otras ocasiones? De modo que concluimos que Lucas 5:17 no da apoyo a la aseveración de Deere de que Jesús recibía poder para sanar sólo en ciertas ocasiones.

El segundo argumento gira en torno a la sanidad de un sólo hombre en el estanque de Betesda (Jn. 5). El razonamiento entonces se centra en la declaración de Juan 5:19, de que «no puede el Hijo hacer nada por sí mismo, sino lo que ve hacer al Padre; porque todo lo que el Padre hace, también lo hace el Hijo igualmente». Deere arguye que Jesús sanó sólo al hombre en el estanque de Betesda porque aquello fue todo lo que el Padre le posibilitó hacer. Pretende que Jesús «no podía sanar» si el Padre no hacía la sanidad.[10] Sin embargo, este pasaje no enseña que Jesús no pudiera hacer las cosas a voluntad, sino que todo lo que Jesús hace es en conformidad con el Padre. Jesús no dice que carece de capacidad o poder para hacer cualquier cosa por sí mismo, sino que no hace nada contrario a Dios. Si este pasaje significa que Jesús no tiene la capacidad de actuar, como lo interpreta Deere, dice también que no tiene capacidad para hacer nada. Lógicamente, esto significaría que no puede comer, beber, levantarse o sentarse por su voluntad, aparte de una especial dispensación de poder de Dios, un poder que podría serle retenido para que no pudiera hacer estas cosas. Evidentemente, no es éste el significado de Juan 5:19. En realidad, significa lo contrario. No significa que Jesús carezca de la capacidad de hacer nada sin una especial aportación de poder de parte de Dios. Más bien, significa que Jesús tiene la capacidad de actuar «a voluntad» de acuerdo con Dios. Todo lo que hace a voluntad es en conformidad con la voluntad del Padre. Observemos de manera particular lo que dice Jesús en Juan 5:21: «Porque como el Padre levanta a los muertos, y les da vida, así también el Hijo a los que quiere da vida.» El Padre levanta a quien quiere. El Hijo levanta a quien quiere del mismo modo que el Padre. El énfasis es que el Hijo hace como el Hijo quiere, así como el Padre hace como el Padre quiere. Esto se debe a que el Padre ha dado todo juicio al Hijo, para que todos honren al Hijo como honran al Padre (5:22, 23). Jesús introdujo estos versículos con esta declaración, referida al Padre: «porque todo lo que el Padre hace, también lo hace el Hijo igualmente» (5:19). Los dos actúan a voluntad, pero hacen las mismas cosas. Este pasaje no enseña la incapacidad del Hijo, al contrario la igualdad del Hijo con el Padre.

Alguien puede sentirse perplejo ante esta declaración: «No puede el Hijo hacer nada» (Jn. 5:19). La frase *no puede hacer nada* no significa necesariamente «no tiene el poder». Se usa de diversas maneras que deben determinarse por el contexto. Las declaraciones específicas de este pasaje no concuerdan con el significado «incapacidad». Contemplemos otros usos de *dunatai*, la palabra que se usa aquí. Por ejemplo, el Hijo puede (es decir, le es permitido) pedir ayuda al Padre, pero por su propia voluntad se limita para que las Escrituras puedan ser cumplidas (Mt. 26:53, 54). El amo de casa no podía (esto es, le era inconveniente) levantarse para dar pan a su vecino (Lc. 11:7). Un discípulo potencial le dijo: «Acabo de casarme, y no puedo (es decir, me es inconveniente) ir» (Lc. 14:20). El mayordomo ya no puede (es decir, no se le permite) ser más mayordomo (Lc. 16:2), los cristianos no pueden (es decir, es inconsecuente que lo hagan) beber de la mesa de los demonios y de la mesa del Señor. Todos pueden profetizar (es decir, les es permitido) uno por uno (1 Co. 14:31), y la iglesia en Éfeso no podía (es decir, no toleraba) soportar el pecado (Ap. 2:2). Así, cuando Jesús dijo que no podía, no significa con ello que careciese de capacidad o poder. En este contexto, significa que por su propia voluntad no lo hizo porque era inconsecuente con su voluntad, con su persona, y con su misión.

Como tercer argumento, Deere usa Marcos 6:5, 6 como evidencia adicional de la pretendida incapacidad de Jesús.[11] Este pasaje dice: «Y no pudo hacer allí ningún milagro, salvo que sanó a unos pocos enfermos, poniendo sobre ellos las manos. Y estaba asombrado de la incredulidad de ellos.» Esto no significa que Jesús careciera de la capacidad de efectuar milagros, ni significa que lo intentase y fallase en el intento. Mateo 13:58 dice que «no hizo allí muchos milagros, a causa de la incredulidad de ellos». Aunque Jesús hizo algunos milagros allí, la realidad de que «no hizo allí muchos» puede significar que vinieron menos a ser sanados debido a la incredulidad de ellos, o puede significar que sanarlos hubiera sido inconsecuente con la actitud de rechazo de ellos, o inconsecuente con restricciones que Jesús pusiera sobre sus acciones. En todo caso, este versículo no significa que Él deseara sanarlos pero que no pudiera, porque había sanado a muchos que no podrían haber respondido con fe. En todo caso, este versículo no apoya la idea de que Jesús sólo podía sanar en aquellas ocasiones en las que Dios dispensase su poder de manera soberana, porque era la incredulidad de la gente lo que refrenaba la sanidad, no que Dios retuviera el poder. Además, esto no se encuentra en un contexto en el que se tratara meramente de una carencia de fe, sino de una incredulidad y de un rechazo directos. Por tanto, esto no da respaldo a los sanadores que fallan en el intento de sanar a personas enfermas que acuden a ellos para sanidad.

Deere presenta también a los apóstoles como impotentes para obrar milagros a voluntad. Para demostrarlo, se refiere a diversos versículos. Por ejemplo, en Hechos 3:12 Pedro dijo que él y Juan no habían sanado al cojo «por nuestro poder o piedad». Deere, sin embargo, modifica el significado de esta declaración añadiendo la palabra *apostólico*, de modo que dice: «de su propio poder o piedad *apostólicos*».[12] Pero Pedro no dijo que era por «su propio poder o piedad *apostólicos*». Dijo: «por nuestro propio poder». El propio poder es el poder aparte del Espíritu Santo. En este caso, sería aparte del don apostólico. Por ello, este versículo no se refiere a la capacidad de Pedro al ejercitar su don apostólico. El poder apostólico y el don provienen de Dios por medio del Espíritu Santo; no son el propio poder de uno mismo. Tampoco implica nada este pasaje acerca de la voluntad o poder soberanos de Dios que opera momentáneamente para llevar a cabo esta sanidad. Pedro está sencillamente diciendo que había sanado a este hombre por el poder de Dios, no por el suyo propio; por ello, él es un mensajero de Dios que debe ser escuchado.

Otro pasaje que Deere emplea para apoyar su aseveración de que los apóstoles no podían sanar es Hechos 14:9, 10. Este texto incluye la declaración de que el hombre que escucha a Pablo «tenía fe para ser sanado». Deere afirma que Pablo sencillamente «vio que el hombre tenía fe para ser sanado y entonces lo proclamó sano».[13] Pero no hay nada en este versículo que indique que Pablo no inició esta sanidad. Por cuanto la frase puede traducirse «tenía fe para ser salvo», lo más probable es que Pablo iniciase la sanidad, y que el hombre estuviese respondiendo al mensaje del evangelio que Pablo estaba proclamando. Al ver que el hombre estaba respondiendo al evangelio, Pablo lo sanó. Sea como fuere, este versículo no da evidencia alguna de que Pablo no pudiera sanar a voluntad. No hay nada en este versículo que indique que la sanidad no estaba bajo el dominio de Pablo. Más bien parece indicar lo contrario.

En contra de lo que ha dicho Deere, Epafrodito, Trófimo, y Timoteo no son ejemplos de personas a las que Pablo no pudo sanar.[14] Ante todo, no hay evidencia de que Pablo intentase siquiera sanarlos. El don de sanidad era una señal para los incrédulos, no una garantía del bienestar físico de los creyentes.

Como respuesta a esto, Deere menciona el incidente de Eutico, un creyente sanado por Pablo.[15] Aunque la sanidad de Eutico tuvo lugar en medio de un grupo de cristianos, es probable que el hecho se difundiera ampliamente (Hch. 20:7 12). Además, la excepción de un creyente sanado no refuta el principio general de que la sanidad era normalmente efectuada en incrédulos. A la luz de este incidente, Deere tiene que responder a varias e importantes preguntas. Si Pablo tenía como práctica sanar a creyentes, ¿por qué entonces es Eutico el único ejemplo registrado en el que Pablo sana a un cristiano? ¿Por qué los tres hombres a los que Pablo «no pudo sanar» eran todos cristianos? ¿Y por qué los milagros y sanidades que se describen en el Nuevo Testamento tienen lugar casi siempre en público y entre multitudes, y no en reuniones de creyentes?

Como vimos en la anterior discusión acerca de los milagros, numerosas declaraciones bíblicas directas indican que los milagros y las sanidades son señales para acreditar el evangelio ante los incrédulos. No son para ministerio a los creyentes. Si hubiera sanadores disponibles para los creyentes, ¿por qué entonces mandó

Santiago a los creyentes que llamasen a los ancianos para que orasen, en vez de buscar a un sanador?

Como argumento para refutar esto, Deere asevera que 1 Corintios 12:7 dice que el don de sanidad es para la edificación de los que están en la iglesia.[16] Como ya hemos visto, esto no es lo que 1 Corintios 12:7 dice en realidad. La palabra *edificación* no se usa en este versículo, y mucho menos la injustificada adición *de aquellos en la iglesia.* En vez de esto, la palabra utilizada en 1 Corintios 12:7 es *provecho,* no edificación, y el versículo se refiere a todos los dones, pero algunos de los dones son para edificación de los creyentes. Esto, por sí solo, ya hace improbable la pretensión de Deere. En este mismo pasaje, Pablo dice explícitamente que las lenguas son una señal para los incrédulos, en contraste con la profecía, que es para los creyentes (1 Co. 14:22). Como señal para los incrédulos, la sanidad y los milagros son provechosos para aquellos que responden a las señales. Asimismo, el don de evangelismo aprovecha a los que responden al mensaje del evangelio. Todo ello es igualmente de provecho para el cuerpo de Cristo en que más son añadidos al cuerpo.

Como ya hemos dicho, una gran cantidad de evidencia, tanto directa como indirecta, indica que el don de sanidad no fue dado para sanar a los creyentes, sino como señal pública para el ministerio evangelístico a los incrédulos. Santiago 5:14 muestra claramente que los cristianos no esperaban que los hermanos creyentes fuesen sanados por nadie con el don de sanidad. Más bien, debían pedir a los dirigentes de la iglesia que orasen por ellos. El hecho de que tres cristianos, Epafrodito, Trófimo, y Timoteo, no fuesen sanados por Pablo sólo sirve para reforzar esta idea, porque sabemos que Pablo podía sanar. En ninguna manera puede servir la experiencia de estos tres hombres para apoyar la aseveración de que Pablo intentó sanarlos y falló en el intento.

El fracaso de los discípulos en su intento de sanar al muchacho epiléptico en Mateo 10:1 no es un ejemplo de un don dado a la iglesia. La iglesia no comenzó hasta Pentecostés, los discípulos no habían recibido al Espíritu Santo para habitar en ellos, y los dones no habían sido dados aún. Este acontecimiento no da evidencia de la incapacidad del sanador para sanar aparte de una dispensación soberana del poder de Dios, por cuanto Jesús dijo que se trataba de una fe insuficiente y no de la voluntad del sanador. El tiempo, la persona, el lugar, y la situación no eran el factor. Con fe, los discípulos podrían haber ejercitado su sanidad «a voluntad».

Cuando uno recibe un don, puede ser ejercitado a voluntad. De otro modo, no podría ser ejercitado por la fe si la persona no pudiese saber que operaría hasta que lo probase, y descubriese luego en muchos casos que el poder le había sido soberanamente retirado. Además, Pablo no sólo espera que los dones de lenguas y profecía estén bajo el gobierno de la persona que ejercita el don, sino que dice que lo están (1 Co. 14:26-36). ¿Acaso los dones de enseñanza, gobierno, misericordia, y ayudas se ejercitan aparte del dominio consciente de la persona, y no a voluntad? ¿Operan sólo en ocasiones en las que se da una dosis especial de poder para ejercitar aquel don, un poder que puede ser retenido? Si estos dones se ejercitan bajo el gobierno y la voluntad de la persona dotada, ¿por qué no entonces los dones milagrosos? ¿Por qué no se permitiría que los dones milagrosos se operasen bajo el dominio y la voluntad del poseedor de los mismos, pero sí los dones no milagrosos, que son igualmente importantes? Si alguien puede ejercitar el don de sanidad o de milagros sólo de manera ocasional cuando Dios da soberanamente un respaldo especial de poder, entonces, ¿para qué sirven los dones? Dios podría dar estas porciones o partidas especiales de poder primero a una persona, luego a otra distinta. Primera Corintios 13:1-3 muestra que una persona puede ejercitar un don, incluidos los dones milagrosos, con un mal motivo. Primera Corintios 14 indica también que un don, incluidos los dones milagrosos, se puede ejercitar en una ocasión inoportuna, varios al mismo tiempo, y contra las restricciones apropiadas. ¿Da Dios poder de manera soberana a esas personas para ejercitar sus dones erróneamente o por motivos inapropiados, y sin embargo retiene el poder en ocasiones legítimas? Más bien, esos conceptos muestran que un don es gobernado por su poseedor y que es ejercitado «a voluntad». El argumento de que el don genuino de la sanidad no podría ser ejercitado «a voluntad» se derrumba enteramente.

En este sistema defendido por Deere, los creyentes no tienen realmente un don de sanidad ni de hacer milagros. Meramente reciben un poder ocasional, independientemente de su propia voluntad, y pueden ejercitarlo sólo en el momento en que aquel poder les es dado. Esto, de manera muy cómoda, asigna toda responsabilidad de fracaso a Dios. Sin embargo, Deere y otros carismáticos mantienen que el fracaso se debe a una falta de fe de parte del sanador o a una falta de fe de parte de la persona que necesita la sanidad. Pero, ¿cuál es? ¿Acaso una sanidad opera sólo cuando Dios dispensa el poder para sanar, siempre y cuando el sanador ejercite la cantidad apropiada de fe y la persona afligida tenga la fe para ser sanada? ¿Fracasa la sanidad si está ausente cualquiera de estos tres factores? ¿Es la voluntad soberana de Dios sanar y dar poder, sólo para verse frustrado por el sanador o por la persona enferma? Si Dios puede dispensar el poder de manera soberana para llevar a cabo la sanidad, ¿no puede también dar un poder que se mantenga por un período prolongado de tiempo? ¿Son los dones de enseñanza o de gobierno sólo temporales? Dios permite que los creyentes ministren en otros aspectos del ministerio en su propia voluntad. ¿Acaso no puede permitir que el don de sanidad se ejercite también a voluntad? Esta y otras preguntas demandan respuestas serias. Pero la solución que da Deere parece ser meramente un intento de explicar los fracasos y las deficiencias de los dones en el moderno movimiento carismático. El concepto de Deere es contrario a la información bíblica.

La distribución del don de milagros y del don de sanidades

Con el fin de mostrar que los dones apostólicos de milagros y sanidades eran de una mayor calidad que los concedidos a la iglesia en general, se ha de mostrar que la iglesia en general ejercitaba esos dones. La expresión *cada uno según el don que ha recibido* en 1 Pedro 4:10 no demuestra una extensa distribución del don de milagros y sanidades.[17] Implica sencillamente que cada creyente tiene un don; no indica qué dones tenga. Primera Corintios 1:7 dice: «nada os falta en ningún don.» Es improbable que el don de apóstol fuese ejercitado por nadie que residiera permanentemente en Corinto. Este versículo podría significar que los corintios no carecían de don alguno recibido normalmente por los miembros normales de la iglesia. Dones como el de apóstol y otros dones generalmente reservados a los apóstoles, como sanidades y milagros, quedarían así excluidos. De modo que hay una cierta limitación para la idea de que este versículo significa que todos los dones eran operativos en Corinto.[18] O podría significar que los corintios habían recibido ministerio procedente de todos los dones, incluido los apóstoles. Si es así, entonces no significa que todos los dones estaban necesariamente presentes y operantes en Corinto. Parece más bien improbable que la iglesia en Corinto, que estaba excesivamente entusiasmada por los dones «espectaculares» como el de las lenguas, estuviera haciendo milagros y sanidades sin que hubiera mención de ello. Esos dones serían aun más «espectaculares» que las lenguas. De modo que parece improbable que los dones de sanidades y de hacer milagros estuvieran operando en Corinto o en otras iglesias locales. Si este hubiera sido el caso, ¿por qué entonces sugeriría Santiago que se llamara a los ancianos para que oren por el enfermo, en vez de buscar a un sanador?

Primera Corintios 1:7 no dice: «Tenéis todos los dones», ni dice tampoco, «no carecéis de ningún don». Literalmente, dice: «No carecéis *en* ningún don». Cuando se usa el verbo «carecer» (gr., *hustereo*) en el Nuevo Testamento, aquello de que se carece puede estar en caso acusativo, pero más frecuente aparece en caso genitivo. En 1 Corintios 1:7 no se usa ninguna de esas construcciones. El contexto es como sigue: «Porque en todas las cosas fuisteis enriquecidos por él, en toda palabra y en toda ciencia; así como el testimonio acerca de Cristo ha sido confirmado en vosotros, de tal manera que nada os falta en ningún don» (vv. 5-7). En el versículo 5 la palabra *todas* está específicamente orientada hacia la palabra y la ciencia (o, conocimiento). Habían sido enriquecidos por el Señor en (o, mediante) toda palabra y conocimiento. El resultado era que no carecían *en* ningún don. Así, esto no demanda que cada don fuese ejercitado por los miembros de la iglesia en Corinto. Habían recibido ministerio, de modo que habían sido enriquecidos por todos los dones, de manera particular por la palabra y el conocimiento y, por ello mismo, no carecían de ningún don. El apóstol Pablo había hecho milagros y efectuado sanidades. De modo que nada les faltaba en estos dones.

Si este versículo se refiriera a la posesión y operación de los dones, sería sólo respecto a dones que se entiende que se distribuyen a los miembros de la iglesia, y no incluiría los distribuidos sólo a los apóstoles. Por cuanto hay varias otras interpretaciones viables, este versículo por sí solo no puede demostrar que los miembros de la iglesia en Corinto estaban manifestando todos los dones. Se tiene que interpretar mediante una comparación con el resto del Nuevo Testamento.

Primera Corintios 14 indica que había profetas activos en la asamblea local (véanse también Hch. 13:1; 15:32). La declaración en 1 Tesalonicenses 5:20 no exige que los miembros locales de la iglesia profetizasen, por cuanto se refiere a profecías y no dice que hubiera profecías en operación. Los incidentes de hablar en lenguas en Hechos 2, 10 y 19 y de profecías en Hechos 19:6 indican una sola incidencia en cada caso, y no incidentes repetidos de hablar en lenguas.[19] Aparentemente, en Corinto se daban tanto las profecías como el hablar en lenguas. Aparte de las referencias en 1 Corintios y unos cuantos casos en el libro de Hechos, hablar en lenguas no se menciona en el Nuevo Testamento.

Como evidencia de milagros y sanidad en las iglesias locales, Deere da sólo un versículo, Gálatas 3:5. Pero este versículo no dice que alguien en las iglesias de Galacia hiciese milagros, ni dice que alguno tuviera el don de milagros o de sanidades. Más bien, se refiere a «Aquel ... que os suministra el Espíritu, y hace maravillas entre vosotros». Este versículo dice que Dios hace milagros entre los gálatas. Por tanto, no sirve de evidencia de que hubiera personas con el don de sanidades o milagros. El versículo concluye con esta pregunta: «¿lo hace por las obras de la ley, o por el oír con fe?» Esta última expresión se usa en Gálatas 3:2 de la recepción del Espíritu en el momento de la salvación. Esa misma terminología se emplea en Romanos 10:14ss con referencia a la salvación. Los detalles y el argumento de Gálatas 3:1-5 también tratan de la salvación. Por tanto, los milagros mencionados en Gálatas 3:5 son hechos por Dios y están principalmente orientados hacia la salvación. En todo caso, nada en el versículo dice que los gálatas hicieran milagros. Así, aparte de los ejemplos de los apóstoles, de Esteban, y de Felipe, no encontramos ninguna declaración directa en las Escrituras de que el don de sanidades o de milagros se dieran en las iglesias. Aun si se pudiera demostrar que el don de milagros y el de sanidades estuvieron ampliamente distribuidos en las iglesias, seguiría sin haber evidencia de que han continuado o de que eran dones inferiores o menores.

El asunto respecto a la calidad de ciertos dones espirituales

En caso de que los anteriores argumentos cuya intención es explicar la naturaleza inferior de los dones carismáticos sean insuficientes, Deere arguye también que los dones dados a la iglesia eran de una calidad inferior a aquellos dados a los apóstoles. En otras palabras, no se puede esperar que los dones espirituales dados a la iglesia en la actualidad sean comparables a aquellos de los que leemos en el libro de Hechos. Si el poder para obrar una sanidad o un milagro sólo viene de la voluntad soberana de Dios de modo que el don sólo puede operar en aquel momento, ¿por qué iba Dios a dar un poder que sería ineficaz e inoperante? El concepto de que el Espíritu Santo, el tercer miembro de la Trinidad, vaya a dar dones de menor cualidad, o falibles, parece ilógico.

Deere presenta varios argumentos para apoyar el concepto de dones menores. El apóstol Pablo escribe en Romanos 12:6: «De manera que, teniendo diferentes dones, según la gracia que nos es dada, si el de profecía, úsese conforme a la medida de la fe.» Sobre la base de este versículo, Deere cree que Pablo admite que «los dones espirituales varían en su intensidad y fuerza», y que «hay diferentes medidas de la gracia y la fe dadas, con las cuales ejercer los diversos dones».[20] Sin embargo, el pasaje no dice ninguna de esas cosas. Primero, no dice que los dones varíen, sino que hay diversos dones. Esto es explícito por la declaración global: «teniendo diferentes dones, según la gracia que nos es dada», trátese de profecía, de ministerio, o de enseñanza. La diferencia es la diferencia del don de profecía o de enseñanza respecto a otros dones. La parte del versículo que se refiere a profetizar ni siquiera implica que el don de profecía varíe en su calidad.[21] Si esta traducción común es precisa, seguiría significando que el problema puede residir en la cantidad de la fe, no en la calidad del don. Al explicar esto, Deere añade palabras que no están en el versículo. En lugar de «según la medida de la fe», lo interpreta en el sentido de «la medida de la fe que le ha sido dada para el ejercicio de su don».[22] Esto cambia el significado desde «según la fe del individuo» a «la fe que Dios ha dado» para ejercitar este don. Esto sugiere la idea de que algunos creyentes han recibido una mayor cantidad de fe, y con ello un mayor ejercicio de los dones. Con ello se cambia el significado de este versículo respecto a lo que verdaderamente dice. Pero, ¿cómo podría alguno usar su don de profecía de otra manera que según lo que Dios les ha dado? ¿Por qué entonces exhortaría Pablo a hacer esto?

Romanos 12:6 es comúnmente entendido como diciendo: «profetizad en proporción a la cantidad de fe que tenéis.» Sin embargo, el sentido de la palabra traducida «según la medida» (gr., *analogia*) no está del todo claro en este contexto. A menudo significa «en proporción a», pero puede también significar «correspondiente a, en correcta relación con». Además, el significado de «fe» no es unívoco, en particular por cuanto aparece con el artículo «la». ¿Significa la fe como actitud, o significa «la fe», es decir, la verdad que creemos? Así, este versículo podría estar diciendo: «profetice en conformidad a la doctrina que creemos». Una instrucción así se ajustaría a otras amonestaciones tocantes a la profecía. Además, respecto a los siguientes diversos dones relacionados en Romanos 12, Pablo instruye que deben ser ejercitados en la esfera de ministerio que se corresponde con el don respectivo. Es probable entonces que con esta instrucción se exhorte a ejercitar la profecía en la esfera apropiada de la profecía: «la fe».

Si esto tiene referencia a la propia fe de la persona, ¿por qué se menciona sólo con respecto a la profecía, dado que sería también cierto de todos o de la mayor parte de los dones? Asimismo, ¿parece realista que Pablo esté instruyendo a la persona para que profetice *en proporción* a su propia fe o incluso a la fe que les haya sido dada? Si su fe fuere de un cinco por ciento o de un cioncuenta por ciento, su profecía no sólo funcionaría a aquel nivel, sino que Pablo le estaría ordenando que profetizase a este nivel reducido. ¿Acaso Pablo diría: «Si tu fe es del cinco por ciento, entonces profetiza al cinco por ciento», en vez de apremiarles a que aumentasen su fe? ¿Qué significaría profecía al cinco por ciento? Esas ideas son improbables. También es improbable que Pablo mande a nadie que profetice a bajo nivel si su fe fuere baja. Si este versículo hace referencia a la fe de la persona misma, tiene que significar que o bien tienen suficiente para profetizar, o bien que no tienen. Incluso esto tendría el improbable significado de «profetizad sólo si tenéis fe suficiente». En esta lista, Pablo da unas pautas o instrucciones apropiadas acerca de cómo o con qué actitud o en qué esfera ejercitar el don. Da una pauta relacionada con un rasgo principal del don. El rasgo fundamental o esencial de una profecía es la información; sería apropiado que su instrucción tuviese que ver con la verdad. Sea cual fuere la postura que se adopte, Romanos 12:6 no da apoyo a la idea de dones menores.

En base de la declaración de Pablo en 1 Corintios 14:18, Deere concluye que Pablo tenía un don mayor de lenguas. Sin embargo, esta idea carece de significado. El versículo sólo dice que usaba este don con mayor frecuencia; no dice nada acerca de la calidad del don.[23] Igualmente, cuando se exhorta a Timoteo que avive su don, la variable es la actitud de Timoteo, no la calidad de su don (2 Ti. 1:6).[24] Esos versículos no dicen nada acerca de cualidades cambiantes de los dones.

Los argumentos finales de Deere son en realidad una serie de especulaciones. Afirma él que los dones no milagrosos, como la enseñanza y el evangelismo, varían en fuerza; y que lo mismo sucede con los dones milagrosos.[25] No obstante, no hay evidencia de que los dones no milagrosos varíen en fuerza. Ésta es una suposición basada sólo en los resultados variables que puedan obtenerr personas dotadas como maestros y evangelistas. Pero la comparación es incorrecta desde un criterio lógico.

Los dones de milagros y sanidades son ejercitados enteramente por el poder del Espíritu Santo aparte de todo esfuerzo humano. Por ejemplo, resucitar muertos no es una capacidad humana ni depende de la cooperación del muerto. Los dones no milagrosos pertenecen a áreas que a menudo tienen una capacidad humana correlativa. Por ejemplo, la enseñanza es una capacidad común a muchas personas, y hay muchos excepcionales enseñantes que no pertenecen al cuerpo de Cristo. Las personas pueden enseñar sin el don, pero no hacen milagros por su propio poder. Así, hay otro factor en la enseñanza, la capacidad humana, que no está implícita en la realizaciones de milagros. Tanto la enseñanza como el evangelismo dependen del receptor en áreas como la actitud y la receptividad. Así, los resultados de los dones no milagrosos quedan afectados por factores humanos de una manera que no es posible con los dones de operación de milagros. Los resultados diversos en los dones no milagrosos no demuestran una diversa cualidad de los dones. Aunque Apolos era «poderoso en las Escrituras» (Hch. 18:24), no necesariamente poseía un mayor don de enseñanza.[26] Sencillamente significa que podía usar las Escrituras de manera eficaz, debido a su conocimiento, interés, y capacidad oratoria.

El hecho de que Pedro y Pablo sean los principales personajes en el libro de Hechos no significa que su don de apostolado fuese superior al de los otros apóstoles.[27] El ministerio particular y las maneras en que Dios emplea a los creyentes no depende de la fuerza ni de la calidad de sus dones. Cosa interesante, Deere implica que los dones de Pedro y Pablo son superiores porque son los únicos que levantaron muertos. Pero esto es un argumento basado en el silencio, un concepto contra el que Deere ya ha argüido antes en su libro. Es una pura especulación. No sólo argumenta Deere que los otros apóstoles no levantaron muertos, sino que usa este hecho para argüir que Pedro y Pablo tenían dones más poderosos. Así, sugiere que los otros apóstoles no *podían* hacerlo.

Deere arguye también que por cuanto no hay nadie igual a Pablo como maestro o evangelista, los dones han de variar en calidad.[28] Pero por su propia lógica Deere no puede usar un argumento así. Su pretensión de que nadie ha enseñado ni ha evangelizado como Pablo es un argumento, para usar sus propias palabras, basado en una falta de experiencia. Sólo significa que Deere no ha visto a nadie que enseñe o evangelice como Pablo. Según la misma lógica de Deere, su «limitada experiencia no puede usarse» como evidencia.[29] Por lo tanto, puede que la iglesia esté llena de maestros y evangelistas como Pablo. En todo caso, el argumento carece de valor.

Los «éxitos» de Pablo no significan que él tuviera unos dones de mayor calidad. De hecho, en muchos casos sus esfuerzos evangelísticos y de enseñanza quedaron frustrados, como el testimonio a Agripa, Festo, Félix y los judíos en general. No tenía una capacidad evangelística mágica. Su buen éxito se debió a una combinación de factores. El Señor lo condujo a lugares específicos del mundo preparados para recibir el evangelio. Había sido preparado por su trasfondo y cultura para el mundo que encontró. En la mayoría de los casos fue el primero en llevar las buenas nuevas. También pudo usar señales milagrosas para potenciar su testimonio. No obstante todo esto, fue rechazado con frecuencia. Lo mismo sucede con su enseñanza. Recibió información por revelación y tenía el conocimiento que hacía superior su enseñanza. Sin embargo, muchos no respondieron a su enseñanza. Muchas de las epístolas paulinas fueron escritas para corregir algún error en iglesias en las que Pablo había estado y enseñado. Sus opositores en Corinto decían que no tenía una apariencia imponente y que no era un buen orador. La gente no respondía de manera automática a las enseñanzas de Pablo igual que no responden de manera automática a la enseñanza en la actualidad. Si hubiéramos estado presentes durante los esfuerzos didácticos y evangelísticos de Pablo, es dudoso que viéramos una diferencia cualitativa extraordinaria en su don de enseñanza o de evangelismo. El buen éxito de su ministerio no se debía a dones cualitativamente superiores, sino a una combinación de factores.

En cuanto a las declaraciones acerca de la disciplina del cristiano que había pecado según se refiere en 1 Corintios 5:1-5, ni tan siquiera implican que Pablo tuviera una mayor autoridad que ninguna otra persona en el cuerpo de Cristo, de modo que pudiera entregar a alguien a Satanás.[30] Aun una lectura superficial del pasaje muestra que aquello no tiene nada que ver con dones, y que toda la iglesia de Corinto es envuelta en esta decisión y que tiene esta autoridad.

El hecho de que los milagros de los apóstoles sean descritos en algunas ocasiones con los términos «señales y prodigios», y no por el término *charismata*, no lleva a la deducción de Deere en base de estos hechos. Él arguye que «señales y prodigios» se refiere a un «inusitado derramamiento del Espíritu Santo para los milagros» donde tiene lugar una abundancia de milagros, y se refiere al avivamiento y al ministerio evangelístico de los apóstoles, y que difiere del don de sanidades.[31]

Con respecto al término *señales y prodigios*, esto se usa para describir falsos milagros en el libro de Apocalipsis; por tanto, no se usa sólo para avivamientos o ministerio evangelístico. La razón de que el ministerio de los apóstoles no sea descrito como *charismata* no es que el ministerio de los apóstoles fuese superior a otros, sino, como debería ser evidente, porque *charismata* no tiene este significado. La palabra *charismata* significa «dones». Las señales y los prodigios no son dones; más bien son lo que producen uno o dos de los dones. Los términos no son intercambiables. Por ejemplo, 1 Corintios 12:4, que usa la palabra *charismata*, no debería traducirse «ahora bien, hay diversidad de señales y prodigios», no debería traducirse Hechos 5:12, que se refiere a señales y prodigios, como: «Y por la mano de los apóstoles se hacían muchos dones en el pueblo.» La enseñanza, las ayudas, dar y mostrar misericordia son *charismata*, pero no son señales y prodigios.

La razón de que se use el término *señales y prodigios* para una abundancia de milagros debería ser también evidente. Esta expresión, que se refiere a un gran número de ocasiones, difícilmente sería apropiada para uno o dos milagros, como la sanidad de Dorcas. Por otra parte, difícilmente esperaríamos que se describiesen uno por uno los milagros de una operación global de muchos milagros en una ciudad. Por eso, se emplea el término general *señales y milagros.* Además, el hecho de que no se use el término *charismata* para describir el ministerio de los apóstoles carece de sentido para demostrar una diferencia entre el ministerio de los apóstoles y el de los otros. En realidad, *charismata* no se usa para describir el ministerio de ninguna otra persona. Lo mismo sucede con el término *señales y maravillas.* Aunque Deere deja la impresión de que se usa algún otro término para describir el ministerio de los que no eran apóstoles, no es así. Cada descripción de una sanidad o de un ministerio de operación de milagros en el Nuevo Testamento usa los mismos términos que se usan para describir el ministerio de los apóstoles. Los únicos que se describen son los de los apóstoles, Esteban, Felipe, y quizás Ananías en Hechos 8. De modo que el argumento de Deere basado en el uso del término *señales y maravillas* carece de sentido.

Recapitulación

El Nuevo Testamento no da evidencia alguna en ninguna parte de la existencia de una diferencia cualitativa en dones dados por el Espíritu de Dios. Esto es lo que podríamos esperar, por cuanto Dios da dones perfectos (Stg. 1:16, 17). Todos son descritos de la misma manera. No tenemos ningún ejemplo de ningún don cualitativamente inferior o falible ni de ningún fracaso de ningún cristiano que intentara ejercitar un don. Tampoco tenemos evidencia alguna de que los dones de milagros y sanidades fuesen ampliamente distribuidos en la iglesia. Más de una vez se destaca de manera expresa que eran hechos por los apóstoles. Pablo dice que son la señal del apóstol. Por tanto, no podían estar extendidos. Si hubieran sido practicados por toda la iglesia, ¿por qué hay tanto énfasis sobre ellos como apostólicos? Aparte de los apóstoles, sólo Felipe y Esteban ejercitaban tales dones, y los ejercitaban al mismo nivel cualitativa y cuantitativamente que los apóstoles.

Los dones abiertamente milagrosos no eran desde luego para edificación sino que se ejercitaban en público, primariamente de cara a los incrédulos para confirmar el evangelio. Sólo en pocas ocasiones se sana a los creyentes. El hecho de que Santiago 5:14 instruya a los enfermos a llamar a los ancianos y no a un sanador evidencia que esos dones no se esperaban o no se usaban en las iglesias locales para beneficio de los cristianos. Cuando Pablo da en 1 Corintios 12 una relación de los dones dados a todo el cuerpo de Cristo, incluye a apóstoles, milagros, y sanidades. Sin embargo, cuando relaciona en Romanos 12:6ss los dones que son de esperar en la iglesia local, no relaciona los apóstoles, los milagros, ni las sanidades.

La excusa de que los dones no funcionan a voluntad del poseedor, sino sólo cuando Dios da o retiene soberanamente la capacitación en casos concretos, carece de valor. Primera Corintios 13:1-4 y 1 Corintios 14 muestran que un don está bajo el dominio de la persona que tiene el don. La evidencia bíblica de que los dones milagrosos pueden ser ejercitados en situaciones inoportunas y por razones erróneas milita contra el concepto de que sean ejercitados sólo en la voluntad soberana de Dios en ocasiones específicas. ¿Por qué dar soberanamente la capacidad de hablar en lenguas o de profetizar en una ocasión específica, si es para un mal uso? Si se ejercitan en ocasiones específicas bajo la voluntad soberana de Dios y no por voluntad de la persona individual, ¿cómo pueden ser mal usados? ¿Por qué iba a dar Dios, en su voluntad soberana, una capacitación para efectuar una sanidad o un milagro específicos, y dar sin embargo algún don inferior para ejecutar su voluntad soberana?

Cada ejemplo de sanidad o de milagros se describe de la misma manera. Cada ejemplo de un profeta cristiano es veraz. El Antiguo Testamento da sólo una prueba para un profeta genuino (Dt. 18:22), con lo que se implica que todos estaban al mismo nivel cualitativo. Incluso si se pudiera demostrar que los dones diferían cualitativamente, sigue sin haber indicación alguna de que fuesen defectivos, falibles, o de que pudiesen fallar en su operación.

Marcos 16:9-20 dice que los milagros tenían como objeto confirmar la predicación del evangelio. Tanto Hechos 4:29, 30 como 14:3 afirman de manera directa que los milagros eran para confirmar el ministerio evangelístico. Todos los otros episodios milagrosos en Hechos sustentan este concepto. Las epístolas afirman claramente que los milagros, incluidas las sanidades, eran para confirmación del mensaje del evangelio. Romanos 15:19 es especialmente claro. Este concepto también se enuncia en Hebreos 2:3, 4, que aparentemente restringe los milagros a testigos oculares del Señor y que implica que los milagros pertenecían al pasado. Esta conclusión coincide con la evidencia del libro de Hechos. Muy pocos casos de milagros o de sanidad fueron privados. El caso de Eutico, que fue inusual, es el único caso de un milagro que acontece durante una reunión de creyentes. Los milagros de Hechos fueron hechos en público, entera e independientemente de la fe del beneficiario. Esto concuerda de manera cabal con la evidencia bíblica de que los milagros habían de confirmar el evangelio a los incrédulos. No eran primariamente para beneficio de los fieles. Las modernas pretensiones de sanidades tienen poco parecido con la práctica, el propósito, o los resultados de los milagros en la iglesia primitiva tal como se registra en el libro de Hechos.

Hay otras indicaciones de que esos dones no se ejercitaban para beneficio de la iglesia local. Santiago 5:14, 15 implica bien que esos dones habían cesado, bien que no eran para la iglesia, por cuanto da por supuesto que no había sanador disponible. Pablo escribe a Timoteo acerca de la condición física de este (1 Ti. 5:23) y sin embargo no le dice que busque un sanador. En contraste con una falta de exhortación a hacer o esperar milagros, las epístolas abundan en exhortaciones a ser santos, a enseñar, a ministrar y a orar. Por ejemplo, Timoteo no recibió instrucciones para hacer milagros, sino para que leyese, predicase y exhortase en la sana doctrina. Los dones de señales milagrosas no son ni siquiera mencionados en muchos pasajes en los que se trata de los dones, y donde se exhorta a miembros de la iglesia local a que usen sus dones (véanse Ro. 12:6-8; Ef. 4:11; 1 P. 4:10, 11).

En la actualidad, las aseveraciones de milagros generalmente se limitan a las sanidades. Tenemos que centrarnos perfectamente en nuestra manera de pensar. El don de obrar milagros significa que una persona específica puede sanar directamente a otras personas. El don de sanidades significa que una persona específica puede sanar a otras personas de manera directa. Lo mismo es de aplicación a echar demonios si se considera un don. La persona dotada tiene la capacidad de llevar a cabo el milagro de sanidad. Los ejemplos en que algunas personas son sanadas como respuesta a la oración no son ejemplos del ejercicio de dones espirituales, sino de la acción directa de Dios en respuesta a la oración. Si los creyentes se reúnen y oran por una persona enferma y aquella persona es sanada milagrosamente, esto no constituye evidencia de que en la actualidad se dé el don de sanidades. Esto demuestra que Dios responde a la oración.

Ninguna de las aseveraciones actuales de milagros o de sanidades son de la magnitud ni de la calidad de las del Nuevo Testamento. Es poca la correspondencia que existe entre las descripciones bíblicas y los pretendidos milagros y sanidades de la actualidad para dar credibilidad alguna a la aseveración de que son los dones espirituales del Nuevo Testamento. Bien pocas personas pretenden realizar milagros de manera directa, y los que dicen hacerlo fallan frecuentemente en el intento. Pero el Espíritu Santo nunca falla. Los incidentes en la iglesia primitiva implicaron o envolvieron numerosas sanidades sin ningún fracaso.

La pretendida evidencia de que existen los dones «menores» resulta en que no hay ninguna evidencia. No encontramos nada en las Escrituras que describan un ejemplo de dones menores, y tampoco sugieren que estos dones hayan alguna vez existido. Sin duda alguna, los dones bíblicos eran milagrosos, pero los dones carismáticos de nuestros días no son comparables con los de las Escrituras. No debemos perder de vista el importante hecho de que la misma admisión de dones «menores» y la necesidad de que sus defensores carismáticos los encuentren en la Biblia constituye una admisión directa de que aun los carismáticos saben que sus dones no se conforman con las Escrituras.

No se trata solamente de que las aseveraciones actuales no se ajustan al Nuevo Testamento, sino que esto ha sido así a lo largo de la historia de la iglesia. Nadie en la historia de la iglesia desde los tiempos apostólicos ha hecho milagros y sanidades como los que se describen en el libro de Hechos. Los pretendidos ejemplos de milagros postapostólicos son pocos y no están acreditados. La rareza de las aseveraciones es por sí mismo evidencia de que Dios no está dando este don a la iglesia en general.

Muchos cristianos han dicho que desean tener el poder de la iglesia primitiva. Se sienten desencantados con la falta de poder en la iglesia contemporánea y están convencidos de que deberíamos esperar el mismo poder de la iglesia primitiva con nosotros en la actualidad. En primer lugar, deberíamos preguntar: ¿Qué iglesia del Nuevo Testamento deseamos imitar? Desde luego, no querremos imitar la iglesia de Corinto, porque estaban en peor forma que muchas iglesias actuales. Aunque las iglesias de Tesalónica y de Filipos fueron elogiadas, no tenemos ninguna indicación de que poseyeran más poder (en el sentido de obras milagrosas) que las iglesias actuales. Por lo que respecta a la iglesia en Jerusalén, el poder estaba en los apóstoles, no en la iglesia como un todo. Cuando la gente habla del poder de la iglesia primitiva, se refieren por lo general al ministerio de los apóstoles e intentan erróneamente aplicar esto a toda la iglesia. Aparte de los apóstoles, sólo Esteban y Felipe estaban envueltos en obras milagrosas.

Si queremos seguir el ejemplo de la iglesia del primer siglo, como tantos proponen en la actualidad, deberíamos entonces referirnos a la iglesia y no a los apóstoles y testigos oculares del Señor. Las primitivas iglesias parecen haber sido muy semejantes a la iglesia promedio actual creyente en la Biblia. Tenían problemas muy semejantes a los que tenemos en la actualidad, incluidos adulterio, hurto, falta de amor, y partidismo. Santiago 5:14-16 pone en claro que en las iglesias locales del Nuevo Testamento no había sanadores ni otros obradores de milagros. No obstante lo que ingenuamente suponen algunas personas, no tenemos evidencia alguna de que las iglesias del Nuevo Testamento estuviesen «trastornando el mundo». Esto se dice del apóstol Pablo. Sólo unas pocas iglesias fueron elogiadas por su proyección evangelística, y esto principalmente por la acción cotidiana más que mediante un «esfuerzo evangelístico» consciente. Esto no es para criticar aquellas iglesias, sino para guardarnos de seguir a una iglesia que sea sólo producto de la imaginación. Apocalipsis capítulos 2 y 3 nos dan una evaluación realista de la iglesia del primer siglo. De las siete iglesias mencionadas en este pasaje, sólo dos podían ser consideradas «espirituales», mientras que las cinco restantes experimentaban graves problemas espirituales. Pero ninguna de las siete se caracterizaba por la posesión o exhibición de poderes milagrosos.

Conclusión

No tenemos evidencia alguna de ninguna fuente que demuestre que los dones de señales procedentes del Espíritu Santo, como el don de milagros o el don de sanidades, estén presentes en la actualidad. La evidencia bíblica es concluyente en el sentido de que los dones de señales fueron dados para confirmar la veracidad del mensaje del evangelio ante el mundo. Santiago 5:14, 15 muestra que la iglesia primitiva fue instruida a responder ante la enfermedad de una manera muy semejante a como lo hacen en la actualidad las iglesias bíblicas no carismáticas. Aparentemente, no había sanadores ni obradores de milagros disponibles. Las respuestas milagrosas de Dios a las oraciones de su pueblo no demuestran que haya personas con el don de milagros o de sanidades. Por cuanto no todas las experiencias milagrosas proceden de Dios (Mt. 7:22, 23), todas las experiencias deben ser verificadas por las Escrituras. Así, hasta que los modernos carismáticos puedan presentar un apoyo bíblico adecuado a sus aseveraciones acerca de los dones de milagros y sanidades, no tenemos ninguna justificación para dar credibilidad alguna a sus pretensiones.

* * *

1. John Broadus, "Style of Mark xvi. 9-20, as bearing upon the question of genuineness". *The Baptist Quarterly* (julio 1869); John William Burgon, *The Last Twelve Verses of Mark* (Grand Rapids: Associated Publishers and Authors, s.f.); y más recientemente, W. R. Framer, *The Last Twelve Verses of Mark* (Cambridge: The University Press, 1974) han demostrado de manera adecuada que esos versículos son genuinos.
2. Si la declaración en el versículo 9 se toma como significando que este hombre tenía fe de que podía ser sanado físicamente, el versículo sólo declara que Pablo *respondió* a ello y le sanó. No dice que su fe fue *necesaria* para que Pablo lo sanase.
3. La palabra para prodigios *(teras)* no aparece después de Hechos 5:12. La palabra para señales *(semeion)* no aparece después de 15:12. La palabra para milagros *(dunamis)* no aparece después de 19:11. Las seis ocasiones en que aparece *teras* (prodigios) en Hechos para describir un ministerio efectivo y las siete ocasiones en que aparece *semeion* (señales) para describir con el mimso propósito aparecen todas en la primera mitad del libro de Hechos. Cuatro de los cinco ejemplos de *dunamis* (milagros) que describen un ministerio efectivo aparecen en los primeros ocho capítulos de Hechos. Estas tres palabras aparecen un total de treinta y dos veces en Hechos, pero sólo seis de ellas aparecen después de Hechos 8. Evidentemente, la principal parte de este ministerio milagroso tuvo lugar durante los tempranos días de la iglesia; es decir, en la primera tercera parte de Hechos. Un estudio de los milagros mismos sustenta esta implicación. La frecuencia de la operación de milagros parece haber ido menguando durante la vida de los apóstoles.

4. Walter J. Hollenweger, *The Pentecostals* (Londres: SCM, 1972), 345. Hay edición en español: *Los pentecostales* (Buenos Aires: La Aurora).
5. Wayne A. Grudem, *The Gift of Prophecy in the New Testament and Today* (Westchester, Ill.: Crossway, 1988), 110.
6. Jack Deere, *Sorprendido por el poder del Espíritu* (Miami: Editorial Carisma, 1996), 78.
7. *Ibid.*, 67.
8. *Ibid.*, 68.
9. *Ibid.*, 67.
10. *Ibid.*, 69.
11. *Ibid.*, 70, 71.
12. *Ibid.*, 71.
13. *Ibid.*, 72.
14. *Ibid.*, 72, 73
15. *Ibid.*, 72
16. *Ibid.*
17. *Ibid.*, 74.
18. *Ibid.*
19. *Ibid.*, 74.
20. *Ibid.*, 75.
21. *Ibid.*
22. *Ibid.*
23. *Ibid.*
24. *Ibid.*
25. *Ibid.*
26. *Ibid.*
27. *Ibid.*, 75, 76.
28. *Ibid.*, 77.
29. *Ibid.*, 66.
30. *Ibid.*, 78.
31. *Ibid.*, 76.

CAPÍTULO 6

Las lenguas: la naturaleza del don

DICE JOHN NICHOL que cada creyente pentecostal cree en la sanidad y en un bautismo del Espíritu Santo posterior a la conversión que queda demostrado mediante hablar en lenguas.[1] Además de los principales grupos pentecostales, hay otros grupos e individuos que destacan el hablar en lenguas. Sin embargo, hay desacuerdo en la mayoría de los aspectos de hablar en lenguas.

¿Cuál era el don genuino de las lenguas? ¿Parecen ser las mismas las pretendidas lenguas actuales? ¿Cuál era el propósito del don de las lenguas y el uso apropiado de las lenguas? Estas cuestiones deben ser estudiadas con el fin de decidir si las actuales lenguas concuerdan con la descripción bíblica. El punto principal es determinar si las lenguas actuales son genuinas. Este capítulo dará respuesta a la primera pregunta: ¿Qué era el don de lenguas que se describe en el Nuevo Testamento? Los carismáticos mantienen un verdadero enredo de diferentes opiniones acerca de la naturaleza y de la práctica del hablar en lenguas. En lo único en que están de acuerdo es en que este don está presente en la actualidad. Sin embargo, grandes secciones de cristianos ortodoxos no creen que este don haya estado presente desde la edad apostólica. Ésta ha sido la posición de los cristianos ortodoxos desde el siglo primero. La opinión de que las lenguas sean dadas en la actualidad por el Espíritu Santo es un punto de vista moderno enfrentado a la opinión de los cristianos a lo largo de mil ochocientos años. Esta opinión ortodoxa no puede ser echada a un lado a la ligera. La «nueva» opinión de los carismáticos necesita ser verificada desde una perspectiva bíblica.

El apóstol Pablo instruyó a los corintios acerca de la necesidad y de la manera de verificar a los que pretendían hablar por el Espíritu Santo. Les escribió: «Por tanto, os hago saber que nadie que hable por el Espíritu de Dios llama anatema a Jesús.» Este pasaje era una advertencia a los corintios acerca de que no todos los que lo pretendían hablaban realmente por el Espíritu Santo. Pablo sintió la necesidad de verificar a los que hablaban. Desde luego, deberíamos tratar de verificar estas pretensiones hoy.

Un estudio semántico de «lengua»

La palabra griega *glossa*, «lengua», es un término crucial para comprender la naturaleza del don de lenguas. Lo que sigue presenta un detallado estudio de este término.

En griego clásico

Una autoridad reconocida acerca del uso de palabras griegas en tiempos clásicos y hasta el 500 d.C. es el léxico *Greek-English Lexicon* de Liddell y Scott. En este léxico se define la palabra *glossa* o «lengua» como el órgano del habla o un lenguaje, incluidas palabras desusadas o extranjeras que necesitan explicación, o cualquier cosa conformada como una lengua física.[2] Observemos que una palabra «desusada o extranjera» sigue siendo parte de un idioma humano conocido y que es inteligible. No hay ninguna aseveración de que *glossa* signifique un habla extática o ininteligible. Es o bien la lengua física o bien algún aspecto del lenguaje humano normal.

Liddell y Scott en su *Lexicon* y Behm en el artículo sobre *glossa* en la obra *Theological Dictionary of the New Testament*[3] se refieren a ciertos pasajes del griego clásico para demostrar que *glossa* puede referirse a un lenguaje oscuro o difícil. Estas referencias son luego supuestas pruebas de que la palabra *glossa* puede referirse a un lenguaje extático ininteligible como el que está presente en la actualidad en el movimiento de las lenguas. Sin embargo, estos pasajes no se refieren a un lenguaje extático ni ininteligible.

Bajo las referencias que apoyan el uso de *glossa* como «una expresión que en lenguaje o estilo es extraña y oscura y necesita explicación»,[4] Behm se refiere en su estudio a varios escritos, incluida la obra de Aristóteles *Poesía* 21, 1457b, 1ss., donde la palabra *glotta* se traduce «rara».[5] Pero en esta referencia, *glotta* (el término dialectal ático para *glossa*) no describe un lenguaje extraño, oscuro. Se refiere a un lenguaje normal, que en este caso no es usado por todos. La diferencia de uso depende de diferencias geográficas o locales. También es éste el caso de la segunda referencia de Behm, *Poesía* 22, de Aristóteles, 1458a, 22ss., donde *glotta* se usa de palabras raras en el mismo sentido que el acabado de reseñar. En ambos casos, *glotta* se refiere a palabras griegas normales. Behm usa otro escrito como evidencia en una discusión de las palabras que producen «dichos ingeniosos y populares».[6] La palabra *glottai* se traduce como «palabras extrañas». Esto podría traducirse como «desusadas» o «raras» lo mismo que «extrañas». Toda la discusión trata acerca de lenguaje normal. *Glottai* no se refiere a lenguaje extático o ininteligible. Es posible que la expresión que aparece aquí se refiera a palabras de lenguas extranjeras. Se refiere a palabras con las que el oyente no está familiarizado, en contraste con las que ya conoce.

La siguiente referencia es a una declaración de Sexto Empiricos, donde escribe acerca de los gramáticos.[7] Aquí, una vez más, la referencia es a palabras que constituyen un lenguaje normal, en este caso palabras desusadas. Otra referencia que se da como evidencia procede de Plutarco, *Isis y Osiris*. Pero *glotta* no se usa aquí para describir un lenguaje extático e ininteligible. Se refiere a palabras griegas que los poetas intentan reavivar y con las que el oyente no está familiarizado.[8]

Como lenguaje extraño u oscuro, Behm se refiere también a usos de *glossa* como expresión arcaica.[9] Pero todas sus referencias tienen que ver con un lenguaje humano real, aunque «anticuado». Pero las expresiones arcaicas del lenguaje humano no constituyen evidencia en favor de un lenguaje extático. Su último grupo bajo la categoría general de lenguaje extraño u oscuro son usos de *glossa* como expresión poética selecta.[10] Los ejemplos en este grupo se refieren a palabras menos comunes,[11] poesía[12] y los vagos y oscuros pronunciamientos de una profetisa pagana. Pero las declaraciones de la profetisa no son ininteligibles. Son meramente aplicaciones inusuales de palabras normales. Algunos ejemplos son llamar a los hombres «andadores de montañas», a los ríos «llenadores de montes», y a los espartanos «devoradores de serpientes».[13] En una sección separada titulada «glosolalia», Behm se refiere a incidentes en la religión pagana de «musitar palabras o sonidos sin interconexión o significado».[14] Sin embargo, estos ejemplos de lenguaje extático en la religión pagana apoyan el concepto de *glossa* que está emergiendo por ahora en base de nuestro estudio, es decir, que *glossa* no se usaba para referirse a un habla extática e ininteligible. Behm da una lista de varios ejemplos de esta habla extática pagana. En el primero de ellos, la palabra *glossa* (*glotta*) no se refiere a un habla extática ininteligible sino a las palabras del poeta Cratino.[15] Esta aseveración aparentemente se refiere a alguna declaración que hizo Cratino en un poema o en un discurso. No hay evidencia de que fuese extática o ininteligible. Toda implicación de habla extática e ininteligible no reside en la palabra *glottes*, que en este ejemplo se refiere meramente a habla o palabra, sino en el término *bakchei*, que se refiere a ritos báquicos o frenesí. Por ello, este pasaje no puede usarse para demostrar que *glossa* o *glotta* se use para denotar un habla extática ininteligible. Los restantes ejemplos se refieren a videntes paganos como los oráculos de Delfos, las sibilas y otros, incluidos a los gnósticos.[16] Sin embargo, esos ejemplos no usan la palabra *glossa*. Usan otros términos, como el verbo *phtheggomai* («pronunciar»).[17]

Es evidente que los antiguos griegos no usaban *glossa* para significar un habla extática ininteligible. Esto no se debe a una falta de referencias a habla extática, porque hay numerosas referencias a ello en la literatura griega. Pero usaban otros términos para referirse al habla extática de su tiempo.

Los usos de *glossa* a que se refiere Behm tienen todos que ver con palabras en un verdadero lenguaje humano conocido. Liddell y Scott incluyen, bajo la más amplia categoría de lenguaje, una sección designada como «palabras desusadas o extranjeras».[18] Sus referencias no incluyen nada que no haya sido ya tratado. Ninguna de esas autoridades da evidencia alguna en favor del uso de la palabra *glossa* como descripción o designación de un habla extática ininteligible. Todas las referencias que supuestamente respaldan un habla extraña u oscura tienen que ver en realidad con lenguaje humano, aunque las palabras puedan ser obsoletas o bien ser usadas poéticamente.

En el judaísmo precristiano

Algunos han contendido que la palabra *glossa* es un término técnico para designar el habla extática ininteligible originada en círculos o sectas del judaísmo con anterioridad a los tiempos del Nuevo Testamento.[19] Uno de los ejemplos que comúnmente se citan como evidencia es *El Testamento de Job*. Behm designa esto como un ejemplo de referencia a la «lengua de los ángeles».[20] Harrisville se refiere al uso poético de *glossa* y al uso técnico de *glossa lalein*, «hablar en lenguas». Luego declara que este uso poético queda más destacadamente ilustrado en el *Testamento de Job* 48:2, 3*a*; 49:2; 50:1*a*, 2; 51:4 y 52:7.[21] Sin embargo, a pesar de todas estas declaraciones imperiosas, ¡la palabra *glossa* no aparece en los ejemplos citados! Aunque no se usa *glossa*, sí aparece el verbo *apophtheggomai*, un compuesto del verbo *phtheggomai*, que, como hemos observado antes, se usaba en la religión pagana griega para denotar habla extática.[22] *El Testamento de Job*, lejos de dar evidencia del uso de *glossa* para describir un habla extática ininteligible, no usa *glossa* para tal tipo de habla. Sí que da evidencia, sin embargo, de que normalmente se empleaba otro término, el verbo *phtheggomai*, para describir esta clase de habla. Otros ejemplos que se citan como evidencia de glosolalia en el judaísmo precristiano no son en realidad evidencia en absoluto de tal forma de hablar.[23]

Algunos eruditos intentan derivar el significado «habla extática» de la palabra *glossa* por hacer referencia a Filón. Como ejemplos de fenómenos paralelos en la historia religiosa, Behm cita varias referencias de Filón.[24] Harrisville añade varias referencias.[25] Sin embargo, hay dos problemas fundamentales en estos paralelos. Ninguno de ellos usa la palabra *glossa* en el sentido de habla de ninguna clase, y ninguno de ellos parece referirse a incidentes de habla ininteligible. No dan evidencia alguna de que *glossa* se use para designar un habla extática ininteligible.[26]

Las referencias a Filón pueden ser eliminadas como evidencia de glosolalia o como que denotan el uso de *glossa* como habla ininteligible. Su uso como evidencia sólo revela un desesperado intento de respaldar la opinión preconcebida de que *glossa* se refiere a habla extática ininteligible en 1 Corintios 14.

En la literatura secular de los tiempos del Nuevo Testamento

La obra de Moulton y Milligan, *Vocabulary of the Greek Testament*, es una autoridad reconocida que da una lista de ejemplos del uso del griego secular durante la época del Nuevo Testamento. Los papiros y otras evidencias de transacciones diarias respaldan el hecho de que en aquel tiempo *glossa* significaba el lenguaje humano normal, peculiaridades locales del habla, o la lengua como órgano físico.[27] No hay indicación de que *glossa* se refiera a habla extática ininteligible. Debido a que «peculiaridades locales» se refiere al lenguaje normal, la evidencia respalda los dos significados básicos para *glossa* de conformidad con los hallazgos basados en el griego clásico. No parece haber ninguna base en el griego secular, hasta e incluido el período del Nuevo Testamento, para llegar a la conclusión de que *glossa* se usaba para designar un habla extática ininteligible.

En la Septuaginta

El Antiguo Testamento griego, la Septuaginta, fue traducido del hebreo por judíos de Alejandría. Esto revela cómo usaron la lengua griega al referirse a temas religiosos o bíblicos y da el trasfondo para el «griego religioso» con el que estaban familiarizados los escritores del Nuevo Testamento. Un estudio de *glossa* en los libros canónicos del Antiguo Testamento revela que esta palabra se usa de la lengua física, de un objeto con forma de lengua, de habla, de lenguajes humanos, y en ocasiones de una nación en el sentido de una unidad lingüística.[28] *Glossa* aparece 114 veces en los libros canónicos de la Septuaginta y 41 veces en los libros apócrifos, lo que da un total de 155 ejemplos de su uso. No obstante de este gran número de citas, *glossa* nunca significa habla ininteligible. Siempre se refiere a la lengua misma (incluida una referencia a un objeto con forma de lengua o cuña) o al habla o lenguaje normal y coherente.[29] *Glossa* no se usa en la Septuaginta para significar un pronunciamiento extático, en trance, ni oracular. La evidencia respalda la misma conclusión que hemos alcanzado mediante el estudio de los papiros y de la literatura clásica. *Glossa* significa la lengua física o algún aspecto del lenguaje humano normal. No hay respaldo alguno al uso de *glossa* en un sentido especial para describir un habla extática ininteligible.[30]

En el Antiguo Testamento

Muchos han dicho que en el Antiguo Testamento hay habla extática, y por ello han concluido que es por tanto bíblica. Luego han intentado su enlace con el don de lenguas del Nuevo Testamento. Aunque los ejemplos no usan la palabra *glossa*, parece apropiado considerar esta aseveración. Behm intenta demostrar que esta habla ocurre en el Antiguo Testamento al citar 1 Samuel 10:5ss, 19:20ss, y 1 Reyes 18:29ss como ejemplos de «fervor extático»; 2 Reyes 9:11 como ejemplo de «clamores entrecortados y de habla ininteligible»; Isaías 28:10ss como una referencia al «barboteo extático de palabras oscuras» de parte de Isaías; y Números 11:25ss. como ejemplo de «un frenesí extático; es decir, de gestos y gritos arrebatados».[31] Los ejemplos de Behm son los que se usan comúnmente, y por ello los vamos a examinar.

Primero de Samuel 10:5ss. se refiere al hecho de que Saúl profetizó cuando el Espíritu de Dios vino sobre él. No hay sugerencia alguna de que la profecía fuese ininteligible ni de que se hiciese en medio de un fervor extático. Primero de Samuel 19:20ss. se refiere al profetizar de Samuel cuando el Espíritu de Dios vino sobre él. En 1 Samuel 19:24 se dice que se despojó de sus vestidos y profetizó. La acción de despojarse de sus ropas y de estar echado toda la noche puede implicar un fervor extático, pero no se dice de manera expresa. Este caso es insólito, porque Saúl no era uno de los profetas y en aquel tiempo estaba en oposición a la voluntad de Dios. El caso de 1 Reyes 18:29ss trata de los falsos profetas de Baal y de sus prácticas paganas. Es un ejemplo de práctica pagana, no de una verdadera obra de Dios.

El discurso del profeta en 2 Reyes 9:11 es claramente inteligible, y no hay «clamores entrecortados y habla ininteligible». El contenido se registra en 2 Reyes 9:6-10. Es claro y lúcido. Jehú expresa esto al decir: «Vosotros conocéis al hombre y sus palabras.» No hay sugerencia alguna de ningún estado extático de fervor. Los hombres llamaron «loco» al profeta por el contenido de su discurso, que comprendieron claramente. Isaías 28:10ss no dice nada que implique ninguna clase de habla extática; más bien, se refiere al idioma extranjero de unos futuros invasores de Israel. Números 11:25ss dice sencillamente que «cuando posó sobre ellos el espíritu, profetizaron, y no cesaron». No hay mención de «gestos y gritos arrebatados»; de hecho, no hay indicación alguna de glosolalia o de habla ininteligible. Ninguna de estas referencias demuestra que por parte de los creyentes del Antiguo Testamento se practicase un habla extática ininteligible (glosolalia).

No hay evidencia alguna en el griego secular de los tiempos clásicos o del *koiné*, ni en el judaísmo precristiano, ni en el griego bíblico de la Septuaginta, de que se emplease *glossa* para significar un habla extática ininteligible. Esta habla, aunque común en las religiones paganas, no se describía con el término *glossa*, sino con otros términos como *phtheggomai*, disponibles en la lengua griega. Numerosos eruditos han tratado de explicar el origen de un significado así para *glossa*, pero queda claro que se dan cuenta de que no hay ninguna evidencia firme de que *glossa* se utilizase nunca para significar un habla extática ininteligible. Además, no se puede demostrar que el Espíritu de Dios en el Antiguo Testamento moviese jamás a las personas a un habla ininteligible. Por tanto, no hay ningún trasfondo lingüístico ni veterotestamentario que dé evidencia para interpretar *glossa* en tal sentido.

En el Nuevo Testamento

El Nuevo Testamento usa la palabra *glossa* en el sentido normalmente aceptado de lengua física o de lenguaje humano. *Glossa* aparece 50 veces.[32] Todos los pasajes que usan *glossa* son claros e indiscutidos, excepto los que describen el don de lenguas. De estos pasajes, el más seriamente debatido es 1 Corintios 14. No se ha presentado ninguna prueba procedente de la lengua griega que demuestre que *glossa* se usaba para designar un habla extática ininteligible. Una palabra debe ser interpretada en base de su uso normal excepto si el contexto exige lo contrario. Los pasajes que describen el don de lenguas no pueden ser interpretados como que se refirien a lenguajes distintos de los lenguajes humanos conocidos, a no ser que sea imposible que este significado se ajuste al pasaje y a su contexto. Por cuanto muchos creen que el lenguaje, en el sentido de lenguajes humanos normales, es el mejor significado en estos pasajes, desde luego un significado no respaldado de la palabra *lenguas* como habla extática ininteligible no es el demandado por dichos pasajes. Los pasajes debatidos son Marcos 16:17, Hechos 2:4ss, 10:46, 19:6 y 1 Corintios 12–14.

Hechos 2:4-11. Las lenguas habladas en el día de Pentecostés se refieren a lenguas habladas normalmente, y no se refieren a habla extática ininteligible. Esto se dice de modo expreso en el versículo 6 y en los versículos 8-11.

> Y fueron todos llenos del Espíritu Santo, y comenzaron a hablar en otras lenguas, según el Espíritu les daba que hablasen. Moraban entonces en Jerusalén judíos, varones piadosos, de todas las naciones bajo el cielo. Y hecho este estruendo, se juntó la multitud; y estaban confusos, porque cada uno les oía hablar en su propia lengua. Y estaban atónitos y maravillados, diciendo: Mirad, ¿no son galileos todos estos que hablan? ¿Cómo, pues, les oímos nosotros hablar cada uno en nuestra lengua en la que hemos nacido? Partos, medos, elamitas, y los que habitamos en Mesopotamia, en Judea, en Capadocia, en el Ponto y en Asia, en Frigia y Panfilia, en Egipto y en las regiones de África más allá de Cirene, y romanos aquí residentes, tanto judíos como prosélitos, cretenses y árabes, les oímos hablar en nuestras lenguas las maravillas de Dios (Hch. 2:4-11).

La misma habla es descrita dos veces con la palabra *glossa* y dos veces con el término *dialektos*, que significa el lenguaje de una nación o región.[33] Los oyentes dijeron explícitamente: «Oímos a cada uno hablando en nuestra propia lengua en la que hemos nacido» y «Los oímos hablando en nuestras lenguas». El uso de *dialektos*, «lenguaje», junto con declaraciones como «nuestra propia» y «en la que hemos nacido» excluye toda habla ininteligible. Escribiendo bajo la inspiración del Espíritu, Lucas declara: «Cada uno les oía hablar en su propia lengua [*dialektos*].» Tanto Lucas como los oyentes dijeron que esta habla era en el lenguaje de los muchos peregrinos reunidos en Jerusalén. Lucas destaca que los oyentes procedían «de todas las naciones» (v. 5; véase vv. 9-11) y que se sentían asombrados de que los galileos pudieran hablar así. Hay un énfasis en las diferencias geográficas que es claramente apropiado si el habla es lenguaje. ¿A qué se debía el asombro por el hecho de que aquellos galileos, en contraste con otras personas, pudieran hablar como lo hacían? Los oyentes no se sentirían asombrados de que los galileos hablar de manera ininteligible, pero se sorprendieron al oír a galileos hablando una diversidad de lenguas extranjeras. Nadie se habría sentido asombrado por oír un habla extática ininteligible, que era cosa común en el paganismo. Gundry lo ha expresado bien:

> No podría quedar más claro que Lucas usa aquí *glossa* y *dialektos* de manera sinónima para designar los lenguajes hablados en los países de los que procedían los oyentes, y que los oyentes se asombraron de que unos rústicos judíos galileos pudieran hablar lenguajes extraños para ellos, pero comprensibles para no palestinos.

Hechos 2:4-11 es el único pasaje en toda la Biblia que describe directamente el don de lenguas. Por tanto, este pasaje debería ser determinante acerca de la naturaleza del «hablar en lenguas» por el Espíritu Santo.

Algunos intérpretes han pretendido que el milagro residía en el oír. Con esto se rechaza la declaración inspirada de Lucas de que «comenzaron a hablar en otras lenguas, según el Espíritu les daba que hablasen» (Hch. 2:4). Ésta es una aseveración explícita de que ellos realmente hablaban en otras lenguas. Los oyentes no lo consideraron un milagro de audición. Un milagro de audición exige también una obra milagrosa (menos probable) del Espíritu Santo sobre toda una multitud de espectadores incrédulos, en contraste con un milagro del habla producido en unos pocos creyentes.

Algunos han rechazado la clara declaración, y han dicho que en este pasaje no hay implícita ninguna lengua extranjera.[35] No obstante la claridad del pasaje, algunos han seguido arguyendo que Hechos 2:4-11 implica un habla extática ininteligible. Los argumentos más frecuentes para esta postura son: (1) la acusación de embriaguez no se ajustaría a alguien que hablase lenguas extranjeras; (2) el verbo *laleo*, que significa «pronunciar», se usa de hablar en lenguas en Hechos 2:4ss y a lo largo del Nuevo Testamento, en vez de *lego*, que significa habla racional o lógica. (3) Hechos 2:4 describe las lenguas como «otras», usando la palabra griega *heteros*, que significa «otras» en el sentido de una clase distinta; (4) la palabra *apophtheggomai*, que se usa comúnmente para describir habla extática, se usa en Hechos 2:4 para sugerir habla extática, a menudo ininteligible; y (5) era innecesario hablar lenguas extranjeras, porque los oyentes pudieron entender el discurso de Pedro en arameo.[36] Un argumento adicional mantiene que el habla comenzó antes que llegasen los de fuera. Por ello, ¿para qué hablar lenguas extranjeras cuando no había extranjeros presentes?[37]

Ninguno de esos argumentos resiste el escrutinio. La acusación de embriaguez no demuestra que el habla fuese extática o ininteligible. El pasaje afirma que judíos de varias partes del mundo los oyeron hablar «en nuestra lengua en la que hemos nacido» (2:8). Es inconcebible que un gran número de peregrinos procedentes de muchos y diversos países pensasen todos simultáneamente y de manera equivocada que oían las lenguas de su patria y que luego decidieron que esto era una jerigonza de borrachos. Así, sólo quedan dos posibilidades: o bien los oyentes que reconocieron los lenguajes acusaron a los hablantes de estar borrachos porque oyeron sus propias lenguas (lo que es ilógico), o bien muchos de los oyentes reconocieron las lenguas habladas (como dice el pasaje), pero otros presentes no las reconocieron como lenguas porque desconocían las lenguas específicas que se usaron. Este último grupo hizo la acusación de embriaguez.

La segunda posibilidad no es sólo lógicamente superior sino que se implica en el pasaje. El grupo descrito como «de todas las naciones» es el mismo grupo que dijo que el habla era «en nuestra lengua» (2:8). Se describe en los versículos 9-11 por los países respectivos de los que provenían. Es el mismo grupo que es descrito como «atónitos» (2:12) y que preguntó: «¿Qué quiere decir esto?» (2:12). El versículo 13 dice que «otros» (*heteroi*), otro grupo diferente del acabado de describir, hizo la acusación de embriaguez. Se dice muy claramente que había dos grupos básicos de personas presentes, esto es, los que reconocían las lenguas y otros que creían que los hablantes estaban ebrios. Está claro que este último grupo estaba en un error. ¿Cómo podría el primer grupo confundir la jerigonza de los ebrios con sus propias lenguas? Además, Lucas dice explícitamente que hablaban en lenguajes (*dialektos*, v. 6).[38]

Las declaraciones de los que reconocieron los lenguajes respaldan el concepto de que ellos eran diferentes de aquellos que creían que los hablantes estaban ebrios. Se sintieron sorprendidos de que los galileos estuviesen hablando así (2:7). ¿Por qué se iban a sorprender de que unos galileos se embriagaran? Desde luego, ellos no creían que allí hubiera ninguna embriaguez. ¿Por qué preguntaron «qué quiere decir esto»? Si consideraban a los hablantes como borrachos, no hubieran hecho tal pregunta. ¿Quién iba a preocuparse por el significado de lo que considerase una jerigonza de borrachos? No es difícil comprender por qué aquellos que no reconocían los lenguajes pensaban que un grupo de personas que pronunciaban palabras en lenguas que no conocían pudieran estar ebrios, en particular si no estaba presente ninguno de los aspectos típicos del éxtasis religioso del paganismo. Si el discurso hubiera sido evidentemente un «éxtasis religioso», cosa familiar en el mundo de aquel tiempo, ¿por qué no fue reconocido como tal por todos, en vez de confundirlo con embriaguez como hicieron algunos? La solución, según hemos visto, es clara por el mismo pasaje. Gundry la enuncia de la siguiente manera:

> Los acusadores eran «otros» (*heterois*) distintos de los que habían llegado de países extranjeros. «Todos» los no palestinos se sintieron «atónitos y perplejos» (v. 12). Esto es, los «otros» que acusaron a los discípulos de estar ebrios eran judíos palestinos que no comprendían las lenguas extranjeras habladas. Por consiguiente, tomaron estas lenguas por la jerigonza de borrachos. En contraste, los judíos no palestinos, llenos de asombro, reconocieron los lenguajes.[39]

El argumento de que las lenguas son un habla extática ininteligible debido al hecho de que se usa el verbo griego *laleo* en vez de *lego* es igualmente pueril. Esta misma aseveración se emplea a menudo en el intento de demostrar que las lenguas en 1 Corintios 14 son extáticas. Eso no es válido en ninguno de esos pasajes. Gundry expone el argumento y muestra lo erróneo de su naturaleza en una discusión de su uso con referencia a 1 Corintios:

> También se ha mantenido que el uso exclusivo de la raíz *lal-* en referencias a hablar en lenguas favorece «habla extática». El argumento es que por cuanto no se usa ninguna otra raíz para «hablar» en relación con las lenguas, y por cuanto *lal-* puede indicar habla incoherente como sonidos de animales y los sones de los instrumentos de música, que aquí significa un habla no articulada. Pero *lal-* no significaba de ordinario un habla incoherente en los tiempos helenistas. Véanse los léxicos y las concordancias. Además, hay varios hechos que hacen patente que *lal-* no conlleva ninguna idea de incoherencia en esta sección de 1 Corintios. Pablo usa otra palabra, *lego*, para la glosolalia en 14:16 («pues no sabe lo que has dicho [*legeis*]»). Y *lego* no tiene la deseada connotación de incoherencia que se asevera para *lal-*.» Además,

> Pablo usa *laleo* en 14:19 de hablar «con mi entendimiento (*toi noi*)», esto es, de manera comprensible, en contraste con hablar en una lengua sin interpretar. También, *laleo* aparece en 14:29 en relación con profetizar, esto es, con expresar una revelación en el lenguaje comúnmente comprendido: «Asimismo, los profetas hablen (*laleitosan*) dos o tres.» *Laleo* aparece también en la prohibición de que las mujeres hablen en la iglesia, lo cual incluye hacer preguntas —difícilmente se puede decir que se trate de un habla incoherente: «no les es permitido hablar (*lalein*), ... porque es indecoroso que una mujer hable (*lalein*) en la congregación» (14:34s). Por tanto no es el éxtasis, sino probablemente el uso de *laleo* en Isaías 28:2ss (LXX), un texto de prueba del Antiguo Testamento para hablar en lenguas, el que causó el predominio de *lal-* en conexión con esto.[40]

Una sencilla concordancia y un estudio léxico verifica sus declaraciones. Los léxicos griegos normativos no indican que *laleo* se use únicamente, o ni siquiera de manera principal, para designar un son o parloteo ininteligible.[41] El uso de *laleo* en el Nuevo Testamento es fácil de comprobar, y no apoya la idea de que *laleo* implique habla extática. En este mismo pasaje (Hch. 2:6) se usa *laleo* para significar hablar un *dialektos* (lenguaje). *Laleo* se usa aproximadamente 295 veces en el Nuevo Testamento; 60 de esas veces en el libro de Hechos. Excluyendo las 30 ocasiones en que *laleo* se usa de «hablar en lenguas», quedan 265 casos. Ninguno de ellos parece referirse a un habla extática e ininteligible. Aparecen muchos ejemplos, como el claro, lúcido y racional mensaje evangelístico de Pedro a Cornelio (Hch. 10:34-43). El versículo 44 dice: «Mientras aún hablaba (*laleo*) Pedro estas palabras ...» Otros ejemplos parecen igual de claros (p.ej., Hch. 2:31; 17:19; Ro. 3:19; 1 Co. 2:6; He. 2:5). En 1 Corintios 14:3, 29 el verbo *laleo* se usa de profetizar. Todo el peso de aquel capítulo es que la profecía es comprendida por los oyentes. *Laleo* se usa en 1 Corintios 14:6 para referirse a diversas formas de lenguaje comprensible. Además, y como observa Gundry, se usa de hablar «de manera comprensible en contraste con hablar en una lengua no interpretada» (1 Co. 14:19), y en 1 Corintios 14:34 en una prohibición a las mujeres respecto a hablar y a hacer preguntas en la iglesia.[42] En este largo capítulo acerca de el asunto de las lenguas, hay al menos 5 ocasiones en las que se usa *laleo* de un habla que puede ser comprendida en contrate con lenguas (lenguajes) que el oyente no comprende.

El golpe final al argumento basado en *laleo* es el uso de *lego* en 1 Corintios 14:16 para referirse a hablar en lenguas que la congregación no pueda comprender o a la que no pueda responder: «¿Cómo dirá el Amén a tu acción de gracias? pues no sabe lo que has dicho [*lego*].» La aseveración de que *laleo* implica un hablar extático no es cierta.

El argumento de que el uso de «otras» (*heteros*) lenguas en Hechos 2:4 significa otras de una clase diferente es igual de débil que los otros argumentos. Si *heteros* significase siempre y claramente «una clase diferente», esto seguiría sin implicar un habla extática ininteligible. Ello dependería de con qué diferencia en tipo se relacionase. Podría fácilmente significar diferente en el sentido de que este hablar en lenguas era milagroso, un don inmediato del Espíritu, en contraste con el lenguaje normal, aprendido.

Tampoco resiste el examen el argumento de que *heteros* siempre significa «de clase diferente». Las dos palabras griegas traducidas «otro, otros» son generalmente sinónimas.[43] Si se destaca una diferencia en un pasaje determinado, *heteros* puede implicar diferencia de clase en contrastecon «otro de la misma clase» (*allos*). Sin embargo, en muchos casos en los que las palabras aparecen contrastadas, es muy difícil determinar si se implica esta distinción. La diferencia es tan poco clara que de hecho Ramsay arguyó en favor del sentido inverso, de que:

> Cuando las dos palabras son puestas en fuerte contraste entre sí, *heteros* significa «un segundo», «otro de la misma clase», «de nuevo» (esto es, un nuevo rey sucede al trono en el curso de las cosas), mientras que *allos* implica una diferencia de clase.[44]

Moulton y Milligan se refieren a esta opinión de Ramsay y añaden que Ramsay

> ... está de acuerdo con la opinión expresada por el profesor A. W. Mair, que da una larga lista de pasajes de Demóstenes y de otros, en la que muestra que cualquier distinción entre las dos palabras procede de manera natural del hecho de que la una es una palabra positiva o absoluta (*allos*), mientras que la otra es un término comparativo o relativo (*heteros*), y además que, donde esto no es esencial, se usan de manera indistinta.[45]

No se puede mantener ninguna distinción entre *allos* y *heteros* a no ser que ambas palabras sean contrastadas de manera directa en un pasaje determinado, y aun en tal caso la distinción no debería apremiarse de manera excesiva. En Hechos 2:4, la palabra *heteros*, «otras», no se contrasta con *allos*. Por tanto, no se puede esgrimir argumento alguno acerca de la naturaleza de las lenguas en base del empleo de *heteros*; desde luego, ninguno que pueda anular la llana declaración del pasaje de que el habla fue en lenguajes humanos normales. Es evidente que las *heterais* lenguas (2:4) son lo mismo que *hemeterais* (nuestras) lenguas (2:11), y que ambas son lo mismo que *idia* (nuestra propia) *dialektos* (lengua) (2:6, 8). Aun si *heteros* significa de clase diferente, este pasaje deja en claro que las lenguas son nuestros lenguajes, nuestras lenguas. Por tanto, la diferencia de clase no puede denotar «un lenguaje extático ininteligible».

La palabra *apophtheggomai* se emplea a veces para describir el lenguaje extático usado por oráculos paganos; sin embargo, esto no demuestra que las lenguas en Hechos 2:4ss. sean extáticas e ininteligibles. Esta palabra es meramente un compuesto del verbo *phtheggomai*. Ambos verbos (*phtheggomai* y *apophtheggomai*) se usan para describir el habla oracular pagana, tanto la inteligible como la ininteligible.[46] El verbo mismo (*phtheggomai* o *apophtheggomai*) significa «proclamar» o «declarar» y no tiene nada que ver con el contenido o la coherencia de lo que se habla.[47] El *Lexicon* de Liddell y Scott lo definen como «expresar de manera llana la propia opinión».[48] Arndt y Gingrich dicen que «también se refiere a habla extática».[49] Las tres veces que se usa *phtheggomai* en el Nuevo Testamento se refiere a habla inteligible.[50] En este mismo pasaje en Hechos (esto es, 2:14), se describe con el verbo *apophtheggomai* el sermón de Pedro, dado en lenguaje comprensible. Este uso en el mismo pasaje es suficiente para negar el argumento de que *apophtheggomai* en este pasaje significa un habla extática ininteligible. Hechos 26:25, el único otro lugar donde se usa este verbo en el Nuevo Testamento, describe un habla inteligible. Las otras dos ocasiones en que se usa *apophtheggomai* en el Nuevo Testamento aparte de Hechos 2:4 se refieren de manera clara a habla inteligible y no extática. El argumento de que *phtheggomai* implica un habla ininteligible y extática, lo mismo que los otros argumentos, no resiste el análisis.

Es bien probable que los oyentes todos conocieran griego y hebreo; por tanto, no era necesario hablar en lenguas extranjeras para comunicarse con los oyentes. Pero esto no implica que las lenguas fuesen extáticas. Si la meta principal era la comunicación, no sólo sería también innecesario hablar de manera extática, sino que sería imposible comunicarse de tal manera. Smith arguye que no había necesidad de hablar las varias lenguas, y que por ello si las lenguas eran lenguajes, esto constituiría un milagro innecesario. ¿Quién es el que va a determinar qué milagros son necesarios? ¿Qué necesidad hay de hablar de manera extática, o de que Jesús mandase al ciego que se lavase los ojos, o de que Jesús anduviera sobre el agua? Todos los milagros son primariamente necesarios como señales. La capacidad milagrosa de hablar en lenguas es decididamente una señal. El habla incoherente o el barboteo similar a los oráculos paganos no sería una señal. Los lenguajes son una señal mucho más necesaria que un habla ininteligible. Como dice Gundry:

> *Ni en Corinto ni en el Día de Pentecostés se presenta el acto de hablar en lenguas como un quebrantamiento de la barrera de comunicación.* En Corinto, todo el mundo hablaba al menos griego. En Pentecostés, los discípulos y los judíos de la diáspora, así como los prosélitos, podrían haberse comunicado en griego, arameo o hebreo, lenguas que sabemos que se usaban de manera regular en Palestina durante el siglo primero. *El Nuevo Testamento presenta la* glosolalia *de manera principal como un milagro conducente a la convicción, y sólo de manera secundaria como comunicación de un mensaje; porque la comunicación como tal podía hacerse más fácilmente sin «otras lenguas».*[51]

El habla en muchas lenguas extranjeras sirvió como una señal que atrajo a la multitud. Una vez la multitud se hubo congregado, Pedro les predicó en hebreo o griego. La declaración de que «no había extranjeros presentes» mientras tenía lugar el hablar en lenguas es una contradicción a la declaración de Lucas lo mismo que a la declaración de la multitud que dijeron que habían oído este hablar en lenguas.[52]

Todos los argumentos que intentan demostrar que las lenguas del día de Pentecostés eran ininteligibles y extáticas son contrarios a las llanas declaraciones de Lucas de que se trataba de lenguajes. Por tanto, no pueden anular las claras declaraciones del pasaje. Sin embargo, hemos visto que ninguno de esos argumentos es válido como evidencia, por cuanto los hechos no son como los exponen sus proponentes.

Hechos 10:46 dice: «Porque los oían que hablaban en lenguas, y que magnificaban a Dios.» Aunque algunos arguyen que esas lenguas eran extáticas (ininteligibles), no hay descripción alguna en el versículo que justifique tal postura. Por cuanto no se describen, podemos dar por supuesto que Lucas espera que el lector tenga un conocimiento previo de a qué se refiere. Eso debe ser el hablar en lenguas ya mencionado en Hechos 2:4. Y hay una prueba clara de que ése es el caso, por cuanto Pedro, relatando el incidente de 10:46, dice en Hechos 11:15-17 que «cayó el Espíritu Santo sobre ellos también, como sobre nosotros al principio ... Dios, pues, les concedió también el mismo don que a nosotros». Hay sólo un «principio» similar a este hablar en lenguas en casa de Cornelio: Pentecostés. Cornelio y su casa recibieron el mismo (*isen*) don que Pedro y los otros en el día de Pentecostés. Pedro dice de manera específica que las lenguas en Hechos 10:46 son las mismas que las del día de Pentecostés (2:6-11). Por ello, en ambos pasajes se trata de lenguajes, y en ambos son designadas como un don (11:17).

Hechos 19:6 no da una descripción de las lenguas a las que se refiere. El procedimiento interpretativo normal consideraría esas lenguas como las mismas que las de los pasajes anteriores en Hechos, es decir, como lenguaje.

Marcos 16:17, 18 dice: «Y estas señales seguirán a los que creen: En mi nombre echarán fuera demonios; hablarán nuevas lenguas.» Una vez más, en este pasaje no se hace una descripción de las lenguas. Toda la lista que se da se refiere a capacidades milagrosas como las exhibidas por los apóstoles; por tanto, se puede suponer con seguridad que las lenguas a que se hace referencia son el don milagroso de lenguas mencionado en el Nuevo Testamento. Se dice que son parte de un grupo de dones milagrosos clasificados como «señales» (*semeion*). La única descripción es el adjetivo *kainos*, «nuevas». Algunos argumentan que el uso de *kainos* en lugar de *neos*, otro término griego que significa «nuevo», implica un lenguaje extático ininteligible, por cuanto *kainos* significa nuevo en el sentido de diferencia cualitativa.[53] Dos simples hechos son suficientes para contestar a este argumento. Primero, un estudio de palabras muestra que *kainos* no necesariamente implica «nuevo cualitativamente» ni «extraño».[54] Segundo, la idea de «nuevas cualitativamente» o «extrañas» bien podría significar «milagrosamente inspiradas por el Espíritu». Un don así no era sólo cualitativamente diferente, sino que nunca se había oído hablar de tal cosa (extraña). Una capacidad milagrosa (esto es, proviniente del Espíritu de Dios) para hablar una lengua extranjera previamente desconocida podría ser fácilmente descrita como «nunca oída antes», «acabada de aparecer», «desconocida», «extraña», «insólita» o «cualitativamente nueva». El uso de *kainos* no demanda en modo alguno, y ni siquiera implica, un habla extática en contraste a lenguajes.

Primera Corintios 12–14. Este pasaje es la sección más larga de la Biblia acerca del asunto de hablar en lenguas. No obstante su longitud, este pasaje no explica de manera clara lo que son las lenguas. Muchos, no obstante, han tratado de derivar la definición del don de lenguas de este pasaje en solitario. Algunos han llegado a la conclusión de que las lenguas en Primera Corintios son habla extática y luego introducen esta definición en Hechos 2:4-11.[55]

Un punto de vista más común es contemplar las lenguas en 1 Corintios 12–14 como un habla extática y Hechos 2:4-11 como una clase diferente de lenguas, esto es, idiomas extranjeros.[56] Aunque la opinión de que en Hechos 2:4-11 y 1 Corintios se hace referencia a diferentes lenguas también la mantienen algunos no carismáticos, es normativa entre los pentecostales, como dice Nichol:

> Es necesario comprender el hecho de que ellos hacen una acusada distinción entre las manifestaciones extáticas de Hechos y el fenómeno de las lenguas al que Pablo se refiere en 1 Corintios 12–14. Al referirse a lo primero, emplean el término «evidencia» o «señal»; al referirse a lo último, se usa el término «don».[57]

Numerosos autores carismáticos declaran que esta es la opinión pentecostal común.[58]

Aparentemente, el Nuevo Testamento presenta sólo una clase de lenguas. Sin embargo, será necesario estudiar 1 Corintios 12–14 a fin de determinar qué clase de lenguas se denotan en este pasaje antes de seguir estudiando esta pretendida diferencia entre las lenguas de Pentecostés y las de Corintios. En 1 Corintios 12:3, el apóstol Pablo dice: «Nadie que hable por el Espíritu de Dios llama anatema a Jesús; y nadie puede llamar a Jesús Señor, sino por el Espíritu Santo.»

Una prueba de validez, según este versículo, es lo que dice el hablante. Pablo implica que el habla es comprensible; no se da lugar a un habla ininteligible. Es evidente por el contexto y por otras declaraciones en este pasaje que este versículo no se refiere a meras declaraciones hechas por ningún cristiano en ningún tiempo, sino que se refiere a los que hablan bajo la influencia directa del Espíritu Santo (profetizando y hablando en lenguas).[59] Así se dice en el versículo («por el Espíritu»). El contexto inmediato se refiere a los dones del Espíritu (véase 12:4). En 14:2 y 14:16 se usa la misma expresión, *en pneumati* o *pneumati* (por el Espíritu), para referirse a «hablar en lenguas». Primera Corintios 12:3 hace referencia a la expresión inteligible de la persona mientras está hablando «por el Espíritu» como prueba del espíritu que impulsa a hablar, más que a una declaración de las creencias que la persona pueda exponer en cualquier momento. Como dice Beare, «la prueba reside en el contenido inteligible del pronunciamiento».[60] Este versículo implica que las lenguas son inteligibles y se ajusta bien con esta perspectiva.

Primera Corintios 13:1-3 dice:

> Si yo hablase lenguas humanas y angélicas, y no tengo amor, vengo a ser como metal que resuena, o címbalo que retiñe. Y si tuviese profecía, y entendiese todos los misterios y toda ciencia, y si tuviese toda la fe, de tal manera que trasladase los montes, y no tengo amor, nada soy. Y si repartiese todos mis bienes para dar de comer a los pobres, y si entregase mi cuerpo para ser quemado, y no tengo amor, de nada me sirve.

Muchos están de acuerdo en que el don de lenguas se refiere a una capacidad sobrenatural para hablar lenguas, pero sobre la base de la frase «lenguas humanas y angélicas» (13:1) dicen que el don es la capacidad de hablar lenguas «angélicas» o «celestiales»; por tanto, es un lenguaje extático y por ello mismo inteligible. Esto elimina toda posibilidad de verificar este pronunciamiento con lenguaje. No hay ningún otro pasaje en la Biblia que se refiera a «lenguas angélicas» ni a hombres que hablan un lenguaje celestial. Se debe examinar 1 Corintios 13:1 para decidir acerca de la validez de la opinión de que las «lenguas» son lenguajes angélicos.

Pablo no dice que él ni ninguna otra persona hable o haya jamás hablado en un lenguaje celestial. Dice él: «Si yo hablase lenguas humanas y angélicas.» Ésta es la primera de una serie de tres declaraciones paralelas (vv. 1-3), cada una de las cuales comienza con un «si» condicional (*Ean*, «si», v. 1; *kai ean*, «y si», v. 2; *kan*, «y si», v. 3). El «si» condicional presenta

> la mera posibilidad objetiva relacionada con el futuro. «Si yo fuera a hablar con las lenguas de hombres y de ángeles», no «aunque yo hable» (AV)....» «Suponiendo que yo tuviera todas las capacidades de expresión terrenal y celestial.»[61]

Cada una de las declaraciones paralelas comienza con un «si» condicional y termina con la expresión «y no tengo amor ...». Cada una de ellas es una hipérbole o exageración referida a un don o cualidad espiritual y luego a un ejemplo extremo o teórico de su aplicación. Por tanto, la declaración señala que no sólo el ejercicio normal del don aparte del amor deja sin provecho al que lo ejerce, sino que aunque se usase hasta la exageración o el extremo (teórico), seguiría siendo sin provecho.

Este argumento queda bien claro en el segundo ejemplo (13:2). La primera parte de la declaración, «Si tuviese profecía», se refiere a algo que Pablo y otros realmente tenían. Sin embargo, la segunda parte, «y entendiese todos los misterios y toda ciencia», se refiere a aquello que nadie ejercita ni ejercitará. En este mismo pasaje (13:9) Pablo dice que en esta vida tenemos sólo una profecía parcial y un conocimiento parcial. Nadie conoce todos los misterios ni todo el conocimiento. Esta segunda parte de la hipérbola continúa con la declaración de «si tuviese toda la fe, de tal manera que trasladase los montes». Éste es también un extremo teórico que nadie posee ni ejercita. El don de la profecía es el fundamental; «entender todos los misterios y toda ciencia» y «tener toda la fe» son los extremos hipotéticos e inalcanzables o hipérboles que Pablo usa para comunicar su argumento de que aun unos casos tan exagerados no aprovecharían de nada aparte del amor. El don básico aparece en primer lugar; luego los extremos se conectan con el «y». Pablo, en efecto, viene a decir: «Si tengo profecía y aun si pudiese ir hasta el final al extremo de conocer todos los misterios y conocimiento, y tener toda la fe para mover los montes, y no tengo fe, no soy nada.»

El tercer ejemplo (13:3) funciona del mismo modo, con lo que se da apoyo a esta interpretación. Pablo dice: «Si repartiese todos mis bienes para dar de comer a los pobres [puede que Pablo hubiera hecho esto; véase Fil. 3:8], y si entregase mi cuerpo para ser quemado [Pablo no había realmente hecho esto], y no tengo amor ...». Aunque no es imposible hacerlo, Pablo no había dado el más extremo de esos ejemplos (entregar su cuerpo para que fuese quemado). La primera acción es probable; la segunda está conectada a la primera con el «y»; se trata de una acción extrema, aun si es una posibilidad.[63]

Esta misma estructura funciona en el primer ejemplo de Pablo: «Si yo hablase lenguas humanas y angélicas» (1 Co. 13:1). «Lenguas humanas» se refiere al don o cualidad fundamental. Conectado con esto mediante un «y», la expresión «lenguas angélicas» se refiere a la exageración o al extremo hipotético que es imposible hacer, o que al menos Pablo no había hecho. Pablo dice: «Si ejercito el don de lenguas y, de hecho, pudiera llegar al extremo de hablar el lenguaje de los ángeles, no significa nada (es mero ruido) aparte del amor.»

Cada uno de esos tres ejemplos presenta una estructura y un

pensamiento paralelos. El segundo está bien claro. El hecho de que los tres se ajustan a la misma pauta constituye una clara evidencia de que son todos ellos ejemplos de hipérbole. Hodges dice:

> Si se apela a la expresión «lenguas humanas y angélicas» (1 Co. 13:1), será suficiente con observar que los primeros tres versículos del capítulo tienen un carácter hiperbólico pronunciado. Aunque es indudable que los ángeles tienen lenguajes propios, el apóstol no implica que él espera que los lectores los empleen, como tampoco espera que den sus cuerpos para ser quemados (v. 3).[64]

Gundry añade:

> De hecho, Pablo no pretende poseer todo el conocimiento profético y toda ciencia, ni tener toda fe, ni haber dado todas sus posesiones ni haber entregado su cuerpo para ser quemado (¡es evidente que no, porque está escribiendo una carta!). Se trata de supuestos que son sólo parcialmente ciertos en la experiencia de Pablo. Por lo mismo, aunque Pablo afirma hablar en lenguas, no es necesario inferir que afirma hablar en las lenguas de ángeles.[65]

En vez de una prueba de que Pablo hablaba en lenguajes «angélicos» o «celestiales», este pasaje es evidencia de que las lenguas que él hablaba eran «lenguas humanas».

Una capacidad normal políglota o de hablar la propia lengua no sería una base para los paralelos con las cualidades proféticas implícitas en la profecía, la fe y el dar. Tampoco el uso cotidiano y normal de la lengua daría una base para la conclusión de que «si ... no tengo amor, vengo a ser como metal que resuena». Las «lenguas humanas» son necesariamente una referencia a un don espiritual. Si alguien insiste en las «lenguas angélicas» como parte del don de lenguas, el don necesariamente ha de incluir las «lenguas humanas» (lenguas extranjeras) como el don básico.

Hay una implicación adicional en este mismo capítulo de que el don de lenguas no es la capacidad de hablar en lenguas angélicas o «celestiales». Primera Corintios 13:8 dice que en cierto tiempo las lenguas cesarán. Se han presentado diversas opiniones acerca del tiempo de tal cese, incluyendo la finalización del canon, el arrebatamiento, la segunda venida, y el estado eterno. Sin embargo, no hay razón de que vayan a cesar las lenguas angélicas o celestiales. Este lenguaje proseguiría durante la eternidad.

No parece haber necesidad de más de un lenguaje en el cielo; como mucho habría unos pocos, nada más. Sería irrazonable suponer que los ángeles tengan diferentes nacionalidades o demarcaciones territoriales de modo que hablen muchos idiomas diferentes. Todos los que pretenden hablar en lengua de ángeles deberían hablar la misma lengua, o como mucho unos pocos lenguajes angélicos. Los estudios lingüísticos de la glosolalia no sustentan esto.

No hay un propósito evidente para un don de lenguas que consista en lenguas «angélicas». Los numerosos ejemplos en la Biblia muestran que los ángeles pueden comunicarse con los hombres en lenguaje humano. Dios nos comprende en nuestro propio idioma. El lenguaje angélico no es necesario para dirigirse a Dios. No hay ejemplo alguno en la Biblia de lenguas angélicas usadas en oración o para la propia edificación. Un don así no serviría de ayuda a los hombres para comunicarse con Dios o con ángeles. Sería inútil para comunicarse con hombres. Es improbable que Dios fuera a dar un don de hablar «lenguaje angélico» que, cuando se interprete, como mucho no podría comunicar ni aprovechar más que una comunicación directa en la propia lengua del oyente.

En resumen, es dudoso que el don de lenguas sea de «lenguas angélicas», por cuanto la única declaración que hace referencia a tal lenguaje (1 Co. 13:1) es una mera hipérbole, y no hay ninguna otra indicacion en la Biblia de nadie que hable en lenguaje angélico. Las lenguas cesan, según 1 Corintios 13:8, pero no hay razón alguna de que las lenguas angélicas vayan a cesar. No hay ningún motivo discernible para un don espiritual de hablar «lenguas angélicas». No hay razón alguna para más que un «lenguaje angélico», si siquiera hay uno que sea necesario. El plural «ángeles» (1 Corintios 13:1, donde la traducción literal es «de ángeles») no demanda una pluralidad de lenguas de ángeles. Sí que es cierto en base de este pasaje que el don de lenguas incluye la capacidad de hablar las varias «lenguas de hombres».

Primera Corintios 14. Muchos no carismáticos, lo mismo que carismáticos, creen que 1 Corintios 14:1-40 se refiere de manera evidente a habla extática e ininteligible cuando se refiere a hablar en lenguas.[66] Observemos que el don de lenguas no se define, ni siquiera se describe de manera directa, en 1 Corintios 12–14. De modo que los argumentos en favor del habla extática se basan solamente en implicaciones derivadas del capítulo 14. Pero las implicaciones no son suficientes para dejar a un lado los hechos que hemos observado.

Un procedimiento exegético sano interpretará *glossa*, «lengua», allí donde se refiere en 1 Corintios al don espiritual, como un lenguaje humano normal. Éste es un uso válido del término, concuerda con el único pasaje que describe el don, y no hay evidencia de que «lengua» se use jamás para referirse a un habla extática e ininteligible. Para desechar la realidad de que en este pasaje la referencia es a lenguajes, se debe demostrar de manera irrefutable que el sentido de lenguaje no puede ajustar en el pasaje. Esto, no obstante, es imposible. Se puede demostrar que el sentido de lenguaje se ajusta muy bien al pasaje. No hay argumentos concluyentes contra la interpretación de las lenguas en 1 Corintios como lenguajes. De hecho, muchos han pensado que esta es la mejor interpretación del pasaje. Hoekema cita a dos bien conocidos escritores pentecostales que también creen que 1 Corintios 14 se refiere a lenguas extranjeras genuinas.[67] Esta ha sido una de las interpretaciones comunes de este pasaje a lo largo de la historia de la iglesia.

A fin de comprender este pasaje (1 Co. 14), es necesario entender la situación a la que se hacía frente. Uno de los puntos más importantes que tener en perspectiva es que Pablo está tratando acerca del uso de la profecía y de las lenguas en la asamblea. No se trata de una discusión acerca del uso privado o misceláneo de esos dones. Todo el contexto se refiere a una situación en la iglesia en la que hay otros presentes, y en la que puede haber o no un intérprete en el grupo, donde otros pueden cantar o hablar (u orar o decir «amén»), donde más de uno puede hablar (por lo que se deben establecer normas para hablar), y donde el incrédulo y el «simple oyente» pueden asistir. Pablo usa también expresiones específicas para indicar que esto trata acerca de la asamblea, como «edifica a la iglesia [asamblea]» (v. 4), «para que la iglesia [asamblea] reciba edificación» (v. 5), «para edificación de la iglesia [asamblea]» (v. 12), «en la iglesia [asamblea]» (v. 19), «Si, pues, toda la iglesia [asamblea] se reúne en un solo lugar» (v. 23), «calle en la iglesia [asamblea]» (v. 28), «como en todas las iglesias [asambleas]» (v. 33), «vuestras mujeres callen en las congregaciones [asambleas]» (v. 34), y «pregunten en casa a sus maridos; porque es indecoroso que una mujer hable en la congregación [asamblea]» (v. 35). Hay también otras expresiones que ponen en claro que Pablo se refiere al hablar en lenguas en la asamblea eclesial.

El concepto básico del capítulo 14 es que la iglesia debe ser edificada. Por ello mismo, en la asamblea es superior la profecía, que los oyentes pueden comprender, a las lenguas, que los oyentes no comprenden. El énfasis no recae sobre la naturaleza ininteligible de lo que se pronuncia, sino en la falta de entendimiento de los oyentes (a no ser que la lengua sea traducida). Esta falta de entendimiento, naturalmente, será cierta tanto si se trata de un habla extática como si es un idioma extranjero no conocido por el oyente. Pablo no habla sólo con referencia a la asamblea, sino que Gundry observa otras dos presuposiciones que se deben recordar.

> La discusión de Pablo discurre sobre dos presuposiciones. La primera es que la lengua es incomprensible no debido a que sea un lenguaje extático, sino debido a que (y cuando) ni el hablante ni nadie más en la congregación posee el don de interpretación. Es esta presuposición la que lleva a Pablo a exhortar al glosolalista a orar para que se le conceda el poder de interpretar, a fin de que pueda ejercitar para edificación el don de lenguas en las reuniones públicas (v. 13). Es además esta presuposición la que lleva a Pablo a prohibir hablar en lenguas cuando no hay nadie presente en la asamblea con el don de interpretación (v. 28). Lo que hace la lengua ininteligible es la ausencia de un intérprete, no la naturaleza extática de la lengua.
>
> La otra presuposición subyacente a las palabras de Pablo acerca de la condición ininteligible de las lenguas es que en una reunión ordinaria de iglesia en Corintio no iba a haber cantidades de personas con diversos trasfondos lingüísticos como en el caso que describe Lucas en Jerusalén en el día de Pentecostés.[68]

Para resumir, Pablo discurre acerca del uso de las lenguas en la reunión de asamblea. Los lenguajes no son comprendidos porque no hay intérprete presente, y la congregación en conjunto no conoce los lenguajes hablados. El desconocimiento del habla de la otra persona no significa que el habla sea ininteligible por ser extática. Nadie puede comprender una lengua extranjera que no ha aprendido.

En cada versículo que se refiere a la incapacidad de los oyentes para comprender, puede caber bien un idioma extranjero desconocido, bien un habla extática. Sin embargo, debido a la evidencia del estudio de la palabra *glossa*, si cualquiera de ambos sentidos es posible, entonces la preferencia debe ir al sentido de «idioma». Hay otros factores que sustentan este punto de vista. El versículo 22 se refiere de manera específica a lenguas extranjeras y no a habla extática. Primera Corintios 14:21-23 dice:

> En la ley está escrito: En otras lenguas y con otros labios hablaré a este pueblo; y ni aun así me oirán, dice el Señor. Así que las lenguas son por señal, no a los creyentes, sino a los incrédulos; pero la profecía, no a los incrédulos, sino a los creyentes. Si, pues, toda la iglesia se reúne en un solo lugar, y todos hablan en lenguas ...

La cita del versículo 21 es de Isaías 28:11. Este pasaje es una profecía de destrucción sobre Israel. El hebreo se refiere a hombres con «lengua de tartamudos, y en lengua extraña».[69] La palabra traducida «tartamudos» (heb., *la'ag*) significa «ridículo», «burla» o «tartamudo (de lenguaje bárbaro)».[70] El contexto se refiere al juicio de Dios sobre Israel por medio de una nación que habla un lenguaje extraño para sus oídos. Esta profecía aparentemente se refería a los asirios, que hablaban un lenguaje extraño para los israelitas, y que más adelante invadieron Israel.[71]

La palabra griega *hoste*, «Así que», comienza 1 Corintios 14:22 y la conecta con la declaración en el versículo 21. Cuando *hoste* aparece en una cláusula independiente, como aquí, introduce una conclusión basada en la declaración precedente. Por cuanto el versículo 21 es una cita (Is. 28:11) tocante a una lengua extranjera, la conclusión del versículo 22 debe también referirse al lenguaje. Pablo no basaría una conclusión directa acerca de un habla extática sobre un pasaje que se refiere a lenguajes normales. Las lenguas en el versículo 22 han de ser de la misma naturaleza que las de Isaías 28:11, o la conclusión no se correspondería. El versículo 23 se conecta también con el precedente mediante el «si, pues» (*ean oun*), lo que muestra que las lenguas a las que se hace referencia en el versículo 23 son de la misma naturaleza que en los versículos 21 y 22, lenguas extranjeras. El versículo 23, sin embargo, hace referencia clara a hablar en lenguas y a la asamblea en Corinto, es decir, a las mismas lenguas tratadas a lo largo de todo el capítulo. Por ello, los tres versículos se refieren a las lenguas habladas en Corinto y a lenguas extranjeras como la misma cosa.

El versículo 22 concluye también que las lenguas están dispuestas como señal (*semeion*) para incrédulos. Las lenguas habladas en el día de Pentecostés (Hch. 2:4ss) sirvieron también claramente como señal a incrédulos. Pero esas lenguas (Hch. 2:4-11) son descritas de manera expresa como idiomas extranjeros. Una capacidad milagrosa para hablar lenguajes previamente desconocidos podría ser una señal para los incrédulos. La capacidad sería evidente para los que oyesen y reconociesen su propio idioma, si al mismo tiempo no podía cometerse un fraude. Pero el habla extática era cosa común, y por tanto no podía funcionar como señal. Aunque los presentes en Pentecostés que no reconocieron los lenguajes pensaron que los hablantes estaban ebrios (Hch. 2:13), los que reconocieron sus propias lenguas se dieron cuenta de que estaba ocurriendo algo totalmente insólito (una señal) e hicieron la pregunta: «¿Qué quiere decir esto?» En la iglesia en Corinto las lenguas se usaban mal. Eran dirigidas a una asamblea local de *creyentes* que no comprendían los idiomas; por ello, eran inútiles si no eran interpretados. Por eso Pablo prohibió su uso sin un intérprete. Usadas de manera apropiada, las lenguas se dirigirían a los que hablaban y comprendían el idioma y de este modo funcionaban como señal milagrosa.[72]

Primera Corintios 14:11 es una evidencia adicional de que las lenguas a que se hace referencia es a idiomas extranjeros. Este versículo dice: «Pero si yo ignoro el valor de las palabras, seré como extranjero para el que habla, y el que habla será como extranjero para mí.» El término «extranjero» es *barbaros*, «extranjero» o «bárbaro», que aunque originalmente tenía el significado básico de «tartamudo», llegó a adoptar el significado de «el que habla una lengua extranjera», y luego, para la mente griega, «alguien no griego».[73] Es difícil ver por qué nadie iba a clasificar de «bárbaro» a un hablante que estuviese en un estado evidente de éxtasis religioso. Observemos que el hablante clasifica al oyente como «bárbaro» o «extranjero», porque el oyente no comprende lo hablado. Uno bien podría esperar que otro comprendiese su lenguaje y que clasificase a aquellos que no lo comprenden de extranjeros o bárbaros. (De hecho, ésa era la actitud de los griegos en aquel tiempo.) Esta manera de pensar es apropiada en relación con el lenguaje. Sin embargo, esta aseveración (v. 11) no sería apropiada para el habla extática. ¿Por qué iba el hablante a considerar al oyente como bárbaro por no comprender un habla extática ininteligible? No podría esperar que nadie comprendiese tal habla. Aunque un habla extática ininteligible no concuerda con este versículo, «idioma» le da un buen sentido.

Ya hemos visto que los dones espirituales están bajo el gobierno de la persona que los ha recibido. Este pasaje afirma de forma expresa que tanto la profecía como las lenguas están gobernadas por el hablante, y por ello mismo no son extáticas. Primera Corintios 14:32-33 dice: «Y los espíritus de los profetas están sujetos a los profetas; pues Dios no es Dios de confusión, sino de paz.» Esto explica que los profetas están al dominio de sus profecías. Sirve de respuesta a la objeción que alguien pueda hacer a las reglas de orden que Pablo acaba de enunciar en los versículos 29-31. Algunos pueden decir que necesitan hablar aunque algún otro esté hablando o aun cuando tres hayan ya hablado. Puede que rehúsen ceder la palabra, como Pablo ordena en el versículo 30. Esas objeciones podrían aparentemente basarse en la idea de que el Espíritu impulsaba al hablante con independencia de la voluntad de éste. Pablo dice que no es así: el profeta está en dominio consciente (v. 32) y puede por tanto seguir las reglas que Pablo ha establecido. La prueba de la declaración de Pablo de que los profetas están al dominio o gobierno se declara en el siguiente versículo (v. 33). La razón estriba en que Dios no es Dios de confusión, sino de paz. El apóstol Pablo evidentemente consideraba el habla descontrolada no como de parte de Dios y como algo que resulta en confusión.

El mismo argumento se aplica a los que hablan en lenguas, por cuanto Pablo ha dado un conjunto similar de reglas a los que hablan en ellas. ¿Cómo puede Pablo mandar a los que hablan en lenguas que se queden callados si no hay intérprete presente, que hablen sólo uno a la vez y no más de tres en total, a no ser que espere que estén en gobierno de su habla? Han de ser capaz de gobernar el don y ello por la misma razón: las lenguas descontroladas son confusión. No hay evidencia de que esta habla se expresara en un estado extático, como en trance.[74] Este esperado dominio del don no excluye un habla ininteligible, pero sí que excluye el llamado éxtasis religioso. Es difícil imaginar un habla extática ininteligible procedente de una persona serena que está al control de sus acciones.

El hecho de que las lenguas no se entiendan es una de las razones básicas de que muchos consideren que las lenguas en 1 Corintios 14 son habla extática. Sin embargo, los idiomas extranjeros desconocidos para el oyente no son comprendidos por este.

A menudo se asevera que la expresión «el que habla en lenguas no habla a los hombres, sino a Dios» (1 Co. 14:2) debe referirse a un habla extática ininteligible.[75] Sin embargo, este versículo no demanda ni un habla ininteligible ni extática. El versículo no dice nada acerca de la naturaleza del habla, sino que se refiere sólo a la dirección de la comunicación. Uno puede dirigirse a Dios en su propio idioma o en un idioma extranjero, tanto bajo influencia sobrenatural del Espíritu o aparte de la misma. La oración normal es orar a Dios, pero no es ni extática ni ininteligible. De modo que la expresión «habla … a Dios» no implica en absoluto un lenguaje extático. Tampoco el uso de la palabra «misterios» en 1 Corintios

14:2 implica un habla ininteligible. Meramente significa «secreto», o, en este contexto, «no comprendido». Es un término común para designar verdades espirituales (Mt. 13:11; Ef. 1:9; 5:32; Col. 2:2; 1 Ti. 3:9) y no implica un habla extática ni ininteligible.[76]

Primera Corintios 14:7-9 puede parecer que admite un habla ininteligible. Pero es una percepción incorrecta. El versículo dice:

> Ciertamente, las cosas inanimadas que producen sonidos, como la flauta o la cítara, si no dieren distinción de voces, ¿cómo se sabrá lo que se toca con la flauta o con la cítara? Y si la trompeta diere un sonido incierto, ¿quién se preparará para la batalla? Así también vosotros, si por la lengua no diereis palabra bien comprensible, ¿cómo se entenderá lo que decís?

Estos versículos sirven de ilustración de la principal tesis de Pablo en la primera mitad del capítulo 14 de que el habla no comprendida no vale de nada. Los términos traducidos «distinción» e «incierto» no implican un habla ininteligible. El énfasis no recae sobre la naturaleza «incierta» de los sones, sino en el fracaso de los dones al no comunicar como se desea. Si el cornetín no da un toque reconocible, nadie sabrá de cierto que debe prepararse para el combate. Esta ilustración del cornetín de órdenes clarifica el sentido. Los sones con distinción de timbre no comunican por sí mismos ningún mensaje. Una serie de notas aleatorias del cornetín de órdenes, por muy claro que sea el timbre del instrumento, no significan nada. El toque de batalla específico de la corneta no sólo ha de ser claro sino que debe ser conocido por los oyentes. Una serie de sonidos claros pero desconocidos no pueden resultar en «saber lo que se toca» ni dar como resultado una preparación para el combate.

El versículo 9 clarifica que el énfasis recae en la comprensión del significado del son al decir: «¿Cómo se entenderá lo que decís?» El término de a esta sección se refiere no a la distinción del sonido, sino a que la lengua necesita ser interpretada (v. 13) a fin de que pueda ser comprendida. Si el énfasis recayese sobre la calidad indistinta del lenguaje en lugar de sobre la comunicación mediante el entendimiento, entonces Pablo estaría excluyendo el habla indistinta debido a su naturaleza inherente, y por ello estaría argumentando en contra del habla extática. Sin embargo, el énfasis recae sobre el entendimiento, no en la calidad inherente del habla; por tanto Pablo concluye que las lenguas pueden ser habladas si se comprenden. Primera Corintios 14:7-9 no demuestra que las lenguas sean un habla extática, pero sí que especifica que un son ha de comunicar significado para poder ser usado en la asamblea.

La implicación de que la mente o entendimiento del hablante no se envuelve mientras habla en lenguas (vv. 14, 19) no se debe a que el habla se produzca en un estado extático, como en trance, sino al hecho de que el hablante no comprende lo que dice. Está claro por todo el contexto, y en particular por el versículo 13, que la solución a la falta de inteligencia es que lo dicho sea interpretado, lo que muestra que cuando se interpreta hay comprensión. La razón de que la mente o entendimiento se queden cortos no se debe al estado del hablante, sino a la incapacidad del hablante de comprender lo que ha dicho.

Primera Corintios 14:23, que declara que los de fuera que acuden a la asamblea de Corinto pensarían que los que hablan en lenguas están locos, no implica un frenesí o un habla extática. La acusación de locura no se deriva del estado del que habla (un frenesí extático), o el deseo evidente de Pablo de evitar esta acusación exigiría el cese de *todo* hablar en lenguas, porque *siempre* parecería que el que habla está loco. Pero Pablo no detiene del todo el uso de las lenguas. Son aceptables cuando se comprenden. Por tanto, el asunto de la locura no está ligada a la naturaleza de las mismas, sino al aspecto de la comprensión.[77] La acusación de locura no puede ir ligada a un pretendido fervor extático en el habla, porque un profeta que habla «en el Espíritu» no es acusado de locura. El versículo 24 dice que los que profetizan no son acusados de locura, sino que más bien dejan convencidos a los oyentes. La única diferencia entre la profecía y la glosolalia es el entendimiento envuelto. Así, ya que los profetas que están también hablando en el Espíritu no están en peligro de tal acusación, la acusación no debe estar relacionada con «hablar en el Espíritu», sino con el fracaso en comprender. Sin embargo, el fracaso en comprender no es el único asunto implícito aquí. Los oráculos paganos hablaban comúnmente sin que los oyentes pudiesen comprender lo que decían. El énfasis aquí recae en el hecho de que toda la iglesia está reunida en un lugar y que «todos» hablan en lenguas (uno a la vez o muchos) que los oyentes no pueden comprender. Esto no sucedía en las prácticas paganas; el habla se restringía a los oráculos. Ver toda una asamblea hablar en lenguas que evidentemente no comprendían, y que por ello parecerían una mera jerigonza, daría una impresión de insania. Un lenguaje no comprendido por los oyentes se ajusta a este pasaje tan bien como un habla extática.

Primera Corintios 14:28 se usa a menudo para argüir en favor de un habla extática. Dice: «Y si no hay intérprete, calle en la iglesia, y hable para sí mismo y para Dios.» Como ya se ha observado en las consideraciones acerca del versículo 2, la expresión «hablar a Dios» no demanda un habla extática, sino que sencillamente hace referencia a la dirección del habla. Los hombres hablan frecuentemente con Dios en el propio idioma de ellos, aparte de todo éxtasis. Este versículo no da evidencia alguna de que haya a la vista ningún habla extática.

Hay ciertas objeciones adicionales que apenas si vale la pena refutar. El uso de la palabra «extraña» (1 Co. 14:4, 13, 27) o «desconocida» (1 Co. 14:14, 19) no implica éxtasis; se trata de adiciones al texto español con la esperanza de clarificar las lenguas como desconocidas para los que las hablan. El uso de la expresión hablar «en el Espíritu» no implica éxtasis, porque hay muchas actividades en el Espíritu como profetizar, enseñar y orar que no son extáticas. ¿Por qué vamos a dar por supuesto que sólo el habla extática es en el Espíritu, y que la capacidad milagrosa de hablar lenguas extranjeras no podría ser en el Espíritu?

La necesidad de reglas para un procedimiento ordenado que gobierne a los que hablan y la declaración de «hágase todo decentemente y con orden» (1 Co. 14:40) no implica que el problema fuera indecencia y desorden debido al habla extática; más bien, se dirigen a prácticas como hablar aun sin ser comprendidos, a que varios hablen a la vez, a rehusar que otros hablen, y a que las mujeres hablaran. Observemos que las reglas para un procedimiento ordenado se aplican también a profetas y a mujeres lo mismo que a los que hablasen en lenguas, aunque no hablaran de manera ininteligible. Del mismo modo, la palabra «interpretar» no implica que se diese un habla extática, porque es la palabra común para traducir.[78] La utilización de un traductor no implica un habla extática con preferencia a un idioma.[79] Lo uno y lo otro necesitarían interpretación o traducción para poder ser de beneficio a los oyentes que no comprendiesen. Cuando los oyentes los comprendían, como sucedió en el día de Pentecostés, no se precisaba de ningún intérprete: en el día de Pentecostés los oyentes comprendían lo que se decía. Sin embargo, si el lenguaje fuese extático nadie hubiera comprendido, y se habría precisado de un intérprete incluso en aquella ocasión. Según 1 Corintios 14, el intérprete era sólo necesario cuando los oyentes no comprendían.[80]

Hay versículos en 1 Corintios 14 donde un idioma extranjero se ajusta al sentido, pero no un habla extática ininteligible (p.ej., v. 22). Sin embargo, no se puede decir lo mismo del caso contrario. Un lenguaje extranjero que el oyente no comprende no es diferente, para él, de un habla ininteligible. Por ello, en cualquier pasaje en el que se pueda considerar posible el habla extática, también es posible considerar que se trata de un idioma con el que los oyentes no están familiarizados. En este pasaje no hay razón alguna, y mucho menos las poderosas razones que serían necesarias, para apartarse del sentido normal de *glossa* y refugiarse en un uso totalmente carente de apoyos.

Segunda Corintios 5:13. Aunque 2 Corintios 5:13 no es uno de los pasajes en los que se trate acerca de los dones espirituales, algunos han interpretado la frase «si estamos locos», que es la palabra griega *existemi*, como referencia a hablar en lenguas o ver visiones.[81] El pasaje dice: «Porque si estamos locos, es para Dios; y si somos cuerdos, es para vosotros.» La palabra *existemi* significa «estar confundido», «perder la razón» o «estar atónito».[82] Excluyendo 2 Corintios 5:13, este verbo aparece dieciséis veces en el Nuevo Testamento. Significa «estar asombrado o atónito» en quince de esos casos y tiene la connotación de estar «fuera de sí» o «loco» en Marcos 3:21. Es improbable que Pablo se esté refiriendo en 2 Corintios 5:13 a una experiencia personal. Este versículo ha de ser considerado en su contexto.

Los antagonistas de Pablo en Corinto le habían acusado de muchas cosas. Por ejemplo, le habían acusado de ser «bajo» o «cobarde» (2 Co. 10:1; véase también 10:10). Pablo no está en realidad diciendo que estuviera fuera de sí ni extático como tampoco admite ser «cobarde» y «menospreciable» (2 Co. 10:1, 10). Él usa el argumento de sus opositores de que estaba loco como parte de su argumento contra ellos. Aun si 2 Corintios 5:13 fuese una referencia a una experiencia real en la vida de Pablo, no habría certidumbre de que se refiriese a hablar en lenguas o a éxtasis. Hughes menciona las opiniones de que esto se refiere a la conversión de Pablo en el camino de Damasco, o a 2 Corintios 12:1ss, donde Pablo refiere que había sido arrebatado «al tercer cielo». Prefiere considerarlo como una acusación de manía religiosa; es decir, Pablo fue a extremos en dificultades y peligros como un fanático religioso.[83] Su cita de Plummer parece aplicable:

> Todo lo cierto es que *exestemen* se refiere a una condición excepcional, y *sophronoumen* a la ordinaria, y que esas dos cubren la totalidad de su conducta, que por ello mismo nunca busca su propio beneficio.[84]

No hay razones de suponer que 2 Corintios 5:13 se refiera a experiencias extáticas personales de Pablo.[85] El contexto del pasaje constituye un argumento contra tal conclusión. Pablo se está refiriendo a acusaciones hechas por sus enemigos, que decían: «Está loco.» En todo caso, no hay base sobre la que identificar esta expresión con el don de lenguas. Si se refiere a una verdadera experiencia en la vida de Pablo, puede haber sido una de entre un número de posibilidades. La totalidad de la evidencia de que las lenguas no son extáticas también milita en contra de ver esto como una referencia a tales lenguas extáticas.

La pretendida diferencia entre la señal y el don

Muchas obras eruditas, a menudo consideradas como autorizadas o calificadas, establecen una distinción entre las lenguas en Hechos y las de Corintios.[86] Entre los eruditos no carismáticos que distinguen entre las lenguas en Hechos y Corintios, la postura más común es que Hechos 2:4-11 se refiere a hablar en lenguas mientras que 1 Corintios se refiere a habla extática. Esto permite la aceptación de las obvias declaraciones de Hechos 2:4-11 y al mismo tiempo consiente la postura extática acerca de las lenguas. El principal sustento para tal diferencia entre las lenguas en Pentecostés y las descritas en la carta a los corintios es la aseveración de que las lenguas en Corintios son evidentemente extáticas. Sin embargo, se ha hecho evidente que «idiomas extranjeros no comprendidos por el oyente» es un sentido aceptable en cada caso para *glossa*, y que hay varios versículos donde *sólo* este significado es apropiado. La evidencia de 1 Corintios muestra que las lenguas a las que se hace referencia son idiomas. Carece de base cualquier distinción entre las lenguas en Hechos 2 y 1 Corintios 14 que se base en la opinión de que las lenguas en 1 Corintios son extáticas.

Otros argumentos que se presentan para distinguir entre las lenguas en Hechos y 1 Corintios se deben generalmente a que no se comprende la situación descrita en 1 Corintios 14. Un argumento es que Pablo ataca las lenguas en 1 Corintios en contraste con la descripción que se da en Hechos 2:4ss.[87] Sin embargo, Pablo no dice nada que vaya en detrimento del uso *apropiado* de las lenguas. Más bien, restringe el uso de las lenguas y ataca el *mal uso* de las mismas en la asamblea, uso para el que las lenguas no fueron dispuestas. En Pentecostés, las lenguas se usaron conforme al propósito para el que habían sido dadas, como señal para los incrédulos. La misma respuesta se aplica a la objeción de que en 1 Corintios Pablo sólo admite a dos o tres hablantes mientras que en

Pentecostés hablaron muchos, y que, por ello, debe tratarse de cosas diferentes. Una diferencia en el número de hablantes o en la situación geográfica no tiene realmente nada que ver acerca de la naturaleza del don. Las lenguas no quedaron restringidas a dos o tres hablantes en Pentecostés porque fueron usadas para el propósito para el que habían sido dadas, como señal a los incrédulos. En Corinto fueron restringidas a unos pocos que hablasen cuando se hablaban en asamblea.

Algunos han argüido que en Corinto era necesario un intérprete, mientras que en Pentecostés no se precisó de intérprete alguno, y que por ello mismo las lenguas debían ser diferentes. Pero en Pentecostés no se necesitó de ningún intérprete porque, como el pasaje lo dice de manera expresa, había allí hombres de muchas naciones, que podían comprender sus propios idiomas sin necesidad de traducción. En la asamblea en Corinto sucedía lo contrario. La iglesia, con unas pocas excepciones posibles, habría estado constituida por la gente local, y por ello no habrían hablado lenguas extranjeras. Necesitarían que los idiomas extranjeros, expresados en lenguas, fuesen traducidos. La necesidad de intérprete en una ocasión pero no en la otra no tiene nada que ver con la naturaleza del habla. Un español no necesita intérprete cuando habla a un grupo de gente en una reunión al aire libre en España. Sin embargo, si habla en castellano a una iglesia húngara en Budapest, necesitará un intérprete. Su manera de hablar no ha cambiado: sigue siendo castellano. Lo que difiere son los oyentes y la capacidad de los mismos de comprender el lenguaje. Lo mismo se aplica a la situación en la iglesia en Corinto y en Pentecostés. La naturaleza de las lenguas no cambió, pero la capacidad de los oyentes para comprender era diferente. Por ello, se precisaba de intérprete en una ocasión pero no en la otra. Las lenguas, no obstante, eran las mismas.

Otra objeción es la que se basa en el uso de la palabra «interpretar» (*diermeneuo* y los términos relacionados con la misma) respecto a las lenguas en 1 Corintios pero no en Hechos. Como ya se ha indicado, esta palabra, en la gran mayoría de las ocasiones en que aparece en las Escrituras, significa traducir un lenguaje humano normal. Su uso en Corintios ni siquiera insinúa que las lenguas sean un habla ininteligible.[88] El uso de *dialektos*, «idioma», en Hechos 2 pero no en 1 Corintios 14, no implica, a pesar de lo que arguyen algunos, que las lenguas de Corintios difieran de las de Hechos.[89] Esta palabra no aparece en Hechos 10 ni 19, pero esas lenguas son decididamente las mismas que las de Hechos 2.[90] Lucas escribió Hechos; sin embargo, Pablo escribió 1 Corintios. Uno de los usos de *dialektos* en Hechos 2 tiene lugar en una aseveración hecha desde la multitud. Lucas, teniendo esto en mente, probablemente lo usó en el contexto donde cita la declaración de ellos. Sea como fuere, Pablo no tiene por qué usar todos los sinónimos usados por Lucas. Por cuanto *dialektos* es un sinónimo de *glossa*, no hay razón de que Pablo debiera sentir necesidad alguna de usar *dialektos*. *Glossa* denota *lenguaje* de forma adecuada y es suficiente para el propósito de Pablo en 1 Corintios 14.

La terminología y descripción, ambas de carácter similar, refutan cualquier pretendida diferencia. Se usa el mismo término, *glossa*, en todos los pasajes. Por lo general el verbo *laleo*, «hablar», acompaña a *glossa*, de modo que *glossais lalein*, «hablar en lenguas», aparece en todos los pasajes sobre lenguas casi en el sentido de un término técnico para designar el fenómeno (Mr. 16:17; Hch. 2:4, 11; 10:46; 19:6; 1 Co. 12:30; 13:1; 14:2, 4-6, 13, 18, 23, 27, 39). Nunca hay explicación alguna o declaración de que haya lenguas diferentes en mente; más bien, se supone que los corintios, por ejemplo, sabían de qué se les hablaba. En cada pasaje se describen las lenguas como un don provisto milagrosamente por el Espíritu Santo; en cada caso, los hablantes eran creyentes. Las referencias a las lenguas establecen que las de Hechos 2:4-11 tienen el mismo propósito que las de 1 Corintios. Este propósito concuerda con Marcos 16:17. Son una señal para los incrédulos. Esto queda claro por la correspondencia entre el propósito declarado para las lenguas (señal para los incrédulos) en 1 Corintios 14:22 y su uso real como señal para los incrédulos en Hechos 2:4-11. Esta correspondencia queda adicionalmente enfatizada por el énfasis que Pablo hace en 1 Corintios de que las lenguas no están dadas para ser usadas en la asamblea (1 Co. 14:19) sino fuera de la asamblea, esto es, para los incrédulos.

Hay una perfecta coherencia entre la terminología y la descripción de las lenguas allí donde son mencionadas en el Nuevo Testamento. Siempre se trata de lenguas extranjeras; son uno y lo mismo en su naturaleza. Por lo general, cuando hay cosas con el mismo nombre y con una descripción idéntica y que no reciben explicación adicional, sino que se supone su reconocimiento por parte de los lectores, se considera que son uno y lo mismo. En este caso, aquellos que ven dos clases diferentes de lenguas en el Nuevo Testamento han llegado a esta posición sobre la base de sus presuposiciones teológicas y no por la evidencia bíblica. Hay sólo una clase de lenguas en el Nuevo Testamento: la capacidad milagrosa de hablar en lenguas extranjeras.[91]

El tenor general del don de lenguas en el Nuevo Testamento

La descripción que aparece en el Nuevo Testamento del genuino hablar en lenguas no da evidencias para considerar este don como similar a un habla generalmente clasificada como extática, ni es similar al habla extática religiosa que se da en el paganismo. El hablar en lenguas en Hechos 2:4-11; 10:46 y 19:6 comenzó aparte de cualquier actividad preliminar de precalentamiento o de aplicación de técnicas. El fenómeno sobrevino de en el día de Pentecostés (Hch. 2:2) y aparte de cualquier búsqueda. Los envueltos en ello no estaban familiarizados con este don. En Hechos 10:46, el hablar en lenguas vino de modo inesperado sobre los que escuchaban el sermón de Pedro. Ni Pedro ni los oyentes lo esperaban. La reunión era tranquila y ordenada; el resto estaban sencillamente escuchando a Pedro. En Hechos 19:6 está clara la misma falta de preparación del acontecimiento. En cada uno de estos casos las lenguas vinieron de manera inesperada y aparte de todo «precalentamiento». Hay otro aspecto constante en los tres pasajes: no hay la más ligera insinuación de que los que hablaban en lenguas estuvieran en un estado alterado o como en trance. No se dice nada acerca de una sensación de bienestar ni de ninguna otra bendición por lo que respecta a los hablantes. En cada caso, el asombro y la emoción residían en los que oían.

Los tres pasajes son unánimes en cuanto a que los hablantes aparentemente no experimentaron ningún bajón ni sensación de depresión después de haber hablado, ni en ningún momento mostraron pérdida alguna de conciencia mental mientras hablaban. Más bien, en el día de Pentecostés, Pedro y los once parecían estar perfectamente conscientes de lo que estaba sucediendo, y nunca estuvieron «ausentes» en el sentido de una amnesia temporal. Pedro se adelantó de inmediato con la explicación (Hch. 2:16ss) de su habla. Esto es coherente con el pasaje en 1 Corintios. Es evidente por 1 Corintios 14:13 y 14:27-36 que el que hablaba en lenguas gobernaba de su habla y no estaba ausente ni en un trance. Debían hablar sólo uno a la vez y entonces sólo si había un intérprete disponible. Para poder obedecer este mandamiento, debía ser capaz de gobernar el don.

En el Nuevo Testamento no hay indicación alguna de que el ejercicio del don de lenguas esté relacionado con ningún fenómeno físico como estremecimientos, sacudidas, convulsiones, espumarajos por la boca, caídas, balanceos, cerrar y movimiento de ojos, mover de cabeza, o cambio en el timbre o tono de la voz. Las declaraciones de «Dios no es Dios de confusión, sino de paz» (1 Co. 14:33), y «hágase todo decentemente y con orden» (1 Co. 14:40) parecen excluir tales acciones. No hay evidencia alguna en la Biblia que sugiera que el don de lenguas ni ningún otro don genuino del Espíritu Santo se manifestara en un estado de trance, extático.

Aunque los profetas del Antiguo Testamento recibieran su información por medio de visiones y otros medios, no se puede demostrar que comunicaran esa información mientras estaban en trance. Naturalmente, se podría hablar en lenguajes humanos reales mientras se está en un estado extático de trance genuino, de manera tan fácil como un habla ininteligible. Sin embargo, es menos probable que en un estado mental consciente se hablara con una expresión ininteligible.

El tenor de exclusión de éxtasis en el ejercicio del don de lenguas conlleva la implicación adicional de que las lenguas eran idiomas extranjeros inteligibles. Aparentemente, durante los primeros mil setecientos años de historia de la iglesia los cristianos no consideraron el don de lenguas como algo extático o ininteligible. Se consideraba como el don de lenguas extranjeras. Por ello, debe haber parecido que era la deducción razonable en base del contenido de los pasajes.

Recapitulación de la evidencia

La evidencia más poderosa acerca de la naturaleza del don de lenguas para los que aceptan la autoridad del Nuevo Testamento es el claro y explícito testimonio de Hechos 2:4-11. Lucas afirma que las lenguas son lenguajes humanos. Los oyentes los oyeron y también los describieron como tales lenguajes. Este testimonio no puede ser más explícito. Esto es suficiente para resolver el asunto, excepto si se presenta una poderosa y clara evidencia en sentido contrario. Y tal evidencia no se ha podido presentar. Si se usara la palabra *glossa* sólo de manera infrecuente en el sentido de lenguaje y con frecuencia como habla extática, el claro pasaje de Hechos seguiría exigiendo este significado de idioma en Marcos, Hechos, y Corintios (aparte de que hubiera una evidencia irrefutable en contra). Sin embargo, el estudio de *glossa* revela que no hay evidencia alguna de que esta palabra se emplease para describir un habla extática. Se usaba de manera muy común para referirse al lenguaje.

Pero los hay que querrían creer que ha de haber evidencia para interpretar *glossa* como un habla extática, por cuanto autoridades reconocidas y modernas como el *Greek-English Lexicon of the New Testament* de Arndt y Gingrich[92] y el *Theological Dictionary of the*

New Testament de Kittel[93] interpretan *glossa* como habla extática. La realidad es que estas dos obras léxicas concuerdan en que los significados normales de *glossa* son lenguaje, la lengua física, o algún objeto con forma de lengua, pero hacen una injustificada excepción en aquellos pasajes del Nuevo Testamento que hacen referencia al don de lenguas. Arndt y Gingrich admiten que no tienen evidencia para considerar *glossa* como una referencia a habla extática al describir su uso en los pasajes disputados como un «problema especial» y como un «término técnico». Interpretar *glossa* como habla extática es una irregularidad lexicográfica. No hay respaldo para tal punto de vista; desde luego que es algo «especial». Esos autores no incluyen Hechos 2:4-11 bajo esta descripción, porque allí las lenguas no son algo «especial», sino que se trata llanamente del uso bien reconocido de la palabra para referirse a idiomas. El punto de vista de esos autores se basa en la injustificada suposición, aparte de toda evidencia, de que 1 Corintios 14 se refiere al «habla incoherente de personas en éxtasis religioso».[94]

Behm, igualmente, admite que no hay prueba para tal significado de *glossa* cuando intenta explicar cómo los escritores del Nuevo Testamento podrían utilizar el término *glossa* para este pretendido significado. También se refiere al mismo como un «término técnico» y menciona varios puntos de vista propuestos por académicos que intentan explicar el origen de tal significado.[95] Todo el artículo de Harrisville (al que ya se ha hecho referencia en este capítulo) es un intento de explicación del origen del significado «habla extática» para *glossa*. Él hace referencia a ciertos puntos de vista de eruditos que tratan de explicar cómo se originó tal significado para *glossa*. Pero esta necesidad de explicar tal origen es una clara prueba de que no hay base para este significado en la lengua griega.[96] Todos ellos en realidad apoyan nuestro estudio: no hay evidencia de que *glossa* se use para referirse a habla extática, trátese del griego clásico, del koiné, del bíblico o del parabíblico. Los ejemplos procedentes del griego clásico que se usan para demostrar un habla «oscura» se refieren en realidad a lenguaje, aunque arcaico o figurativo. Los intentos de demostrar que los creyentes del Antiguo Testamento practicaban el habla extática también se quedan cortos de la certidumbre. El uso del Nuevo Testamento no sustenta la idea de que *glossa* se refiera jamás a habla extática. El único ejemplo específico o descriptivo de las lenguas en toda la Biblia se halla en Hechos 2:4-11, donde se describen de manera expresa como lenguaje humano normal. Pedro declara de manera específica que las lenguas en Hechos 10:46 eran lo mismo que en Hechos 2:4-11. Los otros pasajes (Mr. 16:17 y Hch. 19:6), aparte de 1 Corintios, no describen las lenguas en ninguna manera; por tanto, no hay razón de contemplarlas como diferentes de Hechos 2:4-11.

El principal pasaje que se pretende que requiere el sentido de «habla extática» es 1 Corintios 12–14. Pero, en vez de sustentar tal sentido, este pasaje lo refuta. Primera Corintios 12:3 muestra que las lenguas son inteligibles. Primera Corintios 13:1 incluye claramente las «lenguas humanas». Primera Corintios 14:22 es una deducción acerca de las lenguas basada en un pasaje del Antiguo Testamento (Is. 28:11) que hace referencia a idiomas extranjeros, lo que implica que las lenguas de Corintios se refieren a idiomas. La necesidad de que las lenguas sean señal y el hecho de que sean gobernadas por los que las hablan, todo ello favorece el sentido de idiomas y no de habla extática. Los pretendidos problemas con el punto de vista de que las lenguas sean idiomas han recibido todos ellos respuesta, lo que muestra que el sentido de «lenguajes» es apropiado para el pasaje. No hay razón alguna para apartarse del sentido normal de *glossa* y refugiarse en un uso especial o técnico. Hay abundantes evidencias que demuestran que el don de lenguas es la capacidad milagrosa de hablar lenguas previamente desconocidas por el hablante.

Una posible razón del predominio del punto de vista de las lenguas «extáticas»

La glosolalia consistente en habla extática e ininteligible es común en el mundo, y no demanda creencia en lo sobrenatural. En su estudio de la glosolalia de nuestros días, particularmente del pentecostalismo, Samarin afirma: «Ya ha quedado establecido que no se precisa de ningún poder especial que se apodere de los órganos vocales de una persona; todos nosotros estamos equipados con todo lo que necesitamos para producir glosolalia.»[97] También dice: «La glosolalia no es un fenómeno sobrenatural.... Es similar a muchas otras clases de lenguaje que los humanos pueden producir en circunstancias más o menos normales, en estados psicológicos más o menos normales. De hecho, cualquiera puede producir glosolalia si no está inhibido y descubre el "truco".»[98]

Si el don de lenguas es meramente glosolalia (habla extática y/o incoherente), entonces no hay necesidad de considerarlo como sobrenatural. Para algunos, eso es más aceptable, y esto puede explicar la preponderancia del punto de vista de que el don de lenguas era habla extática, no obstante de la evidencia en contra. Los muchos estudios que intentan explicar la psicología de la glosolalia revelan que muchos de los que explican las lenguas no las consideran como un milagro del Espíritu Santo. Una académica que ha estudiado la glosolalia, específicamente en un contexto pentecostal, es Felicitas D. Goodman. Aparentemente ella no relaciona la glosolalia con lo sobrenatural. En base de su investigación, es común en muchas culturas y religiones, y puede ser autoinducida. Para muchos, la glosolalia (habla extática) no es evidencia de lo milagroso. Desde su perspectiva, la glosolalia de Pablo puede compararse con la de los chamanes y de los oráculos paganos.[99]

En el paganismo no se conoce la capacidad milagrosa, inmediata, de hablar idiomas extranjeros previamente desconocidos. Esto es más evidente cuando el habla excluye todo estado de frenesí o extático. Puede verificarse. No puede ser autoinducido ni proceder de una mera excitación emocional. Esta capacidad procede claramente de algún poder sobrenatural; en el caso del don del Nuevo Testamento, se trata claramente de un milagro de Dios. No puede explicarse de ninguna otra manera. En cambio, la mera glosolalia es cosa común y puede ser autoinducida. La glosolalia no es una manifestación de un milagro de Dios. Si el don de lenguas del Nuevo Testamento es identificado con una mera habla extática ininteligible (glosolalia), se puede explicar con exclusión de lo milagroso. Esta posición es más aceptable para muchos académicos. Dillow se refiere también a este prejuicio teológico:

> Es importante observar que el punto de vista de un habla extática vino junto con la llegada de la negación de lo sobrenatural y con la alta crítica contra la Biblia en los siglos dieciocho y diecinueve. Los críticos intentaron identificar el hablar en lenguas de 1 Corintios 14 *totalmente* con el hablar en lenguas psicológico de los paganos en las religiones de misterios. Su motivo era la eliminación de lo sobrenatural de la Biblia.[100]

Los datos objetivos de la lengua griega, y del Nuevo Testamento en particular, presentan el don de lenguas como un milagro genuino, previamente desconocido y nunca duplicado en ninguna parte. Fue un milagro convincente, una señal, y no una mera glosolalia o habla extática.

Para determinar si alguien tiene el don genuino de lenguas, se les debería pedir que hablasen un idioma determinado que no conociesen en presencia de los habladores nativos de aquel idioma. Las lenguas están bajo el gobierno del que las habla. Si el que las habla no puede gobernar el lenguaje, difícilmente el lenguaje podría funcionar como señal para ningún grupo determinado de incrédulos.

* * *

1. John Thomas Nichol, *Pentecostalism* (Nueva York: Harper and Row, 1966), 8-17. Véase también William W. Menzies, *Anointed to Serve* (Springfield, Mo.: Gospel Publishing House, 1971), 9, que asevera que la creencia en el hablar en lenguas como señal del bautismo del Espíritu es el factor que constituye como pentecostal a un grupo.
2. Henry George Liddell y Robert Scott, *A Greek-English Lexicon* (Oxford: Clarendon Press, 1968), 353.
3. Johannes Behm, «Glossa», en *Theological Dictionary of the New Testament*, ed. Gerhard Kittel, Gerhard Friedrich y Geoffrey W. Bromiley, trad. Geoffrey W. Bromiley, 10 tomos (Grand Rapids: Eerdmans, 194-1976), 1:719-726. (En adelante el *Theological Dictionary of the New Testament* se abrevia como *TDNT*.)
4. *Ibid.*, 720.
5. Aristóteles, *Poetics*. 21, 1457b, Loeb Classical Library.
6. Aristóteles, *Rhetoric*, Loeb Classical Library, 395, 397.
7. Sextus Empiricus, *Against Grammarians*, Loeb Classical Library, 313.
8. Plutarco, *Isis and Osiris* 61 (375), Loeb Classical Library.
9. Behm, «Glossa», *TDNT*, 1:720. Behm se refiere a tres referencias, Diódoro de Sicilia IV, 66, 6, Galeno [edición de Kuhn, tomo XIX, 62ss.], y Marco Antonino, IV, 33.
10. *Ibid.*
11. Quintiliano, *Institutio Oratoria*, I, 1, 35.
12. *Anecdotae Graeca*, I, 87, 12.
13. Plutarco, *De Pythiae Oraculus* 24 (II, 406).
14. Behm, «Glossa», *TDNT*, 1:722.
15. Aristófanes, *Ranae*, 357.
16. Behm, «Glossa», *TDNT*, 1:722-723.
17. La referencia al *Testamento de Job* que usa Behm como testimonio de las «lenguas de ángeles» no usa la palabra «lengua». Aparece el verbo *apophtheggomai* junto con una referencia a cánticos angélicos y términos similares. Este libro apócrifo no contiene referencia alguna a «lenguas angélicas».
18. Liddell y Scott, *Lexicon*, 353.
19. Roy A. Harrisville da una lista de ejemplos de la literatura judía y de material de Qumrán citados a menudo por parte de académicos para

demostrar que la glosolalia (el habla extática en lenguas) tenía lugar en sectas judaicas precristianas, y que por ello el apóstol Pablo tenía esta terminología a mano para describir lenguas extáticas en el Nuevo Testamento («Speaking in Tongues», *Catholic Biblical Quarterly* 38 enero 1976]: 42-47).

20. Behm, «Glossa», *TDNT*, 1:723.
21. Harrisville, «Speaking in Tongues», 46-47.
22. Behm, «Glossa», *TDNT*, 1:722.
23. Véanse los siguientes ejemplos dados por Harrisville («Speaking in Tongues», 47). El *Libro de los jubileos* 25:15 usa *glossa* para «boca» en vez de «habla», y el resultado es una bendición en un habla inteligible. El *Testamento de Judá* 25:3 dice: «Y seréis el pueblo del Señor y tendréis una lengua» (R.H. Charles, *The Apocrypha and Pseudoepigrapha of the Old Testament* [Oxford: Clarendon Press, 1968], 2:324). Esto se refiere claramente a lenguaje sin la más mínima implicación de un habla extática ininteligible. *Primero de Enoc, Similitud* 40 y 71:11 no da ninguna indicación de que esté envuelta una lengua ininteligible. En base de la traducción de Charles, aparentemente no se usa la palabra «lengua». *Similitud* 71:11 dice: «Clamé con voz fuerte, con el espíritu de poder, y bendije y glorifiqué y exalté» (Charles, *The Apocrypha and Pseudepigrapha*, 2:211, 237). Ninguna de esas declaraciones parece ser un habla extática ininteligible. *Cuarto de Macabeos* 10:21 es una respuesta a Antíoco, que mandó que cortasen la lengua del que hablaba. El que habla dice: «Tú cortas la lengua del que cantaba cánticos de alabanza a él» (Charles, *The Apocrypha and Pseudepigrapha*, 2:677). Esto se refiere a la lengua física. No hay siquiera una implicación de habla extática ininteligible en esta referencia. *El Martirio de Isaías* 5:14 dice que cuando Isaías estaba siendo aserrado «ni gritaba ni lloraba, sino que sus labios hablaban con el Espíritu Santo» (Charles, *The Apocrypha and Pseudepigrapha*, 2:162). Una vez más, no hay indicación alguna de que esté envuelta un habla ininteligible, ni tampoco se usa *glossa*.
24. Behm, «Glossa», *TDNT*, 1:273. Referencias específicas son Filón, *De Specialibus Legibus* I, 65 y IV, 49, y *Quis Rerum Divinarum Heres*, 265.
25. Harrisville, «Speaking in Tongues», 47. Las referencias adicionales son Filón, *Quis Rerum Divinarum Heres* LI, 249; LII 259; LIII 264-266; *De Vita Mosis* I, 274 y *De Decalogo* IX 32-33, 46.
26. Por lo que respecta a la evidencia acerca del uso de *glossa*, hay varias referencias que no usan la palabra en absoluto. Las pocas en que aparece usan la palabra *glotta* en el sentido del órgano físico, la lengua. No se usa para describir o referirse al habla mencionada en

el pasaje. Por ejemplo, Filón dice, en *De Vita Mosis*: «Usaré tu lengua para cada proclamación profética», y *Quis Rerum Divinarum Heres*, LIII, 2666, asevera: «Sus órganos del habla, boca y lengua, están totalmente a disposición de otro.» Una de sus referencias menciona «la divina posesión o frenesí» de los profetas, y usa como ejemplo el profundo sueño de Abraham en Génesis 15:12.

El hecho de que los profetas se pongan bajo el dominio o gobierno de otro al profetizar se menciona en varias ocasiones; sin embargo, no se dice nada que indique que el habla fuese ininteligible. De hecho, los incidentes de profecía descritos en la Biblia y a los que aparentemente se refiere Filón involucran un habla inteligible. El ejemplo procedente de *De Specialibus Legibus* IV, 49, por ejemplo, puede ser traducido: «expresan claramente su mensaje profético» (Filón, *De Spec. Leg.* IV, 49, *Loeb Classical Library*, Vol. VIII, 38). Harrisville parece creer que *De Decalogo* IX, 32, 33, 46 es evidencia de un habla extática. Pero el único uso de *glotta* tiene referencia a la lengua física: «porque Dios no es como un hombre, que necesite boca, lengua y laringe» (Filón, *De Decalogo*, *Loeb Classical Library*, VII, 20-22). El habla que se considera se refiere a Dios y a los sones procedentes del cielo cuando se promulgó la ley mosaica en el monte Sinaí. No se trata aquí de ningún habla humana. Es difícil ver en qué sentido eso puede ser evidencia de glosolalia humana.

27. James Hope Moulton y George Milligan, *The Vocabulary of the Greek New Testament* (Londres: Hodder and Stoughton, 1930), 128.
28. Edwin Hatch y Henry A. Redpath, *A Concordance to the Septuagint and the Other Greek Versions of the Old Testament*, 2 tomos (1897, reimpresión; Graz, Austria: Akademische Druck-u Verlagsanstalt, 1954), 1:271-272.
29. En su excelente artículo, «Ecstatic Utterance (N.E.B.)? *Journal of Theological Studies* 17 (Octubre 1966):299-307, Gundry da una serie de poderosos argumentos con los que demuestra que el don de lenguas se refiere a idiomas extranjeros, pero dice que Isaías 29:24 y 32:4 son ejemplos donde la Septuaginta usa *glossa* para denotar un habla ininteligible (tartamudez). Sin embargo, *glossa* no significa un habla ininteligible (tartamudez) ni siquiera en estos dos pasajes. En cada caso el pasaje dice: «Las lenguas que tartamudean aprenderán a hablar paz» (*hai glossai hai psellizousai*). El verbo *psellizo* es el portador del significado de tartamudear; en cambio, *glossa* se refiere a la lengua misma, no a la tartamudez ni al habla. Que *glossa* se refiere a la lengua física queda particularmente claro en Isaías 32:4, donde la declaración paralela inmediatamente precedente se refiere al «corazón de los que son débiles». *Glossa* en Isaías 29:24 y 92:4 (LXX) no

significa tartamudear ni un habla ininteligible. Tiene el sentido normal de «lengua». La idea de tartamudear es comunicada solamente por el verbo *psellizo*.

30. Harrisville supone erróneamente que *glossa* se usa en Marcos, Hechos y 1 Corintios como término técnico (en un sentido especial) para describir un habla extática. Esta suposición invalida sus argumentos básicos, sus ejemplos de fenómenos paralelos y su tesis en general. Sin embargo, aparentemente ha hecho un estudio exhaustivo del uso de *glossa*, y dice: «El traductor de la Septuaginta parece no haber sabido nada de un término técnico para hablar en lenguas» («Speaking in Tongues», 39, 41). Por «término técnico» Harrisville se refiere al uso de una manera aún desconocida para describir lo que él supone que es un habla extática e ininteligible. Su declaración llega a la conclusión de que ni el griego secular ni el de la LXX usa *glossa* de esta manera.
31. Behm, «Glossa», *TDNT*, 1:724.
32. W. F. Moulton y A. S. Geden, *A Concordance to the Greek Testament* (Edimburgo: T. & T. Clark, 1963), 172-173.
33. William F. Arndt y F. Wilbur Gingrich, *A Greek-English Lexicon of the New Testament* (Chicago: University of Chicago Press, 1947), 184.
34. Gundry, «Ecstatic Utterance», 300.
35. R. Clyde McCone dice que «esos no son lenguajes en absoluto. El capadocio no era un lenguaje en aquel tiempo» («The Phenomena of Pentecost», *Journal of the American Scientific Affiliation* 30 [septiembre 1971]: 85). Sin embargo, Lucas no dice que ellos hablasen capadocio, sino que los de Capadocia le entendieron en cualquiera que fuese el lenguaje que hablasen ellos. Decir que alguien de Texas oyó hablar en su propia lengua no significa afirmar que hablaba tejano, sino más bien que oyó el lenguaje que se habla en Texas, esto es, el inglés.
36. Charles R. Smith, *Tongues in Biblical Perspective* (Winona Lake, Ind.: BMH Books, 1972), 34-39.
37. *Ibid.*, 39.
38. Eso no es una interpretación que la multitud hiciera del acontecimiento, sino la aseveración de Lucas (escrita bajo inspiración del Espíritu Santo) que describe lo que realmente sucedió. Esta declaración, por sí sola (Hch. 2:6), debería ser suficiente para resolver el asunto, si se acepta el testimonio bíblico como válido.
39. Gundry, «Ecstatic Utterance», 304.
40. *Ibid.*
41. Véase Arndt y Gingrich, *Lexicon* 464, 465. Liddell y Scott indican

que *laleo* se usa en los tiempos del Nuevo Testamento igual que *lego*, y que a veces se opone a habla articulada (*Lexicon*, 1025-1026).

42. Gundry, «Ecstatic Utterance», 304.
43. Liddell y Scott, *Lexicon*, 70, 702.
44. W. M. Ramsay, *Historical Commentary on Galatians* (Grand Rapids: Kregel Publications, reimpresión 1997), 260-266.
45. Moulton y Milligan, *Vocabulary*, 257.
46. Behm, «Glossa», *TDNT*, 1:722, 723.
47. Arndt y Gingrich, *Lexicon*, 101, 864.
48. Liddell y Scott, *Lexicon*, 226, 1927.
49. Arndt y Gingrich, *Lexicon*, 101.
50. En Hechos 4:18 se dice a los discípulos que no hablen (*phtheggomai*) en el nombre de Jesús; 2 Pedro 2:16 se refiere al habla del asna de Balaam, que fue inteligible; y 2 Pedro 2:18 se refiere al hablar de los falsos maestros.
51. Gundry, «Ecstatic Utterance», 303, 304.
52. Smith, *Tongues in Biblical Perspective*, 39.
53. Smith (*ibid.*, 29) arguye que hablar en lenguas extranjeras no sería cualitativamente diferente, porque esas lenguas ya se hablan. El argumento parece también excluir entonces el habla extática ininteligible, por cuanto los paganos ya hablaban de esta manera en sus ejercicios religiosos. Prosiguiendo con el mismo argumento, la única diferencia (nueva cualidad) entre el éxtasis pagano y un don de lenguas extáticas residiría en que éste procede de manera genuina del Espíritu Santo, y aquél no. Pero lo mismo sería de aplicación a la capacidad milagrosa de hablar lenguas extranjeras en contraste con la capacidad normal. La diferencia cualitativa en ambos casos sería que el don del Nuevo Testamento era dado por el Espíritu Santo, pero que su práctica correspondiente ya existente no era de Él. Argüir que «nuevo» (*kainos*) implica «no previamente existente» parecería también excluir el llamado lenguaje angélico o celestial (a no ser que se suponga que era inexistente antes del día de Pentecostés). Si no existía antes de este tiempo, sería que los ángeles no lo usaban. ¿Por qué sería entonces llamado «lengua de ángeles»? La lógica del argumento en favor de un habla extática en base de la palabra griega *kainos* es defectuosa.
54. Véase, p.ej., Moulton y Milligan, que muestran que la distinción entre *kainos* y *neos* estaba perdiendo terreno en los tiempos del Nuevo Testamento (*Vocabulary*, 314, 315).
55. Véase, p.ej., Smith, *Tongues in Biblical Perspective*, 25-39.
56. Véanse Behm, «Glossa», *TDNT*, 1:722; Arndt y Gingrich, *Lexicon*, 161; y otros muchos autores.

57. Nichol, *Pentecostalism*, 12, 13. En un ensayo bibliográfico sobre Pentecostalismo, Paupel cree que Nichol «ha recogido lo mejor de la pasada erudición pentecostal, y por esta razón su libro constituye una excelente introducción al Movimiento» (*The American Pentecostal Movement* [Wilmore, Ky.: Asbury Seminary, 1982], 11).
58. Véase, p.ej., Carl Brumback, *What Meaneth This?* (Springfield, Mo.: Gospel Publishing House, 1947), 264ss.
59. Howard M. Ervin ve la significación del término «hablando en el Espíritu», pero lo aplica sólo a hablar en lenguas (*These Are Not Drunken, As Ye Suppose* [Plainfield, N.J.: Logos, 1968], 116-119). Aunque eso es correcto hasta donde él llega, no hay razón alguna de excluir la profecía. Ervin comprende mal este versículo. Él cree que es una *garantía* de que el hablar en lenguas será sano (p. 120). Pero está claro que no se trata de una garantía, sino de una *advertencia* de que el habla pueda ser impulsada por diferentes espíritus, y de que debieran ser verificados mediante el *contenido* de su comunicación.
60. F. W. Beare, «Speaking in Tongues», *Journal of Biblical Literature* 83 (septiembre 1964): 241.
61. Archibald Robertson y Alfred Plummer, *A Critical and Exegetical Commentary on the First Epistle of St. Paul to the Corinthians*, ICC, 2ª ed. (Edimburgo: T. & T. Clark, 1914), 288.
62. Gundry («Ecstatic Utterance», 301) arguye que Pablo no había repartido todos sus bienes. Pero sí que parece que lo hizo. Si no lo hizo, entonces ambas acciones serían cosas que Pablo no había llevado a cabo, lo que daría apoyo a nuestra tesis fundamental.
63. El verbo «entregar» está en voz activa, e indica que la persona «daría» su cuerpo para ser quemado, en vez de ser quemado a la fuerza. Esta acción es muy improbable en un cristiano.
64. Zane C. Hodges, «The Purpose of Tongues», *Bibliotheca Sacra* 120 (julio-septiembre 1963): 231. Podemos usar las palabras de Hodges y añadir las nuestras: «El Apóstol no implica con esto que espera que los lectores usen lenguajes de ángeles, lo mismo que no implica que conocía todos los misterios y toda ciencia y que había dado su cuerpo para ser quemado.»
65. Gundry, 301.
66. Véase, p.ej., Robertson y Plummer, 306.
67. Anthony Hoekema, *What About Tongues Speaking*? (Grand Rapids: Eerdmans, 1966), 43. Hay edición en español: *¿Qué de las lenguas?* (Grand Rapids: Libros Desafío).
68. Gundry, «Ecstatic Utterance», 302, 303.
69. Franz Delitzsch, *Biblical Commentary on the Prophecies of Isaiah*, 2 tomos, en *Biblical Commentary on the Old Testament*, por C.F. Keil y

F. Delitzsch (Grand Rapids: Eerdmans, 1967), 2:7.

70. Francis Brown, S.R. Driver y Charles A. Briggs, *A Hebrew and English Lexicon of the Old Testament* (Oxford: Clarendon Press, 1962), 541. Véase también Delitzsch, *Isaiah*, 2:7.

71. W. Gesenius y E. Kautzsch, *Gesenius' Hebrew Grammar*, traducido al inglés por A. E. Cowley, 2ª ed. (Oxford: Clarendon Press, 1963), 356. Este punto de vista lo sostiene también Delitzsch, *Isaiah*, 2:7; y Brown, Driver y Briggs, *Lexicon*, 541. Muchos otros consideran Isaías 28:11 como refiriéndose a lenguaje. La palabra *extraña* en la expresión «y en extraña lengua» significa «otra», «diferente», «foránea» o «ajena» (Brown, Driver y Briggs, *Lexicon*, 29), y el término para lengua tiene los significados de «lengua», «lenguaje» o «con forma de lengua» (*ibid.*, 546). Las dos expresiones, «en lengua de tartamudos (lenguaje bárbaro)» y «extraña lengua (lengua ajena o foránea)» parecen ser conceptos paralelos, referidos ambos a la lengua extranjera hablada por los que invadieron Israel como juicio de Dios. La traducción de la Septuaginta (*phaulismon cheilon dia glosses heteras*) cambia las palabras al plural, pero por otra parte parece adherida al hebreo (*Septuaginta*, ed. Alfred Rahlfs, 2 tomos [Stuttgart: Württembergische Bibelanstalt, 1935], 2:601). La cita de Pablo de Isaías 28:11 retiene el plural pero invierte las palabras «labio» y «lengua» (las lecturas variantes no constituyen diferencia alguna para esta consideración), lo que indica que no veía ninguna diferencia significativa entre los términos tal como se emplean en Isaías 28:11. Ambos se refieren a lenguaje.

72. Comparar la declaración de Gundry: «Sin traducción, la lengua podría parecer una jerigonza carente de significado. ¡La eficacia de la glosolalia como señal de acreditación (así como su eficacia para comunicar un mensaje divino —véase XIV. 6-12, 16-18, y especialmente 23) dependían de su contraste con la jerigonza de la religión helénica! Por otra parte, el factor de asombro el día de Pentecostés consistió en el reconocimiento de parte de los no palestinos de sus lenguas nativas que hablaban unos galileos que ordinariamente no podrían haberlas hablado» («Ecstatic Utterance», 303).

73. Hans Windisch, «*Barbaros*», TDNT, 1:546, 547. Véanse también los léxicos normativos.

74. Ervin, *These Are Not Drunken*, 124, 125. Ervin, un carismático bien conocido y profesor en varias escuelas carismáticas, argumenta enérgicamente en favor del concepto de que quien habla está al control de su propia habla, no en estado de trance, y que las lenguas no son extáticas.

75. Robertson y Plummer, *First Epistle of St. Paul to the Corinthians*, 306. Véase también Behm, «Glossa», *TDNT*, 1:722; Frederick Dale Bruner, *Theology of the Holy Spirit* (Grand Rapids: Eerdmans, 1970), 145; y muchos otros.
76. Robertson y Plummer, *First Epistle of St. Paul to the Corinthians*, 306.
77. Véase también la aseveración de Gundry: «El temor de Pablo de que las lenguas sin interpretación pudieran dar a los incrédulos la sensación de locura no implica que la glosolalia cristiana normal se manifestara en un estado mental frenético. Porque Pablo da gracias a Dios que él mismo habla en lenguas más que todos los corintios (XIV.18). También implica que las lenguas con interpretación son valiosas como profecía: «Mayor es el que profetiza que el que habla en lenguas, a no ser que las interprete» (XIV.5). Además, Pablo prohíbe que se impida la glosolalia cuando se practique de modo apropiado (XIV.39). Si la práctica normativa hubiera sido el habla extática, la preocupación de Pablo por evitar la acusación de locura le hubiera llevado a la prohibición lisa y llana de tal práctica, y nunca habría mencionado su propia capacidad preeminente de hablar en lenguas. Tampoco habría sido tan solícito en dejar abierta la puerta para las lenguas, elevándolas aun al nivel de profecía cuando iban acompañadas de interpretación. El temor de que los incrédulos consideren locos a los que hablaban en lenguas sólo se deriva del descuido de los corintios de demandar una traducción concomitante en todo momento, con el resultado de que aquello que Pablo consideraba como lenguajes humanos genuinos sonaba para los incrédulos como una sucesión de sílabas carentes de sentido similares al lenguaje extático de las religiones helénicas conocidas por los oyentes, y que llevaba a una identificación que Pablo no deseaba» («Ecstatic Utterance», 305).
78. Las referencias en el Nuevo Testamento dejan claro que esta palabra es un término comúnmente empleado para denotar «traducir» (véase Moulton y Geden, *Concordance*, 216, 380). Véase, p.ej., Hechos 9:36 y el uso del verbo simple en Juan 1:38. Gundry dice lo mismo: «El término interpretación (*diermeneuo*), usado frecuentemente en relación con la glossolalia en 1 Corintios, se refiere normalmente a traducir un lenguaje cuando se usa en tal contexto. Aunque el verbo podría referirse a la explicación de expresiones herméticas, su uso en el griego bíblico se enfrenta a este significado. Porque Davies señaló que de veintiún casos de *hermeneuo* y sus afines en la *Septuaginta* y en el Nuevo Testamento (de nuevo aparte de las siete veces en que aparece en 1 Corintios 12–14), una vez se aplica a sátira o a un dicho figurado, dos se refieren a explicación y dieciocho

a traducción» («Ecstatic Utterance», 301).

79. Smith arguye en el sentido de que las lenguas deben ser siempre interpretadas por cuanto 1 Corintios 14:2 dice que nadie comprende. Prosigue diciendo que si las lenguas de que se trata fuesen idiomas, Dios podría comunicarse por hacer que el hablante hablara en el lenguaje de los oyentes, lo que evitaría la necesidad de interpretación. No ve necesidad de intérprete si las lenguas son idiomas. Su razonamiento se basa en dos suposiciones. La primera es de que el don de lenguas tenía el objetivo principal de la comunicación. La Biblia (1 Co. 14:22) dice claramente que es una señal para los incrédulos. La segunda suposición procede de una mala comprensión de 1 Corintios 14:2 (*Biblical Perspective*, 31, 32). Como veremos, este versículo no puede de ningún modo ser una declaración absoluta que describe las lenguas, sino que se refiere a su uso en la asamblea cuando nadie las comprende, que es la situación concreta que Pablo está considerando en Corinto.
80. El Nuevo Testamento da muy poca información acerca del don de interpretación, y sólo pueden hacerse inferencias. Es evidente, por 1 Corintios 14, que las lenguas no habían sido pensadas para su uso en la asamblea, sino que eran una señal para los incrédulos. Por tanto, el don de interpretación no tenía el propósito de interpretar mensajes a creyentes (aunque pueda usarse en la asamblea tal como Pablo lo permite en Corinto). Las lenguas (idiomas), usadas de modo apropiado como señal fuera de la asamblea, comunican sólo a los oyentes, por cuanto el que habla no comprende. El don de interpretación permitiría la comunicación mutua (bilateral) cuando la ocasión lo pidiera o como explicación para el que hablase y para los de su grupo que no comprendiesen.
81. C. K. Barrett, *A Commentary on the Second Epistle to the Corinthians* (Londres: Adam y Charles Black, 1973), 166, 167.
82. Arndt y Gingrich, *Lexicon*, 276.
83. Philip E. Hughes, *Paul's Second Epistle to the Corinthians*, NICNT (Grand Rapids: Eerdmans, 1962), 190-192.
84. *Ibid.*, 192.
85. Charles Hodge, *An Exposition of the Second Epistle to the Corinthians* (Grand Rapids: Eerdmans, s.f.), 132.
86. Esto ya se ha mencionado. Véanse autoridades léxicas como Arndt y Gingrich, *Lexicon*, 161; Behm, «Glossa», *TDNT*, 1:722.
87. F. F. Bruce, *The Acts of the Apostles* (Londres: Tyndale, 1951), 82.
88. A. C. Thistleton argumenta en base de Filón y Josefo que la palabra *intérprete* significa «poner en palabras» más bien que «traducir». Sin embargo, dice que su artículo quiere «sugerir provisionalmente

la posibilidad de una tercera alternativa», lo que indica la endeblez de sus conclusiones. No demuestra que *diermeneuo* o sus afines signifiquen «poner en palabras» desde un pronunciamiento extático o de no lenguaje. Por cuanto no refuta los significados comunes de «traducir» o «interpretar» para *hermeneuo*, su artículo añade poco de consecuencia, por no decir que nada. Los ejemplos proceden principalmente de Filón, un intérprete alegorizador que difícilmente puede ser considerado como la persona ideal para examinar el uso del término *hermeneuo*. Pocos de los ejemplos, por no decir ninguno, resisten el escrutinio. En vez de significar meramente «poner en palabras», como pretende Thistleton, los ejemplos denotan la idea de «expresar de manera más clara o precisa». Ni esta idea ni el concepto de Thistleton pueden considerarse como una nueva aportación que sea particularmente significativa acerca del uso de *hermeneuo* en 1 Corintios 14 (véase Thistleton, «The Interpretation of Tongues: A New Suggestion in the Light of Greek Usage in Philo and Josephus», *Journal of Theological Studies* 30 [abril 1979]: 15:36).

89. John Williams, *The Holy Spirit: Lord and Life-Giver* (Neptune, N.J.: Loizeaux, 1980), 213.
90. Pedro dice que son lo mismo (Hch. 11:15-17).
91. Ervin arguye también que todas las lenguas son la misma experiencia, esto es, idiomas (*These Are Not Drunken*, 126-128).
92. Arndt y Gingrich, *Lexicon*, 161.
93. Behm, «Glossa», *TDNT*, 1:719-726.
94. Arndt y Gingrich, *Lexicon*, 161.
95. Behm, «Glossa», *TDNT*, 1:725-726.
96. Un estudio de diversos léxicos revela lo mismo. Además de los mencionados en este estudio, léxicos como *A Manual Greek Lexicon of the New Testament* por Abbot-Smith; *A Greek-English Lexicon of the New Testament* por Joseph Henry Thayer; *A New Greek and English Lexicon* por James Donnegan; *Greek-English Lexicon of the New Testament* por Edward Robinson, y *Greek Lexicon of the Roman and Byzantine Periods* por E. A. Sophocles, o bien no dicen directamente que las lenguas sean un habla extática e ininteligible, o bien se refieren sólo a los disputados pasajes del Nuevo Testamento como evidencia. Todos ellos revelan que el habla extática no es un significado de *glossa* apoyado por el uso del griego.
97. William J. Samarin, *Tongues of Men and Angels* (Nueva York: Macmillan, 1970), 211.
98. *Ibid.*, 227, 228.
99. Felicitas D. Goodman, *Speaking in Tongues* (Chicago: University of

Chicago Press, 1972), VII, XI. Por lo que respecta a la opinión de Goodman, las lenguas de Pablo no eran del Espíritu Santo, sino que pueden haber tenido la misma fuente que la glosolalia de los hechiceros y de los chamanes.

100. Joseph Dillow, *Speaking in Tongues* (Grand Rapids: Zondervan, 1975), 15.

CAPÍTULO 7

Las lenguas: el propósito del don

ES NECESARIO DETERMINAR el propósito de que Dios diera la capacidad milagrosa de hablar idiomas humanos normales extraños para quien hablaba. Como sería de esperar, hay diferentes opiniones acerca del propósito del que hablamos.

Uso devocional del don de lenguas

Aunque el movimiento pentecostal destacó originalmente el uso de las lenguas en la asamblea pública, en la actualidad muchos carismáticos ponen el énfasis en el uso privado o devocional del don de lenguas.[1] Algunos dicen que esto les posibilita comunicarse mejor con Dios en oración. Algunos profesan ser edificados mediante el habla privada en lenguas.

El habla privada en lenguas no envuelve a uno en la manifestación pública normalmente asociada con el pentecostalismo. Eso lo hace mucho más aceptable para muchas personas. También esquiva las numerosas restricciones bíblicas impuestas sobre el uso de las lenguas en la asamblea (1 Co. 14), restricciones que, si se observan, hacen imposible enfatizar el don de lenguas. El «habla en lenguas» privada permite al que habla en ellas evitar llamar la atención a sus actividades. Este uso privado de las lenguas, por ello mismo, ha hecho una penetración mucho más grande en las iglesias no pentecostales que lo que le fue posible al viejo sistema pentecostal formal.

El término «lenguas devocionales», tal como se usa aquí, incluye todos los usos de hablar en lenguas que se puedan clasificar como personales, privados o devocionales. También se incluirá el habla en lenguas como oración y alabanza individuales a Dios o como propia edificación, aun si se hacen en público, por cuanto son acciones de naturaleza personal.

La evidencia en favor de las lenguas devocionales es sólo inferencia

A menudo se pasa por alto la objeción más evidente al concepto de que el don de lenguas fuese para uso devocional o privado. No hay declaración alguna en la Biblia de que el don de lenguas sea para uso devocional o privado. Tampoco hay ningunos ejemplos en el Nuevo Testamento de hablar en lenguas que se describan como devocionales, privados o para oración. Un concepto así se deriva sólo de pretendidas inferencias en el Nuevo Testamento.

Las lenguas devocionales son contrarias al propósito de los dones

Otra objeción evidente contra las lenguas devocionales es que un don así estaría fundamentalmente en oposición al propósito de todos los dones espirituales. Se encontraría en una categoría singular. Los otros dones son dados claramente para este propósito. No sólo hay declaraciones directas acerca de esto, sino que los mismos nombres de los dones demuestran que son dados para el ministerio. Las lenguas devocionales implicarían necesariamente un propósito egocéntrico para el don de lenguas. Se pretende que este uso devocional edifica al que habla, llevándolo cerca de Dios, y que lo capacita para orar mejor. No importa lo benéfico que suene esto, un uso privado de las lenguas no puede estar más que centrado en el yo. No se da ningún otro don para potenciar al que lo recibe. Es improbable que el don de lenguas sea diferente en esto respecto a todos los otros dones. Esto significaría también que un pequeño porcentaje de creyentes tendría una ventaja en la oración y la comunicación con Dios. Si las lenguas son para edificar al hablante individual o para proveer una mejor comunicación con Dios, uno esperaría que fuese dada a *todos* los creyentes, por cuanto Dios desea que todos sean edificados y que todos oren. Pero la Biblia dice claramente que *no* todos hablan en lenguas (1 Co. 12:30). Esta declaración no se hace como denuncia contra los que no hablan en lenguas; es una declaración como conclusión al capítulo que muestra que Dios *no tenía el propósito* de que todos hablasen en lenguas. No se espera que todos hablen en lenguas, como no se espera que todos ejerzan los otros dones descritos en el pasaje, los de apóstol y profeta, por ejemplo.

Primera Corintios 13:1-4 apoya el concepto de que los dones

son dados para ministrar a otros. Y esto lo asevera de manera específica tocante al don de lenguas al decir: «Si yo hablase lenguas humanas y angélicas, y no tengo amor, vengo a ser como metal que resuena, o címbalo que retiñe.» El amor (*agape*) en el Nuevo Testamento no es meramente una emoción, sino que es preocupación por el bienestar de los demás.[2] Pablo describe el amor al que se refiere en los versículos 4–7:

> El amor es sufrido, es benigno; el amor no tiene envidia, el amor no es jactancioso, no se envanece; no hace nada indebido, no busca lo suyo, no se irrita, no guarda rencor; no se goza de la injusticia, mas se goza de la verdad. Todo lo sufre, todo lo cree, todo lo espera, todo lo soporta (1 Co. 13:4-7).

Pablo se refiere al amor como una actitud que se preocupa por los demás. En este contexto está en el plano de la actitud para con el prójimo más que hacia Dios.[3] Es el mismo amor al que se refiere Pablo en los capítulos 8–10 de esta misma Epístola y en Romanos 14. Este amor gobierna las acciones de uno hacia los demás. La expresión «y no tengo amor» debe, en este contexto (1 Co. 13:1-4), significar el ejercicio del don aparte del amor. Difícilmente puede significar que un fallo de poseer amor, como factor abstracto, anula todo lo que uno haga. Tampoco puede significar que un fallo en amar en todo tiempo anula el ministerio en algún otro momento. El argumento de Pablo es claro en el contexto: aunque uno ejercite dones procedentes del Espíritu Santo, aparte del amor no serán de provecho a la persona que lo ha recibido (véase 13:1; 14:1).[4] Los dones han de ser usados con el debido motivo. Deben ser ejercitados como un ministerio para el beneficio de otros. Si se ejercitan para la propia exaltación, puede que aprovechen a los que reciben el ministerio, pero aparte del amor no dan beneficio al ministro («*nada* soy», v. 2; «*de nada me* sirve», v. 3).[5]

Pablo pone muy en claro que si habla en lenguas aparte del amor, ello queda en un mero ruido. Hay dos aspectos de este versículo que militan contra las lenguas devocionales. Si las lenguas (así como los dones) deben ser ejercitados en amor, entonces es evidente que no pueden ser para el uso personal. Nadie puede ejercitar las lenguas personales y privadas como un ministerio en amor para otros. Por tanto, y por cuanto Pablo dice que las lenguas deben ser ejercitadas en amor, no puede considerar las lenguas como devocionales. Además, si las lenguas ejercitadas aparte del amor son carentes de valor, especialmente para el hablante, entonces las lenguas devocionales (por cuanto no pueden ser ejercitadas en amor) carecen de valor para el hablante. Por cuanto no hay nadie presente, no pueden ser de valor para otros; por tanto, carecen de valor en absoluto.

Las lenguas devocionales son contrarias al propósito de las lenguas

Cuando Jesucristo mandó a los discípulos (Marcos 16:15-17), les dijo:

> Id por todo el mundo y predicad el evangelio a toda criatura. El que creyere y fuere bautizado, será salvo; mas el que no creyere, será condenado. Y estas señales seguirán a los que creen: En mi nombre echarán fuera demonios; hablarán nuevas lenguas ...

Jesús mandó a los discípulos que evangelizasen, y dijo que los acompañarían ciertas señales. Una de las señales era «hablar nuevas lenguas». Pablo dice también de manera muy explícita que las lenguas tienen el propósito de ser «señal para los incrédulos» (1 Co. 14:22). La estructura griega empleada es *eis semeion*, «para señal»; la preposición *eis* con el caso acusativo es una expresión de propósito.[6] Ambos pasajes (Mr. 16:17; 1 Co. 14:22) aseveran que las lenguas son una señal; pero también indican que son señal para los incrédulos. La descripción más clara de las lenguas (Hch. 2:4-11) describe un caso en el que sirven por señal a los incrédulos. Los únicos otros sucesos en los que se habla en lenguas en la Biblia son los que se narran en Hechos 10:46 y 19:6. En cada uno de estos casos, las lenguas sirvieron como señal. El habla fue en público.

En los últimos dos casos no se menciona la respuesta de los incrédulos. El hablar en lenguas fue por parte de los que habían respondido al evangelio y demostró a los discípulos que esos nuevos grupos habían sido genuinamente recibidos en el cuerpo de Cristo. El primer caso, Hechos 10:46, convenció a la iglesia hasta entonces judía que los gentiles también eran aceptados para vida. Esto, naturalmente, no tuvo que ser repetido, porque desde aquel tiempo los gentiles fueron aceptados sobre esta base. El segundo caso, Hechos 19:6, significó que los discípulos de Juan el Bautista, los justos antes del Calvario, necesitaban creer en Cristo para poder pertenecer al cuerpo de Cristo. Naturalmente, ya no existen discípulos de Juan que no hayan oído el evangelio. Por tanto, los casos en Hechos 10:46 y 19:6 fueron sucesos singulares no usuales que no demandan repetición. Aun en esos acontecimientos no usuales, las lenguas sirvieron como señal de pública exhibición para los presentes.

El don de la interpretación de lenguas es otra indicación de que Dios no dispuso el don de lenguas para su uso devocional. Dios no precisa de un intérprete para comprender lo que se está diciendo. La interpretación sólo es necesaria para comunicarse con los hombres. No hay necesidad de intérprete para orar a Dios, para alabarlo, ni para ningún otro uso de lenguas devocionales. Las aseveraciones de 1 Corintios 14:22 y Marcos 16:17, el ejemplo de Hechos 2:4-11, el hecho de que las lenguas sean lenguajes humanos, y la provisión de parte de Dios del don de interpretación muestran que el don de lenguas nunca fue dado por Dios para un uso devocional individual.

Las lenguas no han sido dadas por señal a quien las habla

¿Cuál es el propósito que se alega o cuál el beneficio de un uso privado o devocional de las lenguas? Ervin, junto con otros, piensa que son para «oración y alabanza dirigidas a Dios».[7] Por cuanto no es posible el ministerio para otros, el propósito necesariamente ha de estar relacionado sólo con el que habla. En base de las aseveraciones de los que proponen esto y en la lógica, parece que hay cuatro posibilidades.[8] Las lenguas devocionales pueden usarse para oración, alabanza, edificación propia o como señal. La idea de que las lenguas devocionales han de ser señal es la más fácil de eliminar. Una señal es para significar algo. ¿Qué pueden significar las lenguas devocionales? La única posibilidad es que signifiquen para el hablante que tiene un don, que tiene este don particular (de las lenguas), o que el Espíritu está obrando en él. Todo esto ha sido sugerido por defensores de las lenguas. Pero ninguna de estas explicaciones pueden considerarse como un propósito válido del don. Cada don puede indicar al poseedor que tiene el don o que el Espíritu lo está utilizando; por tanto, éste no puede ser el propósito particular para el que se da el don de lenguas. Difícilmente daría Dios un don sólo para mostrar que el poseedor tiene el don. El don en sí carecería de propósito. Hay otros dones de los que el poseedor pueda tener conciencia, pero todos ellos tienen un propósito.

Las lenguas no son para la propia edificación

La opinión de que las lenguas son para la propia edificación (y que por ello son privadas o devocionales) se deriva de 1 Corintios 14:3, 4, que dice: «Pero el que profetiza habla a los hombres para edificación, exhortación y consolación. El que habla en lengua extraña, a sí mismo se edifica; pero el que profetiza, edifica a la iglesia.»[9] Pero en este contexto, la declaración de que «el que habla en lengua extraña, a sí mismo se edifica» no es una declaración con la que se recomiendan las lenguas como un don para la propia edificación; más bien, es declaración de por qué las lenguas han de dar paso a la profecía. Es un factor negativo acerca de las lenguas que se opone a su uso en la asamblea. Aunque la profecía edifica a todos los oyentes, las lenguas sólo sirven para edificar el yo.

Este aspecto negativo (esto es, la propia edificación) no es un propósito dispuesto por Dios para las lenguas. Es un inconveniente de las lenguas sin interpretación cuando se usan en la asamblea. Por esto mismo no se admiten las lenguas sin interpretación en la asamblea. Debemos recordar que 1 Corintios 14 considera el uso de la profecía y de las lenguas *en la asamblea.* «El que habla una lengua, a sí mismo se edifica» (gr., lit.) es una declaración acerca del resultado del mal uso del don en la asamblea cuando nadie comprende; no es una descripción del propósito de las lenguas, por cuanto las lenguas, cuando se usan de manera apropiada, edifican a los demás. Cuando los hombres comprenden las lenguas, entonces *sí* son edificados. Por esta razón expresa Pablo, permite que sean usadas en la asamblea cuando alguien está presente para interpretarlas. En Pentecostés, los oyentes que comprendieron fueron edificados. Algunos pueden insistir en que aunque la propia edificación es un uso desviado y no es el propósito para el que fueron dadas las lenguas, es no obstante un uso provechoso. Esto demanda un escrutinio adicional.

Hay dos posibles significados básicos para la expresión «el que habla una lengua, a sí mismo se edifica». El verbo «edificar», *oikodomeo*, significa «construir».[10] Aunque normalmente este verbo tiene un sentido benéfico, en 1 Corintios 8:10 Pablo usa el mismo verbo para referirse a un aspecto negativo de construir. Se refiere a un hermano fuerte que puede llevar al hermano más débil a una acción que viola su conciencia. Esta edificación de la conciencia del hermano débil no es una edificación positiva, sino una edificación negativa o endurecimiento que resulta en pecado. La dirección de la edificación, positiva o negativa, debe derivarse del contexto. Hay diversas indicaciones de que «edificarse» en 1 Corintios 14:4 puede tener la connotación negativa de edificarse a uno mismo a los ojos de los demás. Uno de los problemas básicos que Pablo considera en la carta a los Corintios es la exaltación o edificación del yo. Había divisiones aparentemente basadas en el orgullo y la propia glorificación (1:26-29; 3:3-7, 18, 21). Declaraciones como la de 1 Corintios 4:6, 7 indican que probablemente algunos se sentían envanecidos por sus dones, particularmente por el don de lenguas. Así, uno de los problemas en Corinto era una propia exaltación negativa.

Los versículos de 1 Corintios 14 militan contra el concepto de que uno pueda ser edificado de manera positiva por una lengua que no entiende. El versículo 5 dice que la congregación no puede ser edificada sin entendimiento, y el versículo 6 afirma que el oyente no recibe provecho excepto si comprende. Si es necesario que los oyentes comprendan para poder ser edificados de manera positiva, de ello parece seguir la consecuencia de que el que habla necesita también comprender para poder ser edificado. Pablo dice también que alguien que habla en una lengua cuando nadie comprende, «habla al aire» (1 Co. 14:9). Dice esto en sentido negativo, no como algo deseable. Es algo sin provecho (no edifica). Además, la mente del oyente no puede responder a un habla que no comprende. El oyente no puede decir «amén» cuando alguien da las gracias en lenguas, porque «no sabe lo que has dicho» (v. 16). Ésta es la evidencia que da Pablo de que el oyente no es edificado, como lo explica en la siguiente línea: «Porque tú, a la verdad, bien das gracias; pero el otro no es edificado» (v. 17). No hay edificación aparte de comprender o saber lo que se ha dicho.

Refiriéndose a hablar en lenguas cuando el hablante no comprende, Pablo dice que la mente del que habla «queda sin fruto» (1 Co. 14:14). Esta es la razón de que el que habla debe orar que pueda interpretar.[11] Este pasaje enseña que no hay edificación ni para el que habla ni para el que escucha, excepto que se comprenda el significado de la lengua. Pablo incluye de manera específica la oración a Dios como hablar sin fruto ni edificación para el que ora ni para ninguno de los oyentes, excepto si se comprenden las palabras (1 Co. 14:13, 14). La razón que Pablo da a los corintios de que no se permitan esta manera de orar (ni ninguna clase de habla en lenguas no comprendida) es que nadie consigue provecho alguno. No hay edificación[12] (la mente queda sin fruto). Primera Corintios 14:15, 16 pone en claro que el oyente no puede saber qué se ha dicho excepto si la lengua es interpretada. Esta falta de entendimiento es lo mismo que «no ser edificado» en el versículo 17.

Por consiguiente, no puede haber una propia edificación beneficiosa por lenguas devocionales que el que habla no pueda comprender. La mente del que habla queda sin fruto. Para Pablo, es un habla inútil. Dice dos veces acerca de la asamblea (vv. 5, 17) que no puede haber edificación sin inteligencia. Estos versículos hacen más que dudoso que la propia edificación a que se refiere en el versículo 4 sea de naturaleza beneficiosa. ¿Qué implica la declaración «a sí mismo se edifica» (1 Co. 14:4), si se trata de una edificación beneficiosa? No se han dado explicaciones satisfactorias.[13] Es difícil concebir cómo alguien pueda edificarse a sí mismo, especialmente cuando la edificación ha de ser en unas pretendidas «lenguas» disociadas del propio entendimiento. La expresión «a sí mismo se edifica» significaría en español la propia instrucción con la ayuda externa de libros y de las observaciones de otros, no sólo por uno mismo. Uno mismo no puede poseer los recursos para edificarse a sí mismo más allá de sus propios conocimientos, excepto si se obtiene una fuente externa de conocimiento. Pero sin entendimiento y sin el uso de la mente, no se puede obtener ningún conocimiento. Las maneras que se sugieren, según las cuales uno puede edificarse a sí mismo de manera beneficiosa por hablar en lenguas, no resisten el escrutinio. La explicación más evidente es que el hablante puede aprender verdades espirituales por este medio y ser edificado por ellas. Esto queda inmediatamente excluido por el hecho de que no comprende nada y de que su mente no produce beneficio alguno (queda sin fruto, véase v. 14) debido a su propia falta de entendimiento. El que habla en lenguas de manera devocional no puede recibir ninguna verdad, exhortación, o aliento espirituales por su habla, por cuanto no comprende lo que dice.

Otra explicación comúnmente propuesta es que la conciencia de que Dios le ha dado un don y de que está hablando por medio de él es una bendición. Esta «bendición» es entonces considerada como edificación. Godet, que no era carismático, cree que

> Desde su íntima comunión con Dios, el glosolalato deriva una bendición que aunque no es transformada en conceptos precisos mediante la ejercitación del entendimiento, se hace sentir como poder en las profundidades del alma.[14]

Esta emoción o sentimiento («poder en las profundidades del alma») es a menudo identificada con la edificación. Por cuanto es imposible que la propia edificación sea nada en el área de instrucción, exhortación, o consolación (debido a que no hay entendimiento), las únicas posibilidades que quedan son las que se acaban de mencionar. Esta «propia edificación» ha de basarse o bien en el conocimiento de que uno está dedicado a un ejercicio espiritual o en un entusiasmo o «aureola» (bendición) espiritual.

Pero éste no puede ser el propósito del don de lenguas, aun si este conocimiento o bendición fuesen considerados una bendición. Por ejemplo, el propósito del don de profeta no es su propia edificación mediante el conocimiento de que uno está siendo empleado por Dios. El profeta puede también recibir una bendición emocional por su experiencia, pero éste no es el propósito del don. Lo mismo puede decirse de todos los dones: uno puede recibir bendición por el conocimiento de que Dios lo está utilizando, y puede asimismo recibir una profunda bendición interior o emocional. Sin embargo, éste no es el propósito de los dones. Tampoco el propósito de las lenguas es el conocimiento de que uno esté hablando en lenguas; no lo es el sentimiento (la bendición). Esto significaría que Dios dio un don espiritual con el propósito de que los hombres se diesen cuenta de que tienen el don. Este don carecería de valor. Si Dios quiere que alguien sepa que tiene un don y que está siendo utilizado por Él, puede darle un don que tenga además utilidad. La persona puede entonces saber que tiene el don gracias a su utilización. Los conceptos bíblicos de la edificación espiritual de los creyentes dependen de la Palabra de Dios, del entendimiento y del conocimiento, de la exhortación y de la consolación. Los apóstoles, profetas, maestros, pastores y evangelistas han sido dados, todos ellos, para comunicar el evangelio y para edificar o construir la iglesia (Ef. 4:7-12). El Nuevo Testamento está repleto de información. Los creyentes son exhortados para que se conduzcan sobre la base de estas verdades. En las epístolas de Pablo encontramos la pauta del establecimiento de la verdad (Ro. 1–11; Ef. 1–3) y después la exhortación a los destinatarios a que vivan sobre la base del conocimiento recibido (Ro. 12:1, 2ss.; Ef. 4:1ss.). En ninguna parte se exhorta a nadie a experimentar un sentimiento ni a actuar o a crecer espiritualmente sobre la base de tal emoción. La consideración de un sentimiento (bendición) o del conocimiento de que uno está siendo empleado como edificación o beneficio espiritual y como un fin en sí mismo no es un concepto cristiano. Al cristiano le puede venir una sensación de bendición de muchas maneras, pero no se puede considerar tal cosa como el propósito de un don espiritual.

Hay consideraciones adicionales que ponen en duda el concepto de que las lenguas sean para la propia edificación. Dios dio apóstoles, profetas, maestros y evangelistas con el propósito de edificar a los creyentes. Dio también dones, como la palabra de conocimiento y la palabra de sabiduría, además de su Palabra escrita. Todos esos dones dependen del entendimiento. Un don de lenguas que edifique aparte del entendimiento no puede edificar en la misma magnitud que los dones de edificación mencionados. Las lenguas de propia edificación serían necesariamente un don no pertinente ni significante. Sería un don que nunca podría alcanzar el nivel de edificación posible en base de los otros dones. Significaría que Dios habría dado un don de habla no comprendida por el hablante y que sería imposible que diese al hablante tanta edificación como la ya disponible mediante los otros dones y la Biblia. También parece que sería posible un nivel superior de propia edificación mediante un don como el de profeta o de enseñanza, que pueden comunicar muchas verdades espirituales y proveer todos los aspectos posibles de propia edificación que pudiera provenir de las lenguas. Nadie puede ser edificado más aparte de su entendimiento que mediante su entendimiento. Considerar las lenguas como dadas para propia edificación es lo mismo que decir que Dios dio un don que no puede hacer nada que la persona no pueda hacer aparte de tal don.

Otro factor a considerar es que no se alienta a los creyentes a crecer espiritualmente mediante la propia edificación de las lenguas. Hay numerosos pasajes y exhortaciones al creyente en el sentido de que sea espiritual y que crezca en Cristo, pero ninguno de ellos menciona las lenguas. Si las lenguas fuesen para la propia edificación, uno esperaría que fuesen mencionadas, y más aun, fomentadas. Efesios 4:11 da una lista de dones dados para edificar el cuerpo de Cristo, pero las lenguas no aparecen. Si hubiesen sido dadas para edificación, deberíamos verlas en este pasaje.

Dios no tuvo la intención de que el don de lenguas fuese usado para la propia edificación. No es éste el propósito de las lenguas. Se dice de ellas que son señal para los incrédulos. Primera Corintios 14:4 no nos da el propósito de las lenguas, sino la razón de no ejercitarlas cuando no se comprenden. También hay implicaciones de que la expresión «a sí mismo se edifica» (1 Co. 14:4) no se refiere a una edificación beneficiosa. Varios versículos en este contexto declaran que no puede haber edificación aparte del entendimiento. No se ha dado ni se puede dar ninguna explicación satisfactoria para mostrar cómo las lenguas pueden edificar el yo. Hay disponibles otros dones (y la Biblia) que pueden edificar más que ninguna capacidad de hablar de manera ininteligible.

Las lenguas no son para oración ni para alabanza

Las dos posibilidades restantes para un propósito privado o devocional de las lenguas se basan en las declaraciones «porque el que habla en lenguas no habla a los hombres, sino a Dios» (1 Co. 14:2) y «hable para sí mismo y para Dios» (14:28). Ambos versículos se refieren a «hablar a Dios». Primera Corintios 14:14-17 se incluye también a menudo como prueba de que las lenguas son para oración a Dios. Las dos posibilidades son que las lenguas sean para alabanza o para oración (comunicación) a Dios. Por cuanto no hay ejemplo alguno en la Biblia de que se usen las lenguas para comunicarse con Dios, esta posición depende sólo de los pocos versículos mencionados. Un examen de tales versículos determinará si estos apoyo el uso de las lenguas para orar y alabar a Dios.

Primera Corintios 14:2 no es una descripción del don de lenguas, ni lo exalta como un medio de comunicación con Dios. Más bien, se trata del por qué se prefiere la profecía. Una paráfrasis de los versículos 1-3 que muestra el principal énfasis lo pondrá en claro: «Sed celosos en que profeticéis, porque el que habla en lenguas no habla a los hombres, sino a Dios.... pero el profeta habla edificación a los hombres.» Los corintios debían preferir la profecía (porque edifica a los demás) sobre las lenguas, que son sólo dichas a Dios. En la asamblea, «hablar a los hombres» tiene preferencia sobre «hablar a Dios», tal como se dice en este versículo. Pablo no diría que hablar a Dios en oración o alabanza sea una razón de que las lenguas sean relegadas. En otros pasajes ya dice que la oración y la alabanza son esenciales en la asamblea (véanse 1 Co. 14:15, 16; Ef. 6:18; Fil. 4:4-6; Col. 4:2; 1 Ts. 5:17; 1 Ti. 2:1-8). De ahí que 1 Corintios 14:2 no tiene que ver con hablar con Dios en oración o alabanza. El versículo mismo expone la situación. La declaración comenzada con «pues», *gar*, «pues nadie le entiende», da la razón de la precedente aseveración: «habla ... a Dios». La razón de que habla a Dios no es que esté en oración, sino que nadie lo comprende. El «habla ... a Dios» es equivalente a «sólo Dios lo entiende». La razón de la preferencia de la profecía sobre las lenguas es que todos comprenden la profecía, pero si se habla en lenguas cuando nadie las comprende, sólo queda Dios para comprender. El curso del pensamiento muestra que eso es equivalente a «hablar al aire» (v. 9). De ahí que la frase «habla a Dios» (14:2) no se refiere a oración ni a alabanza, sino al hecho de que nadie entiende; por ello, sólo Dios puede entender a tal persona.

Hay otras indicaciones de que 1 Corintios 14:2 no significa que las lenguas hayan sido dadas con el propósito de ser medio para la oración o la alabanza a Dios. La razón de que alguien «habla a Dios» es que «nadie lo entiende». Por ello, cuando alguien entiende, la cosa ya no es así. Entonces el que habla no está hablando a Dios, sino a los hombres. Por ello, este versículo no puede referirse a la oración a Dios, porque la oración seguiría siendo dirigida a Dios, aun si alguien comprendiera; pero 1 Corintios 14:2 no resulta cierto cuando alguien comprende. Las lenguas fueron comprendidas en el día de Pentecostés; por tanto, la declaración «habla a Dios» no era cierta en aquella situación. No resulta cierta cuando se interpretan las lenguas. Dios dio las lenguas por señal a los incrédulos (1 Co. 14:22). Por tanto, *la intención* era que fuesen comprendidas por los hombres en Pentecostés. Dios dio también el don de interpretación; de modo que «las lenguas» fueron dadas para ser entendidas por los hombres. El propósito declarado de las lenguas (1 Co. 14:2) es que habían sido dadas para los hombres. Por tanto, 1 Corintios 14:2 no se refiere a un aspecto de las lenguas que se mantenga siempre verdadero. «Hablar a Dios» en 1 Corintios 14:2 se mantiene sólo cuando hay hombres presentes y no entienden lo dicho.

Ésta es precisamente la situación que Pablo quiere corregir en esta epístola a los Corintios, esto es, el uso de lenguas en la asamblea cuando nadie las comprende. Este pasaje no ha sido dado para exaltar las lenguas como medio de comunicación con Dios, sino para mostrar las limitaciones de las mismas, es decir, por qué son menos satisfactorias que la profecía. Pablo no dice: «Preferid la profecía, porque las lenguas son para alabanza y oración a Dios.» Ésta no sería razón de suprimir las lenguas. Lo que Pablo realmente dice es: «Preferid la profecía, porque en el caso de las lenguas, debido a que nadie más entiende, el que las habla no puede hablar a los hombres; sólo Dios puede entender lo que dice.» Este versículo no tiene la intención de potenciar las lenguas como medio de comunicación con Dios, sino suprimir su uso en la asamblea cuando nadie las comprende (esto es, cuando sólo Dios las comprende).

El versículo 2, «habla a Dios», se aplica sólo a una situación en la que alguien habla en una lengua y los presentes no comprenden. Esto sucedía en la asamblea de Corinto, donde los miembros que hablaban en lenguas lo hacían sólo para exhibir el don y sin ningún propósito útil en mente. No sucedió así en Hechos 2:4-11, donde los oyentes comprendieron las lenguas y no podría ocurrir en ninguna asamblea obediente al mandato bíblico de ejercitar las lenguas en la asamblea sólo cuando hubiera presente algún intérprete.

El versículo que sigue es similar: «Y si no hay intérprete, calle en la iglesia, y hable para sí mismo y para Dios» (1 Co. 14:28). Lo mismo que en 14:2, aquí no tenemos una descripción que recomiende las lenguas como don para la comunión con Dios. Tampoco se alienta con ello al uso privado de las lenguas. Más bien, se desalienta usarlas en la asamblea. La instrucción «hable para sí mismo y para Dios» está en un versículo con estructura paralela y es paralelo a la declaración «calle en la iglesia». Si no hay nadie que interprete, el que habla en lenguas ha de guardar silencio. Esto es equivalente a hablar a sí mismo y a Dios. Este versículo, lo mismo que el versículo 2, se refiere a la situación en Corinto, donde nadie interpreta y, por ello, donde nadie entiende. En tal situación, el que habla en lenguas debe callar en la asamblea; es decir, debe «hablar para sí mismo y para Dios». Naturalmente, uno no puede hablarse a sí mismo si no comprende; no hay comunicación. En este contexto, la idea de hablar para uno mismo no puede significar otra cosa que «dejar de hablar a los demás de modo que sólo el que habla se oiga y no incomode a los demás». ¿Podemos realmente pensar que este versículo significa que las lenguas fueron dadas por Dios a fin de que alguien pueda hablar para sí mismo? Nadie necesita un don espiritual para este fin.

Pero, si se mantiene que este versículo sirve de apoyo a las lenguas devocionales (oración o alabanza a Dios), también sirve de apoyo a hablar para uno mismo. Si las palabras «hable ... para Dios» significan «ore o hable con Dios», entonces «hable para sí mismo» significa «ore o hable consigo mismo». En la misma oración gramatical, «hable para sí mismo y para Dios», tanto «para sí mismo» como «para Dios» ha de implicar lo mismo. Si significa que las lenguas se dirigen a Dios, también significa que se dirigen al yo. Si esto muestra que las lenguas son para oración o alabanza a Dios, también muestra que son para oración o alabanza para uno mismo. Pero no puede significar tal cosa. Por tanto, no puede significar que las lenguas sean para oración o alabanza a Dios. De modo que este versículo significa hablar donde sólo el yo y Dios puedan oír; es decir, no incomodes a la asamblea con un habla que nadie entiende.

Esto es similar en concepto a la instrucción: «¿Tienes tú fe? Tenla para contigo delante de Dios» (Ro. 14:22). Esta declaración en Romanos no significa, desde luego, una fe dirigida hacia el yo, ni alienta a una mera fe privada devocional. Se refiere al creyente que tiene fe de que puede comer cualquier cosa o fe de que no necesita observar ningún día de una manera especial. Pablo le dice al tal: «En lugar de exhibir tu libertad (fe) en esas áreas por hacer efectivamente esas cosas delante del hermano y ofendiendo su conciencia, al contrario, prívate de tu libertad por amor a él y guárdatela para ti mismo.» Lo mismo sucede con las lenguas en 1 Corintios 14:28. El hombre con el don de lenguas no tiene necesidad de exhibirlo. Cuando no hay intérprete presente, debería guardarlo para sí mismo y para Dios.

Primera Corintios 14:28 no apremia más a que el que habla lenguas las use para sus devociones particulares que la declaración «No cantes ni toques una guitarra durante la reunión de iglesia porque eso perturba a la asamblea, más bien canta o toca para ti mismo y para Dios» sirve para apremiar a la gente a cantar y a tocar la guitarra devocionalmente. Lo que significa es: «No incomodes a otros con tu hablar en lenguas; si no vas a usarlas de manera debida para ministrar a otros, no incomodes a la asamblea.» Pablo ya ha dicho en el versículo 9 que hablar al aire no es provechoso. Primera Corintios 14:2 y 14:28 no da apoyo a la idea de que las lenguas están dispuestas para la oración y la alabanza a Dios. Son pasajes de énfasis negativo, que suprimen las lenguas en la asamblea, no que fomentan el uso privado de ellas.

Igualmente, los versículos 14-16 no fomentan las lenguas como vehículos de oración. Lo que se dice en estos versículos es que resulta mejor orar con el entendimiento. Pablo testifica que antes que orar con el espíritu sin su entendimiento (esto es, en lenguas no comprendidas), prefiere orar a la vez con el espíritu y con su mente (entendimiento): prefiere orar en un lenguaje que comprende. Pablo no está diciendo: «Oraré a veces con el espíritu, y a veces con la mente.» Lo que dice es que, en contraste con hablar sólo con el espíritu (v. 14) aparte de su mente (entendimiento), prefiere hablar con ambos, esto es, en un lenguaje que comprenda. Los versículos 14-16 dicen: «Porque si yo oro en lengua desconocida, mi espíritu ora, pero mi entendimiento queda sin fruto. ¿Qué, pues? Oraré con el espíritu, pero oraré también con el entendimiento.» Esto no es un argumento en favor de la oración en lenguas, sino una razón de que las lenguas necesitan interpretación; esto es, «el espíritu ora, pero el entendimiento queda sin fruto», a no ser que las lenguas sean interpretadas. Esto no describe el aspecto de falta de fruto en las mentes de los oyentes, sino en la del que habla. Es una deficiencia o un acto negativo hablar en una lengua que no se entiende, y por ello es una razón de no orar en una lengua sin interpretación. Pablo desea que tanto su mente como su espíritu estén implicados en la oración. Esto es imposible cuando se ora en una lengua que el que habla no comprende.

Pablo no sólo arguye en favor de la necesidad de comprender la oración, sino que en los siguientes versículos (vv. 16, 17) dice lo mismo acerca de bendecir y de las acciones de gracias. Pero si la bendición, acción de gracias, y oración privadas no son un uso debido de las lenguas, ¿cómo se pueden usar para alabar a Dios? Alabar a Dios ante otros no es una optativa, porque las lenguas devocionales tienen lugar en privado. Además, los presentes no comprenderían la alabanza. Se excluye hablar *a Dios* y también *de parte de Dios* a otros. ¿Cómo puede él ser alabado? Hay razones adicionales para poner en tela de juicio el concepto de lenguas para oración o alabanza.

En primer lugar, es improbable que Dios diese un don de hablar en lenguas extranjeras, que tienen el propósito de dirigirse a las personas, para alabarle u orar a él. Es menos probable que diese un don de hablar de manera ininteligible (o cualquier habla no comprendida por el hablante) para comunicarse con Dios en oración, puesto que Jesús mismo habló contra tal práctica. Dijo: «Y orando, no uséis vanas repeticiones, como los gentiles, que piensan que por su palabrería serán oídos. No os hagáis, pues, semejantes a ellos» (Mt. 6:7, 8*a*). Jesús dio luego la inteligible oración del Señor como un ejemplo propio que seguir. La palabra traducida «usar vanas repeticiones» es el verbo griego *battalogeo*. En este versículo es paralelo en el sentido con el término «palabrería», *polulogia*.[15] Hay un consenso general de que lo que se denota en Mateo 6:7 es la idea de barbotear o tartamudear. Podemos concluir que Jesús habló en contra de una oración que consistiese en un habla o barboteo similar a las oraciones paganas. En oposición a ello, Jesús dio una oración clara y racional que va al punto y es comprensible. Dijo que debíamos orar «así». No dijo nada acerca del uso de lenguas para orar. Por tanto, es improbable que Dios fuese a dar a los creyentes un don de oración ininteligible. Jesús también dijo que no debíamos orar «como los gentiles (o, paganos)». La glosolalia (habla extática ininteligible) es común en la comunicación de los paganos con sus dioses, pero no ha sido cosa común en la iglesia hasta tiempos recientes.

Algunos han intentado leer el concepto de glosolalia de oración en la expresión «el Espíritu mismo intercede por nosotros con gemidos indecibles» (Ro. 8:26). Sin embargo, este versículo se aplica a *todos* los cristianos, como lo expone todo el capítulo. Los versículos precedentes se refieren a «nosotros mismos, que tenemos las primicias del Espíritu, nosotros también gemimos dentro de nosotros mismos, esperando la adopción» (Ro. 8:23). Los siguientes versículos se refieren a aspectos como la presciencia, la predestinación, el llamamiento, la justificación y la permanencia del amor de Cristo, aspectos que pertenecen a cada creyente. La aseveración de Romanos 8:26 es cierta de cada creyente, sin condición alguna. Las palabras traducidas «gemidos indecibles» (*steagmois alaletois*) no significan hablar en lenguas. La palabra *alaletos* conlleva la idea de «inexpresado», «sin palabras» o «inenarrable».[17] Cranfield piensa que el sentido cae entre «inefable», «que no puede expresarse con lenguaje ordinario», o «no dicho», y que el versículo siguiente sugiere lo último.[18] El prefijo *a-* en *alaletos* es idéntico al prefijo español privativo «a-» (atípico, asocial); así, *a-lalethos* = no hablado. Esta expresión significa «no hablado» o «inaudible». Por cuanto está en combinación con la palabra «gemidos», hay poca posibilidad de que en este versículo se signifique algún habla audible. Cranfield también arguye que

> *Stenagmois alaletois* debe referirse a los propios *stenagmoi* del Espíritu, y es sumamente improbable que Pablo pensase en el habla extática de ciertos cristianos, por mucho que esta habla pudiera estar inspirada por el Espíritu, como siendo los propios *stenagmoi* del Espíritu. Es desde luego mucho más probable que la referencia sea a gemidos imperceptibles para los mismos cristianos.[19]

Parece que el Espíritu es quien gime, y no la persona en oración. Además, por cuanto las lenguas son idiomas, es aun menos probable que este versículo se refiera a hablar en lenguas en oración. Las lenguas, incluidas las angélicas, difícilmente podrían ser clasificadas como gemidos inaudibles. De modo que Romanos 8:26 no da apoyo al uso de las lenguas para la oración.

El concepto de un don especial para la oración y alabanza a Dios también parece una violación de la enseñanza cristiana fundamental. El Nuevo Testamento enseña que cada cristiano tiene pleno acceso a Dios por medio de Jesucristo. Este acceso fue obtenido para cada uno de los cristianos mediante la muerte de Cristo en la cruz (Jn. 14:13, 14; Ef. 2:18; 3:12). Cada cristiano es exhortado a orar sin cesar, pero no hay implicación alguna en el Nuevo Testamento de que ciertas personas tengan un mayor acceso a Dios ni una mayor capacidad para la oración. Decir que se precisa de un don especial o que es mejor para la oración implica que la oración ordinaria es deficiente, y que aquellos que carecen del don no tienen un pleno acceso a Dios Padre. Esta perspectiva acerca de las lenguas equivale a alegar que en algún sentido místico el que habla en lenguas puede comunicarse mejor con Dios o alabarlo por hablar aparte de su entendimiento que por hablar palabras que tienen significado para él. Se precisaría de alguna explicación bíblica de por qué esto sería mejor; sin embargo, no se ha presentado ninguna. A veces se alega que la oración en lenguas permite una mayor libertad en oración, pero esto sólo puede deberse a la «distensión» psicológica, por cuanto ya tenemos libertad en oración. De parte de Dios no hay restricciones; por tanto, las únicas restricciones podrían darse en las emociones de la persona individual. Pero una liberación emocional así en la oración que se aparta de la racionalidad no constituye una oración bíblica. La oración bíblica es una oración basada en el conocimiento. Además, por cuanto se ha demostrado que las lenguas son idiomas extranjeros, esta postura equivale a pretender que un inglés, por ejemplo, puede orar a Dios y alabarlo mejor en chino que en su propia lengua, o aun más: «puede orar mejor o alabar mejor a Dios en chino que los chinos mismos en su propia lengua.» La suposición básica que subyace a esta perspectiva es que la participación racional, el conocimiento o el entendimiento dificultan de alguna manera la comunicación con Dios, y que un estado de éxtasis armoniza más con Dios. Ésta, naturalmente, no es una perspectiva cristiana, pero es típica de las religiones paganas.

Romanos 8:26 enseña que el Espíritu Santo ayuda a todos los creyentes a orar. Cada creyente tiene pleno acceso a Dios sobre la base de la muerte de Cristo, y a cada creyente se le dice que ore y será oído. Por esto, no hay necesidad de un lenguaje especial en con Dios sea mejorada por hablar en lenguas. El Nuevo Testamento está repleto de aseveraciones de que la falta de entendimiento y de conocimiento son obstáculos y deficiencias en la vida del creyente. Estas carencias no son beneficios para la espiritualidad. Las lenguas nunca se usan en los ejemplos bíblicos de oración directa a Dios.

La necesidad de un don para alabar a Dios en una lengua precisa también de explicación. Se precisa de una explicación de por qué Dios preferiría ser alabado en alemán por parte de un inglés, por ejemplo, y por qué no consideraría adecuada la misma alabanza de parte de un alemán. Es aun más difícil explicar por qué Dios consideraría la alabanza en un ininteligible lenguaje celestial o angélico (esto es, hablar aparte del entendimiento) como mejor que la alabanza comprendida por quien la pronuncia; de hecho, por qué la consideraría tanto mejor que habría dado un don milagroso con este propósito. Ningún pasaje implica que la alabanza de los ángeles sea mejor que la alabanza de los hombres (véase Ap. 4:11–5:14). Los ejemplos bíblicos de alabanza y oración en el cielo, así como sobre la tierra, son todos inteligibles por parte de los que están alrededor. Primera Corintios 13:8 declara que las lenguas cesarán, pero no hay ninguna razón evidente de la extinción de un don que dé una capacidad sobrenatural para alabar a Dios.[20] Tal cosa parecería tan permanente como el amor. Sabemos que los creyentes seguirán alabando a Dios a lo largo de la eternidad.

Las palabras en Hechos 10:46, «Porque los oían que hablaban en lenguas, y que magnificaban a Dios», no significa necesariamente que el hablante exaltase a Dios mediante lenguas; más bien, es probable que describa dos acciones separadas, porque aparentemente las palabras con las que magnificaban a Dios fueron comprendidas. Aun si suponemos que exaltaban a Dios en su habla en lenguas, es cosa cierta que la exaltación de Dios no era el propósito de hablar en lenguas en Hechos 10:46. Las lenguas, en este caso, tenían el propósito de demostrar que los que las hablaban habían recibido entrada en el cuerpo de Cristo. Cualquier habla inteligible, incluyendo las lenguas, ha de tener un contenido. Este contenido puede exaltar a Dios, pero no es el propósito de las lenguas.

No hay base sobre la que hacer la suposición de que las lenguas sean para uso privado o personal. El poseedor de cualquier otro don puede ser consciente de su don y de que Dios lo está utilizando, pero no es éste el propósito de su don. El hecho de que las lenguas son idiomas es una adicional refutación del uso privado. No hay razón de que los idiomas extranjeros sean usados en privado. El uso devocional de las lenguas está también en clara oposición del propósito declarado de las lenguas en 1 Corintios 14:22 («señal a los incrédulos»). El uso devocional de las lenguas no aparece en la Biblia, y el concepto es contrario a verdades cristianas fundamentales.

Lenguas para ministerio a los incrédulos

Todo el contexto de 1 Corintios 14 está en contra del concepto de que las lenguas sean un don dado por Dios para su uso en la asamblea.[21] La práctica de hablar en lenguas queda restringida en caso cada versículo. Este tono de supresión es tan intenso que Pablo sintió la necesidad de advertir a los corintios que no prohibiesen del todo el habla en lenguas. Pablo no tenía deseos de hablar en lenguas en la asamblea (1 Co. 14:19). Las lenguas no tenían el designio de edificar la asamblea. Pablo meramente permitió su uso con ciertas restricciones como la de la necesidad de la presencia de un intérprete, que una persona hable a la vez, y que no debían hablar las mujeres. Esto es tan claro que muchos han argüido que por cuanto las lenguas no son realmente útiles en la asamblea, debieron haber tenido un propósito personal, privado. Esto, sin embargo, ignora el gran escenario del uso público fuera de la asamblea.

Las lenguas, dadas para un propósito

No hay ninguna base para establecer diferencia alguna en la naturaleza o clase de lenguas a que se hace referencia en Hechos y 1 Corintios. Hay muchos, sin embargo, que viendo la identidad básica en la naturaleza de las lenguas, arguyen en favor de una distinción en cuanto a propósito y operación.[22] Eta distinción es estándar en círculos pentecostales.[23] La «Declaración de verdades fundamentales de las Asambleas de Dios» se refiere a «el signo inicial físico de hablar con otras lenguas (Hch. 2:4)» y llega a la conclusión de que es «lo mismo en esencia que el don de lenguas (1 Co. 12:4-10, 28), pero diferente en cuanto a su propósito y uso».[24] Brumback, en una obra que es «quizá la mejor defensa de los distintivos pentecostales»,[25] cree que esta distinción es «quizá el punto decisivo en toda la controversia».[26] Esta perspectiva pentecostal «estándar» no arguye tanto en favor de una diferencia respecto a la naturaleza de las lenguas en Hechos y Corintios cuanto respecto a diferencia de propósito. De las lenguas en 1 Corintios se dice que son el don de lenguas dado para la edificación pública y personal, pero de las lenguas en Hechos (especialmente Hch. 2:4-11) que son una señal. Esta señal es que uno ha recibido el llamado bautismo del Espíritu.

Pero un estudio de estos pasajes deja muy claro que esta distinción no se puede mantener. No sólo son todas las lenguas en el Nuevo Testamento de la misma naturaleza (idiomas), sino que son dadas también para el mismo propósito. El concepto de que las lenguas en Hechos son una señal pero que las lenguas en Corintios se refieren al don va en contra de la declaración explícita de 1 Corintios 14:22, donde se dice específicamente de las lenguas en Corinto que son para señal a los incrédulos. Las lenguas son designadas como señal (*semeion*) tanto en Marcos 16:17, 20 como en 1 Corintios 14:22. Funcionan como señal en Hechos 2:4-11, 10:44-46 (véase 11:15-18) y 19:6. Aunque el «don del Espíritu Santo» se refiere probablemente al mismo Espíritu, el hecho de que esté cercanamente relacionado en Hechos 2:38 y 10:45, 46 (véase 11:17) con las lenguas enfatiza que las lenguas en estos pasajes son de hecho un don. Los hablantes no se ganaron de ninguna manera el hablar en lenguas, ni lo buscaron ni lo esperaban, porque en cada caso queda claro que nunca ni siquiera habían oído hablar de tal fenómeno. Aunque el término *charisma*, «dones», se usa cinco veces en 1 Corintios 12, nunca se relaciona de manera específica con las lenguas. Tres veces se refiere directamente a «dones de sanidades», y en los otros dos pasajes (12:4, 31) es un término general. Por tanto, no hay más énfasis en 1 Corintios acerca de que las lenguas sean un don que en Marcos o Hechos. Decir que las lenguas en Hechos son una señal en contraste con las de 1 Corintios no solo es algo carente de base, sino que es contrario a la declaración expresa de que las lenguas en Corintios son dadas por Dios como señal (1 Co. 14:22).

Hemos visto que el habla en lenguas en Hechos y 1 Corintios se refiere al mismo fenómeno, esto es, hablar en lenguajes extranjeros previamente desconocidos. Se usan los mismos términos y no se implica diferencia alguna. Se puede ver que la distinción artificial de que las lenguas en Hechos sean una señal y las de Corinto se refieran al don es una distinción errónea. De las de Corinto las Escrituras afirman que son una señal. Unas y otras son don del Espíritu Santo: no se enfatizan las de Corinto como don más que las de Hechos. Se debería hacer observar otro aspecto. De las lenguas en Corinto se afirma que son para un uso aparte del de la asamblea. Las de Marcos son también para su uso fuera de la asamblea. Esto concuerda con los tres ejemplos (los únicos tres) históricos descritos en Hechos (2:4-11; 10:44-46; 19:6). Los tres casos tuvieron lugar fuera de la asamblea.

Hay una concordancia completa en todos los pasajes, sin conflicto. No hay distinción de propósito ni de operación; se trata más bien de que Dios dio las lenguas con un propósito.

Las lenguas como señal a los incrédulos

El propósito para los otros dones se ve sin problemas, y por lo general, si no siempre, queda patente en el nombre del don. El don de lenguas no es en realidad una excepción. La palabra «lengua», *glossa*, significa normalmente idioma. Si reconocemos que este don es el don de los idiomas, entonces el propósito es evidente. Es la capacidad milagrosa de hablar a extranjeros en su propio idioma.[27] Este punto de vista es el único sustentado por declaraciones directas de las Escrituras. Es el único que no presenta problemas. Y sin embargo es el que ha sido atacado más constantemente por los que no aceptan el testimonio de la Biblia. No dan evidencia alguna, sino que simplemente se burlan de esta postura. Esto se debe al hecho de que un don así demanda un milagro. Sin embargo, hablar de manera ininteligible no exige milagro alguno y de hecho es cosa común fuera de la cristiandad.

En el habla extática ininteligible no hay ningún propósito que sea consecuente con el Nuevo Testamento. Tampoco hay ningún propósito de orientación bíblica evidente para un lenguaje angélico o celestial. No hay ningún propósito para las lenguas devocionales, sea cual fuere su naturaleza, que no pueda conseguirse mediante algún otro don o con la Palabra de Dios. Por ello, es lógico poner en tela de juicio que sean correctos cualquiera de estos presuntos propósitos. Por cuanto las lenguas son idiomas, esperaríamos lógicamente que el don de lenguas tuviera un propósito que demande la capacidad de hablar lenguas extranjeras. Este hecho ha de ser consecuente con cualquier conclusión tocante al propósito de las lenguas.

Otro hecho que ha de ser consecuente con el propósito de las lenguas es que Dios las dio para su uso fuera de la asamblea: no son para su uso en la iglesia. La profecía es siempre válida en la asamblea, y de hecho ha sido dispuesta para la asamblea. Antes que se pueda usar el don de lenguas se precisa de otro don, el de interpretación. Primera Corintios 14 pone en claro que los dos dones no siempre van juntos; por tanto, las lenguas deben estar designadas para un propósito en el que pueden también funcionar de manera autónoma. Esto, sin embargo, no tiene lugar en la asamblea. En 1 Corintios 14:18, 19 Pablo hace una afirmación directa en el sentido de que las lenguas no son para ser usadas en la asamblea. La expresión «pero en la asamblea prefiero hablar cinco palabras con mi entendimiento, para enseñar también a otros, que diez mil palabras en lengua desconocida» equivale a «nada en absoluto». Esto puede verse en una expresión similar: «Preferiría cinco perros antes que diez mil gatos.» El interlocutor quiere decir que no quiere ningún gato. Pablo dice que usaba las lenguas a menudo, pero también añade que no deseaba en absoluto hablar en lenguas en la asamblea. Hay sólo una solución: Pablo hablaba también fuera de la asamblea. Las lenguas no son para su uso en la asamblea de creyentes. Por esto Pablo desalienta su uso y lo restringe tanto.

Primera Corintios 14:22, el único versículo que declara de manera específica el propósito para las lenguas, dice: «Así que, las lenguas son por señal, no a los creyentes, sino a los incrédulos; pero la profecía, no a los incrédulos, sino a los creyentes.» Esto viene inmediatamente después de una exhortación a no ser niños en el modo de pensar, sino a ser maduros. El pasaje viene efectivamente a decir: «Dejad de ser como niños; sed maduros. Las lenguas no son para los creyentes (en la asamblea), sino que son para señal a los incrédulos.» El uso de las lenguas entre creyentes es una niñada. Este propósito, el de servir de señal a los incrédulos, se ajusta perfectamente con el uso fuera de la asamblea. Ha de tener lugar necesariamente fuera de la asamblea.

Sin embargo, la misma expresión «señal a los incrédulos» imposibilita considerar que el propósito de las lenguas sea devocional o para oración y alabanza privada a Dios. El siguiente versículo (14:23) no entra en conflicto con este punto de vista. El incrédulo no acepta el habla en lenguas como señal en una situación como la de Corinto, porque entra en una asamblea donde todos hablan en lenguas, y evidentemente nadie comprende. Parece un manicomio. Pero cuando se usan de manera apropiada, como sucedió en Pentecostés, las lenguas son señal a los incrédulos.

Las lenguas, señal no sólo para los incrédulos judíos

Algunos han concedido que las lenguas tienen la intención de ser señal a los incrédulos, pero han restringido esto sólo a los judíos incrédulos.[28] Dillow considera que se trata de una señal de juicio sobre Israel.[29] Esta opinión se basa en la cita de Pablo de Isaías 28:11 en 1 Corintios 14:21, de la que Pablo llega a la conclusión (14:22) de que las lenguas son «señal a los incrédulos». Los principales argumentos para restringir esta señal a los judíos son que la cita (Is. 28:11) afirma que las lenguas a las que se refiere Isaías serán para señal a este pueblo y que hubo judíos presentes en cada uno de los casos de hablar en lenguas que se describe en Hechos.

Pero este segundo argumento carece de peso, porque no hay ningún suceso en el libro de Hechos en el que no haya judíos presentes. Hechos describe el establecimiento de la iglesia, que comenzó en Jerusalén y que fue extendida por los cristianos judíos hasta lo último de la tierra. Por cuanto Hechos describe este ministerio, no se puede presentar como argumento el hecho de que hubiera judíos presentes. Sería extraño que no hubiese judíos presentes en Jerusalén el día de Pentecostés (Hch. 2:4-11), en la primera misión a los gentiles (10:46) o en la misión a los que habían previamente recibido el bautismo de Juan (19:3-6). Tampoco el primer argumento demuestra que el don de lenguas del Nuevo Testamento sea señal a los judíos incrédulos. Isaías 28:11 dice: «Porque en lengua de tartamudos, y en extraña lengua hablará a este pueblo». Esta cita se considera generalmente como una profecía de la invasión asiria. La profecía se dirige a Israel acerca del juicio debido a la incredulidad de ellos. De este pasaje, Pablo saca la conclusión de que las lenguas son señal a los incrédulos (1 Co. 14:22). Pablo no dice que el don de lenguas sea un cumplimiento de esta profecía. Pocos dirían que el don de lenguas está profetizado en Isaías 28:11. Pero si no se trata de un cumplimiento de esta profecía, entonces Pablo está usando la cita para deducir un principio, no para decir que se cumplen los detalles. Por tanto, «este pueblo» y el aspecto del juicio pueden quedar incluidos en el principio, o pueden no estarlo. Aparentemente, no están incluidos, porque Pablo concluye sólo que las lenguas son señal a los incrédulos y no dice nada tocante a los judíos ni al juicio. Por cuanto Pablo está escribiendo a una iglesia mayormente gentil acerca de un don del Nuevo Testamento, es evidente que si su aseveración se refiriese a los judíos lo diría explícitamente.

El punto de vista de que las lenguas son señal de juicio para el Israel incrédulo es también inconsecuente con los demás dones. Marcos 16:17-20 contempla las lenguas como señal para confirmación del evangelio; así funcionaron en Hechos 2:4-11. La reacción en Hechos es, «¿Qué quiere decir esto?» Eso concuerda con los otros dones y con 1 Corintios 14:22. Pero ninguno de los otros dones es una señal de juicio ni sólo para los judíos. Los otros dones son todos para beneficio de aquellos a los que ministran. Los otros dones están relacionados principalmente con la iglesia. Si las lenguas son señal de juicio al Israel incrédulo, no están directamente relacionadas con la iglesia. No es sólo más seguro, sino además preferible admitir con Pablo que el principio de la acción divina en Isaías 28:11 revela que las lenguas son señal a *los incrédulos* y no leer «los judíos». Si se siguiese este proceder de manera sistemática, entonces la declaración de Pablo en 1 Corintios 9:14, «Así también ordenó el Señor a los que anuncian el evangelio, que vivan del evangelio» se aplica sólo a predicadores judíos, por cuanto el argumento se basa exclusivamente en instrucciones dadas a Israel. Esta manera de pensar restringiría también los ejemplos dados como advertencia en 1 Corintios 10:1-12 y la advertencia específica de 1 Corintios 10:12 a los judíos. Sin embargo, Pablo expone que son ejemplos *para nosotros* (10:11).

En los evangelios, Jesús dijo (Mt. 12:39; 16:4; Mr. 8:12) que no se daría señal a Israel («esta generación») excepto la resurrección. Ya en época tan tardía como la de la epístola a los Corintios se implica que aunque los judíos «buscan señal» (1 Co. 1:22, 23), no recibieron ninguna. Esas declaraciones parecen ir contra la idea de que los judíos recibieron una señal especial durante la edad apostólica, la señal de hablar en lenguas.

Las lenguas no son una señal de un bautismo del Espíritu posterior a la conversión

Los pentecostales no sólo hacen una distinción tocante al propósito de las lenguas en Hechos y en Corintios, sino que también consideran las lenguas como la evidencia inicial de un bautismo del Espíritu que tiene lugar después de la conversión. Esta evidencia muestra que la persona de que se trata ha recibido «el bautismo». Esta es la doctrina pentecostal «distintiva».[30] Brumback piensa que la distinción de propósito y el asunto de las lenguas como evidencia del bautismo del Espíritu son «quizá el punto decisivo de toda la controversia».[31] Admite él que si no se puede mantener esta distinción, «entonces la teología pentecostal sobre la enseñanza de la evidencia sufre un duro golpe».[32] Ya hemos hablado de esta distinción respecto al propósito y hemos mostrado que no hay base en la Biblia para tal distinción respecto a dicho propósito. Las lenguas son una en naturaleza y en propósito. Hay también muchas razones de rechazar la idea de que las lenguas sean señal del bautismo del Espíritu con posterioridad a la conversión.[33]

Una razón principal para rechazar dicho concepto es que el propósito de las lenguas queda expuesto en 1 Corintios 14:22 de manera específica como señal a los incrédulos. Esto no se ajusta a la doctrina de que sean una señal que demuestre que un creyente ha recibido la «segunda bendición». No hay aseveración alguna en la Biblia en el sentido de que las lenguas sean la evidencia inicial de tal acontecimiento. Por tanto, tenemos un propósito declarado para las lenguas que se enfrenta a la enseñanza de la «evidencia», y ninguna afirmación de que el propósito sea que constituya evidencia «del bautismo».

Cuando se estudian los pasajes que mencionan las lenguas, encontramos lo que sigue: Marcos 16:17-20 se refiere a las lenguas como señal que emplear para el ministerio evangelístico hacia los incrédulos. Hechos 2:4-11 es un caso específico en el que las lenguas sirvieron de señal para los espectadores no creyentes. Pedro no dice en ningún lugar acerca de esta ocasión que ello fuese la prueba del bautismo del Espíritu con posterioridad a la conversión. El siguiente caso de hablar en lenguas tuvo lugar en casa de Cornelio (Hch. 10:46). No hay en este pasaje mención de ningún bautismo del Espíritu posterior a la conversión. La Biblia dice de manera bien clara que ésta es la recepción del Espíritu que tiene lugar en el momento de la salvación. Pedro estaba predicando el mensaje evangelístico fundamental acerca de Jesucristo cuando tuvo lugar el suceso. Cornelio no había oído hablar antes de Jesús, y por tanto no era cristiano. Además, el Espíritu Santo vino sobre todos los que oían la Palabra, no sólo sobre Cornelio. No hay sugerencia de que los otros fuesen creyentes con anterioridad a esto. El estado del asunto queda claramente expresado en Hechos 11:14-18, donde Pedro explica el ministerio que desempeñó hacia los que estaban en casa de Cornelio (10:1-48), comenzando con un informe de la declaración que un ángel había hecho a Cornelio de que Pedro «te hablará palabras por las cuales serás salvo tú, y toda tu casa» (11:14). El ángel dijo que Pedro diría a Cornelio y a su casa cómo ser salvos. Luego, Pedro dice:

> Y cuando comencé a hablar, cayó el Espíritu Santo sobre ellos también, como sobre nosotros al principio. Entonces me acordé de lo dicho por el Señor, cuando dijo: Juan ciertamente bautizó en agua, mas vosotros seréis bautizados con el Espíritu Santo. Si Dios, pues, les concedió también el mismo don que a nosotros que hemos creído en el Señor Jesucristo, ¿quién era yo que pudiese estorbar a Dios? (Hch. 11:15-17).

Pedro dice que el Espíritu cayó sobre la casa de Cornelio como sobre los apóstoles y otros en Jerusalén al principio. Se refiere al principio, es decir, a Pentecostés. Por cuanto pasa por alto los acontecimientos que habían tenido lugar durante el intervalo, como la conversión de los samaritanos (Hch. 8:5-25), parece claro que no habían ocurrido lenguas desde Pentecostés. Si lo hubieran sido, habrían constituido una evidencia adicional e ideal para vindicar el ministerio de Pedro a los gentiles, ministerio por el que tenía que rendir cuentas ante la asamblea. Habría sido una gran ayuda para Pedro poder decir que había sucedido a los gentiles como había sucedido en Pentecostés y Samaria. Por tanto, la implicación es que esto no había sucedido desde Pentecostés. No se registra ningún otro caso. Los oyentes de Pablo, que eran los apóstoles y los hermanos en Judea (Hch. 11:1), comprendieron el acontecimiento como de salvación. Contestaron: «¡De manera que también a los gentiles ha dado Dios arrepentimiento para vida!» (11:18). Esto no podría expresarse de manera más clara: Tenía que ver con el «arrepentimiento para vida.»

Hechos 19:1-6 es el acontecimiento final de Hechos que se refiere al habla en lenguas. Las personas que aquí se mencionan no habían nunca oído hablar de Jesucristo ni del Espíritu Santo. Sólo habían recibido el bautismo de Juan (v. 3).[34] Pablo les habló entonces de Jesucristo, y ellos oyeron (creyeron) y fueron bautizados. Cuando Pablo puso sobre ellos las manos, hablaron en lenguas. Antes de esto, no habían sabido del Espíritu ni de Cristo, de modo que era evidente que no habían creído el evangelio ni habían recibido nada del Espíritu. Aquí tenemos la conversión, no un bautismo del Espíritu posterior a la conversión.

El último pasaje que menciona lenguas es 1 Corintios 12–14. No hay nada que siquiera se parezca a una enseñanza o a un incidente de bautismo del Espíritu posterior a la conversión. Las lenguas como evidencia del bautismo del Espíritu no pueden dar satisfacción a ninguno de los aspectos básicos, como el hecho de que los dones son para el ministerio, lo cual es cierto de todos los dones.

Un golpe final es la conciencia de que las lenguas como señal de que un creyente ha recibido un bautismo del Espíritu posterior a la conversión serían algo especialmente apropiado en la asamblea. Por tanto, no podría ser aplicable el argumento de 1 Corintios 14. Sería tan aceptable como la profecía. No habría necesidad de intérprete. ¿Por qué debería restringirse a que lo ejerciera uno cada vez, y a tres como máximo? ¿Por qué no podrían las mujeres hablar, si ello fuese evidencia de que habían recibido «el bautismo»? Si eran evidencia del «bautismo», ¿como es que Pablo hablaba más en lenguas que todos ellos? ¿Para qué continuar hablando en lenguas, cuando la evidencia ya había sido dada? La doctrina pentecostal tiene que hacer necesariamente una distinción en las lenguas, o bien todos estos asuntos muestran la falsedad de la pretensión de que las lenguas demuestran un bautismo del Espíritu posterior a la conversión. Pero hemos visto que no existe tal distinción. Las lenguas no son evidencia de un pretendido bautismo del Espíritu posterior a la conversión.

Conclusión acerca del propósito de las lenguas

Es cosa cierta que las lenguas son idiomas extranjeros, son una señal para los incrédulos, y son para su uso fuera de la asamblea. Estos principios no se ajustan con las lenguas devocionales, con las lenguas extáticas, con las lenguas como señal de un pretendido bautismo del Espíritu, ni con las que se ejercen en una reunión de iglesia. Hay otros dos hechos que deben mencionarse. Todos los dones deben ejercitarse para ministrar a otros. Esto se ha demostrado con anterioridad. En segundo lugar, el don de interpretación significa que Dios ha querido que haya comunicación con otros, que haya entendimiento. Todos estos principios se acumulan hacia un propósito evidente que es totalmente bíblico en su perspectiva y también lógico. Las lenguas son la capacidad milagrosa de hablar lenguas extranjeras para poder ser señal a los incrédulos y así obtener auditorio para el evangelio. Puede que puedan usarse para comunicar el evangelio mismo, aunque esto no se dice expresamente. Tanto si se usa para comunicar el evangelio mismo o sólo para atraer la atención a los mensajeros, es cosa de menor importancia. En cualquiera de ambos casos, su propósito es evangelístico. Son un don evangelístico y operan de la misma manea que los dones de milagros y sanidades que se ha demostrado ya antes que son para señal a incrédulos y no para beneficio de los creyentes. Este propósito se ajusta a todos los principios para los dones espirituales, exhibe un propósito sencillo y directo que está positivamente en línea con los propósitos de Dios, y se ajusta a todas las declaraciones específicas tocantes al don de lenguas. No se ajusta a ninguno de los usos actuales para las pretendidas lenguas del presente.

Esta es la única perspectiva en la que el don de interpretación parece tener su esfera apropiada. Si las lenguas fuesen para un uso devocional privado, entonces el don de interpretación se hace redundante. Si las lenguas son un habla extática ininteligible, entonces necesariamente se necesita un intérprete, pero surge la pregunta: ¿Por qué dispensó Dios un don de habla ininteligible, un segundo don para hacerla inteligible, y cuando se usan estos dos dones necesariamente de manera conjunta no hacen más que lo que consigue una persona que habla de manera que se hace entender? ¿Por qué dos dones para conseguir no más que lo que consigue uno? Es difícil creer que Dios dispensa a un hombre el don de un habla ininteligible y a otro el don de hacerla comprensible. Algunos pueden objetar que esto también es de aplicación si se trata de un idioma extranjero, pero no es así. Una mera habla ininteligible no obtiene ningún propósito de ninguna clase excepto si es interpretada. Pero la capacidad de hablar un idioma extranjero a los incrédulos que hablan aquel idioma proporciona un propósito válido tanto para el don de lenguas como para el don de interpretación por separado. Uno puede hablar un idioma extranjero a los que hablan aquel idioma, y no necesita de ningún intérprete. Los oyentes son los intérpretes, como en el día de Pentecostés. Por tanto, el don de lenguas puede ser útil por sí mismo. El don de interpretación puede también funcionar de manera independiente al don de lenguas, por cuanto el intérprete puede interpretar lenguas habladas por personas que las tienen como propias.

El propósito de las lenguas que se acaba de exponer explica por qué sólo algunos poseen el don. No es principalmente para la persona que lo posee; por ello, es similar a todos los otros dones, y sólo los que Dios ha querido que ministren con lenguas lo poseen. Los otros propósitos que generalmente se aducen para las lenguas son primariamente para beneficio de quien las habla; por tanto, surge la interrogante: «Por qué sólo unos pocos poseen este beneficio adicional?» Este problema desaparece con la solución anterior. Dios dio un don útil que funcionaba de una manera similar a los otros dones (para ministrar a otros) y que era claramente milagroso y que redundaba para gloria el Él.

Lenguas y vitalidad espiritual

Los proponentes de las lenguas actuales aseveran a menudo que la experiencia y los resultados relacionados con dicha experiencia están comunicando un avivamiento de vitalidad espiritual a la iglesia. En este caso nos vemos encarados con esta pregunta: ¿Produce el don bíblico de lenguas vitalidad espiritual en una iglesia o en un individuo? La respuesta es clara y fácil de encontrar. Primera Corintios muestra que el don genuino de lenguas no aumenta por sí mismo la vitalidad espiritual de una iglesia ni de un individuo. La iglesia en Corinto, que es la única iglesia en el Nuevo Testamento de la que se dice de manera específica que practicaba el hablar en lenguas, era la iglesia más carnal del Nuevo Testamento. Pablo les dijo que eran carnales y no espirituales (1 Co. 3:1-3). Estaban divididos, toleraban una grave inmoralidad, carecían de amor, se arrastraban unos a otros ante jueces paganos, celebraban unos servicios desordenados, tenían problemas doctrinales, entendían mal los dones espirituales (su propósito tanto como su uso) y habían transformado la mesa del Señor en una fiesta de embriaguez. Su énfasis desequilibrado sobre las lenguas posiblemente llevó a alguno de esos problemas. Pablo estaba interesado en la vitalidad espiritual de las iglesias, pero dijo de manera específica que prefería con mucho hablar en la iglesia en un lenguaje que pudiese comprender que en lenguas. Si las lenguas potencian la vitalidad de una iglesia, ¿por qué Pablo prefería no usarlas en la iglesia? Cuando Pablo mencionó los dones que edifican y fortalecen espiritualmente a la iglesia (Ef. 4:11), ¿por qué no incluyó las lenguas?

No sólo está claro por el ejemplo de la iglesia en Corinto que las lenguas no servirán para potenciar la vitalidad espiritual de la iglesia ni de la persona individual, sino que también queda claro al contemplar el propósito de las lenguas. Un don que se da como señal para los incrédulos no tiene el designio de edificar a los creyentes. Para este propósito están los dones de profeta y maestro. Pero los corintios ponían el énfasis en un don destinado a ser señal a los incrédulos en vez de ponerlo en los dones de edificación, como los de profeta y maestro.

La prioridad del don de lenguas

Se dice más en el Nuevo Testamento acerca de la prioridad del don de lenguas que acerca de la prioridad de cualquier otro don.[35] Esto se debe al extraviado énfasis que la iglesia de Corinto había puesto en este don. Aunque muchos mantienen que las lenguas son un don de elevada prioridad y una evidencia necesaria del bautismo del Espíritu, el Nuevo Testamento enseña en sentido contrario.[36] Hay muy poco énfasis sobre las lenguas en el Nuevo Testamento. Sólo se describen unos pocos casos de hablar en lenguas en el libro de Hechos, aunque Hechos cubre un período de muchos años. Cada uno de los casos que se describen (Hch. 2, 10, 19) es una ocasión especial, y el hablar en lenguas es sólo circunstancial al propósito para describir la ocasión. Pablo dice que hablaba en lenguas «más que todos vosotros» (1 Co. 14:18), pero ésta no es la única evidencia que poseemos tocante a las lenguas en la vida de Pablo. Es tan poco el énfasis que reciben las lenguas que aunque es de suponer que Pablo hablaba frecuentemente en lenguas, no se describe ni una sola ocasión. Aparentemente, no se consideraba significativo. Pablo sólo menciona las lenguas en un pasaje, 1 Corintios 12–14, y son unas consideraciones para minimizar su valor. Es la única mención de las lenguas en las epístolas, y es para restringir el uso de las lenguas. No hay ningún pasaje que declare que ninguna otra iglesia además de la iglesia de Corinto practicase hablar en lenguas en tiempos del Nuevo Testamento. Tres de los cuatro pasajes en las epístolas que tratan de los dones espirituales (Ro. 12:4-8; Ef. 4:11; 1 P. 4:10, 11) ni siquiera mencionan las lenguas. No hay aliento en ninguna otra parte del Nuevo Testamento para que un creyente hable en lenguas; al contrario, son desalentadas en 1 Corintios.[37] Aunque los creyentes son exhortados tocante a muchos aspectos de la vida espiritual, nunca se les exhorta a que busquen hablar en lenguas ni a que hablen en ellas.

El don de lenguas era uno de los muchos dones dados a la iglesia, y no era dado a todos los creyentes. En 1 Corintios 12:29, 30 Pablo plantea esta pregunta de retórica: «¿Son todos apóstoles? ¿son todos profetas? ¿todos maestros? ¿hacen todos milagros? ¿tienen todos dones de sanidad? ¿hablan todos lenguas? ¿interpretan todos?» La respuesta a cada una de esas preguntas es: ¡No![38] Pablo explica que todos los dones son necesarios, y que los dones son diversamente distribuidos entre los creyentes para que todo el cuerpo de Cristo pueda funcionar de manera apropiada (1 Co. 12:4-31). Los genuinos habladores en lenguas formaban sólo una pequeña proporción de los creyentes.

Primera Corintios 12:28 hace una aseveración específica acerca de la prioridad de las lenguas: «Y a unos puso Dios en la iglesia, primeramente apóstoles, luego profetas, lo tercero maestros, luego los que hacen milagros, después los que sanan, los que ayudan, los que administran, los que tienen don de lenguas.»

El orden expresado en los términos «primeramente», «segundo» y «lo tercero» no es temporal o cronológico, porque los dones no fueron dados en este orden temporal. Las lenguas fueron dadas al principio, el día de Pentecostés, y sin embargo se encuentran por debajo de muchos dones en esta lista. En el Nuevo Testamento, «apóstol» es el don de la mayor prioridad, y «profeta» es el segundo en orden. Por tanto, el orden expresado en este versículo es de prioridad. Los apóstoles vienen primero, luego profetas, luego maestros. (Pablo no incluye todos los dones: «evangelista» es uno de los dones que no se incluyen aquí; pero incluye los suficientes para comunicar su argumento de que las lenguas tienen una baja prioridad en relación con los otros dones espirituales.) Observemos que el don de administración, que necesariamente implica alguna función destacada, es más baja en cuanto a prioridad que los dones de edificación espiritual. Las lenguas está en el lugar más bajo posible en esta lista, por debajo de los milagros, de los que ayudan, y de los que administran. Gramaticalmente, es posible que todos en esta última parte de la lista estén en un nivel algo similar, y que se haga referencia a ellos en grupo, por cuanto las designaciones de orden «primeramente», «luego (lit., «segundo», «lo tercero», «luego (gr., *epeita*)» y «después (*eita*)» no siguen más allá. Las lenguas, sanidades, y milagros tienen todos una prioridad inferior a la enseñanza.

Este aspecto de la baja prioridad de las lenguas constituye el trasfondo para toda la consideración de las mismas en 1 Corintios 12 y 14. Después de referirse a la alta prioridad de dones como el de apóstol, profeta y maestro, y luego a la prioridad relativamente baja de los milagros, sanidades, y especialmente lenguas (y de especificar que ninguno de esos dones es poseído por todos los creyentes), Pablo dice en el siguiente versículo (12:31): «Sed celosos, pues, los dones mejores». No cabe duda alguna en el contexto de que Pablo significa que quiere que sean celosos por los dones de mayor prioridad, especialmente en contraste con el don de lenguas.[39] En 1 Corintios 14:12 de nuevo se refiere a lo deseable del don de profecía en contraste con el don de lenguas. Este énfasis sobre la prioridad de la profecía sobre las lenguas prosigue a lo largo del capítulo. Al final del capítulo dice: «Sed celosos por profetizar.» Ha establecido con tanta claridad la baja prioridad de las lenguas y la naturaleza de total inutilidad de este don cuando nadie comprende lo que se dice, que se da cuenta de que la evidente respuesta de los corintios sería excluir totalmente las lenguas. Por ello, en contraste con el apremio a los corintios a tener celo por las profecías, sencillamente dice: «y no prohibáis las lenguas» (14:39).

El Nuevo Testamento asevera que los cristianos deberían enfatizar los dones de mayor prioridad y que edifican. Cuando se entienden mal, las lenguas carecen de valor, y como don son de una prioridad relativamente baja.[40] Pablo escribió para corregir a los corintios a causa de su énfasis fuera de lugar sobre el don de lenguas. En 1 Corintios 12 él refuta la idea, que ellos aparentemente sostenían, de que el don de lenguas debe enfatizarse, y que todos deberían desearlo. Se puede decir con total certidumbre que cualquier persona, grupo o iglesia que enfatice las lenguas está en un error en este particular. Incluso si las lenguas actuales fuesen dones genuinos del Espíritu Santo, el énfasis que reciben es erróneo. Cualquier persona, grupo o iglesia que pretenda que todos los creyentes deberían buscar lenguas y hablar en lenguas pretenden algo que es contrario a las Escrituras.

La búsqueda del don de lenguas

La idea de buscar ciertos dones espirituales ha sido considerada de manera detallada. Se ha mostrado que Dios da los dones según su propia voluntad, y que no hay prueba en la Biblia de que nadie jamás obtuviese un don por buscarlo. Además, se ha mostrado que los pasajes que a menudo se usan para demostrar que uno debe buscar unos ciertos dones no enseñan tal idea. Esta sección considerará brevemente la idea de la búsqueda del don de lenguas, ya que este concepto está tan extendido en la actualidad.

Hay sólo tres pasajes que describen incidentes en los que se habla en lenguas. Son Hechos 2:4-11; 10:46 y 19:6. En cada uno de estos casos, el hablar en lenguas es la instancia inicial para los implicados en el habla. Ninguno de los versículos sugiere que ninguno de los implicados buscase el don de lenguas. Al contrario, no buscaron hablar en lenguas. Los que hablaron en lenguas el día de Pentecostés nunca habían oído de este don y no tenían idea de que les iba a venir ni que era un don para la iglesia. ¿Cómo iban a buscarlo, entonces? Aun en el caso improbable de que Cornelio y su familia (Hch. 10:46) hubieran oído acerca de los acontecimientos de Pentecostés, no tenían el concepto de dones para la iglesia; desde luego, no tenían motivos de estar suficientemente informados para esperar recibir el don de lenguas cuando ni siquiera habían oído el evangelio.

Por lo que respecta a Pedro y los judíos creyentes que lo acompañaban, desde luego éstos no esperaban que esos gentiles hablasen en lenguas, porque se quedaron atónitos cuando sucedió (Hch. 10:45). Los judíos no sólo se sintieron asombrados por ello, sino que se quedaron sorprendidos de que los gentiles pudieran acceder a la salvación. Por ello, pretender que esos gentiles buscaban hablar en lenguas es contrario a toda evidencia. Por cuanto fueron convertidos en esta ocasión, esta teoría demanda también que estuviesen buscando el don de lenguas antes de haber oído el evangelio y antes de haber recibido la salvación. También está claro que los que hablaron en lenguas en Hechos 19:6 no eran conscientes de la existencia del don, ni lo buscaban. Pablo les preguntó si habían recibido el Espíritu Santo. Respondieron: «Ni siquiera hemos oído si hay Espíritu Santo», o, como suele interpretarse: «No hemos oído que hubiera sido dado el Espíritu Santo» (Hch. 19:2). Es cosa cierta que no habían oído hablar de Pentecostés, de la recepción del Espíritu Santo por parte de los creyentes, ni de los dones espirituales dados por el Espíritu Santo. Como se afirma en el versículo 4, ni siquiera habían oído hablar de Jesucristo. ¿Quién dirá, frente a toda esta evidencia, que ellos estaban buscando el don de lenguas? Estos tres casos son las *únicas* descripciones bíblicas de la recepción de este don y de su ejercicio. La única información que tenemos revela que este don no vino por buscarlo ni por creer que estaba disponible, ni por ningún conocimiento de los dones espirituales, ni por ninguna actitud hacia los mismos. Recibieron el don puramente por la voluntad de Dios.

Esto debería dejar en claro que el don de lenguas, si fuese dado en la actualidad, vendría sobre creyentes genuinos de toda persuasión. No vendría sólo sobre los que creen en lenguas ni sólo sobre los que pertenecen a grupos pentecostales. Vendría sobre creyentes aunque no lo buscasen o ni siquiera lo deseasen.[41] La explicación pentecostal para la falta de lenguas a lo largo de la historia de la iglesia es que los hombres no tenían fe en los dones ni creían en el don de lenguas, y que por ello no lo recibieron. Esto no concuerda con los relatos bíblicos y es un mero intento de racionalizar un obstáculo impasable para la postura que afirma que en la actualidad se están dando lenguas genuinas, esto es: si las lenguas no cesaron, ¿por qué han transcurrido mil setecientos años o más sin ninguna manifestación plausible del don?

La Biblia no contiene exhortación alguna a buscar ni a desear el don de lenguas. Al contrario, incluye aseveraciones específicas en el sentido de que los creyentes deberían enfatizar y tener celo por dones distintos al don de lenguas (1 Co. 12:31; 14:1, 39). Incluso si alguien busca unos ciertos dones espirituales a pesar de la prueba de que los dones no vienen por buscarlos, es evidente que no debería buscar el de lenguas.

Restricciones al uso de las lenguas

Si las lenguas tienen el designio de ser una capacidad milagrosa de hablarlas como señal para los incrédulos, entonces cualquier uso privado de ellas o en la asamblea no es el mejor que se les puede dar. Aunque las lenguas estaban permitidas en la asamblea en Corinto, aparentemente nadie en el primer siglo imaginó cosa alguna como las lenguas devocionales. Se desalienta el uso del don de lenguas en la asamblea, pero puede usarse con ciertas restricciones. La primera restricción se basa en el tema general de 1 Corintios 14: «Hágase todo para edificación» (14:26). La primera restricción es que nadie puede hablar en lenguas en ningún momento en la asamblea si no hay un intérprete presente (14:28). Otra restricción es que sólo debe hablar un número limitado de personas, y luego que pueden hablar sólo uno a la vez. Dos, quizá tres, pueden hablar, uno por uno. Una tercera restricción instruye que las mujeres no deben hablar en la asamblea (14:34, 35). Como mínimo, esta restricción incluye hablar en lenguas. Finalmente, toda la asamblea debe comportarse de una manera ordenada (14:33, 40). Esas restricciones, como debemos recordar, se aplican al don genuino de lenguas.

Recapitulación de la enseñanza bíblica acerca del don de lenguas

El don de lenguas es la capacidad de hablar milagrosamente una lengua extranjera. La traducción «idioma» es la interpretación más natural de la palabra *glossa* en los pasajes tocantes al don de lenguas.

Esto se funda en que Hechos 2:4-11, la única descripción del habla en lenguas en la Biblia, dice de modo expreso que se hablaron lenguas humanas reales. Primera Corintios 13:1 muestra que lo que está implícito también en 1 Corintios son las lenguas o lenguajes de hombres. Por cuanto la conclusión de 1 Corintios 14:21, 22 tocante al don de lenguas se basa en una referencia del Antiguo Testamento a invasores extranjeros, este pasaje implica de manera llana que lo que se significa por «lenguas» en este pasaje son lenguajes humanos normales. No hay prueba alguna de que *glossa* pueda significar un habla extática, ni hay tampoco evidencia de que se usase de esta manera. Hasta tiempos recientes, la iglesia siempre ha considerado este don como la capacidad de hablar lenguas extranjeras.

El Nuevo Testamento no hace insinuación alguna de que el don de lenguas fuera «extático» en el sentido normal del término. El hablante gobernaba el don y podía detener su uso. El habla en lenguas no estaba más bajo el dominio del Espíritu que otros dones espirituales como la profecía. Por ello, no hay base para suponer un estado extático, ni ningún fenómeno concomitante como sacudidas, convulsiones, espumarajos por la boca, gritos, un tono o timbre anormal de la voz, ni una velocidad insólita en el habla.

De las lenguas se dice de modo expreso que su designio es ser señal para los incrédulos (1 Co. 14:22). Este propósito no se ajusta al lenguaje devocional ni al angélico. No hay ningún propósito evidente para lenguas extáticas o angélicas. La capacidad de hablar milagrosamente lenguas extranjeras tiene un propósito determinado que se conforma con el propósito de todos los dones espirituales y que está en armonía con el Nuevo Testamento. Las lenguas son idiomas extranjeros y se usan para hacer que el mensaje del evangelio sea atendido. Esto permite el uso normal de *glossa* como lengua extranjera y concuerda con la declaración de que las lenguas son señal a los incrédulos. Armoniza con la declaración de Pablo de que las lenguas no han sido dadas para su uso en la iglesia. También está en armonía con las necesidades de la iglesia, especialmente en sus principios.

También es verdad que el don de lenguas es de baja prioridad. Deben preferirse la enseñanza y otros dones. Según 1 Corintios 12–14, el don de lenguas no debería enfatizarse. Aunque los pasajes a menudo citados no implican que nadie debería buscar don alguno, si alguien desea un don específico debería ser otro que las lenguas. No hay nada en la Biblia acerca del uso privado o devocional de las lenguas. Un uso así es contrario al propósito de los dones espirituales, por cuanto es puramente para beneficio del que habla. Esto no puede tener lugar en amor. Un uso así suscita una pregunta: ¿Por qué algunos tienen un beneficio en su vida devocional que otros no tienen? ¿Por qué nadie necesita un don así, si Romanos 8:26 declara que todos los creyentes tienen la ayuda del Espíritu Santo en oración? La creencia en las lenguas devocionales constituye una negación implícita de la suficiencia de la justificación en Cristo y la propuesta implícita de la idea de que se precisa de algo adicional para una perfecta comunión con Dios. La provisión por parte de Dios del don de interpretación de lenguas muestra también que las lenguas no habían sido dadas para su uso privado. Las lenguas, sean personales o públicas, no aportan vitalidad espiritual, como se hace patente en el caso de la iglesia de Corinto. Son como todos los otros dones; es decir, fueron dadas para el benéfico ministerio de otros.

* * *

1. Walter J. Hollenweger, *The Pentecostals* (Londres: SCM, 1972), 342-343. (Hay edición en español [*Los pentecostales*, Buenos Aires: La Aurora].) Muchos partidarios del movimiento carismático se adhieren a estas pretensiones; véase Josephine Massyngberde Ford, «The Charismatic Gifts in Worship», en *The Charismatic Movement*, ed. Michael Hamilton (Grand Rapids: Eerdmans, 1975), 115, 116.
2. Véanse Juan 3:16; Gálatas 5:13; Filipenses 2:1-8 y muchos otros pasajes, Véase también Ethelbert Stauffer, «Agapao», en *Theological Dictionary of the New Testament*, ed. Gerhard Kittel, Gerhard Friedrich y Geoffrey W. Bromiley, traducido por Geoffrey W. Bromiley (Grand Rapids: Eerdmans, 1964-1976), 1:49-55.
3. Archibald Robertson y Alfred Plummer observan que esto es «especialmente con referencia a su manifestación a los hombres» (*A Critical and Exegetical Commentary on the First Epistle of St. Paul to the Corinthians*, ICC, 2ª ed. [Edimburgo: T. & T. Clark, 1914], 285). Sin embargo, pasan por alto el contexto y los vv. 4-7 cuando no advierten que en este pasaje «amor» se refiere exclusivamente a amor hacia las personas.
4. F.L. Godet, *The First Epistle to the Corinthians*, 2 tomos (Grand Rapids: Zondervan, 1971), 2:235, 240.
5. Si las lenguas o los demás dones se ejercitan en amor, aprovechan al que ejercita esos dones en el sentido de las recompensas que recibirá todo servicio hecho por amor a Cristo. Sin embargo, no se trata de provecho en el sentido de que el don se use para ministrar a uno mismo o para la propia edificación.

6. Wayne A. Grudem intenta erigir un argumento en el sentido de que la profecía es señal a los creyentes, y en este intento asevera que 1 Corintios 14:22 no es una estructura que denote propósito (*The Gift of Prophecy in the New Testament and Today* [Westchester, Ill.: Crossway, 1988], 174-177). Sin embargo, esta estructura denota comúnmente propósito, y este sentido concuerda perfectamente en este pasaje.
7. Howard M. Ervin, *These Are Not Drunken, As Ye Suppose* (Plainfield, N.J.: Logos, 1968), 107.
8. Carl Brumback, *What Meaneth This?* (Springfield, Mo.: Gospel Publishing House, 1947), 291-298. Él arguye que las lenguas son para alabanza, y dice que en Pentecostés fueron usadas para alabanza a Dios antes que la multitud se reuniera (pp. 35ss). Esto es contrario al pasaje, que dice que la multitud estaba presente y que oyó el habla en lenguas. Véase también Earl P. Paulk, *Your Pentecostal Neighbor* (Cleveland, Tenn.: Pathway, 1958), 67; Hollenweger, *Pentecostals*, 342-343 [*El pentecostalismo*: La Aurora]; Ford, «Gifts», 115.
9. Junto con el verso 2, los versículos 3, 4 contienen argumentos que explican por qué Pablo dijo en el versículo 1 que la profecía debe ser preferida sobre las lenguas.
10. William F. Arndt y F. Wilbur Gingrich, *A Greek-English Lexicon of the New Testament* (Chicago: University of Chicago Press, 1947), 560, 561.
11. La palabra para *mente* puede significar «mente» o «la capacidad de comprender». Obsérvese que la mente es infructífera. El versículo no dice que el habla o la comunicación sean infructíferas. Por tanto, la mente del mismo que habla carece de fruto; es decir, no hay comprensión ni edificación. Algunos han interpretado la expresión *mi entendimiento queda sin fruto* como que significa «mi mente no produce fruto en otros», es decir, que el hablante no comunica nada a los demás. Esta postura exige una cierta cantidad de entendimiento de parte del hablante, entendimiento que no obstante no puede comunicar a los demás. Sin embargo, los versículos 15 y 19 muestran que la mente (*nous*) no se implica en absoluto cuando alguien habla en lenguas. La declaración «mi mente está sin fruto» es equivalente a la expresión «aparte de mi mente» en los siguientes versículos. La mente, por cuanto no está inclusa, no produce fruto en el que habla; por ello, no puede comunicar nada a los demás. La razón de que quien habla no puede comunicar el mensaje es que no hay entendimiento, o podría comunicar aquello que ha comprendido. Aun si se mantiene la postura de que «mi entendimiento queda sin

fruto» se refiere a una falta de comunicación a otros, ello es sólo debido a que el que habla no comprende. Sea como fuere, quien habla no comprende. «Sin fruto», sin embargo, significa claramente «aparte de mi mente». Por ello, no hay edificación propia y tampoco edificación de los otros.

12. Si el que habla es edificado aparte de su propio entendimiento, surge evidentemente la siguiente pregunta: «Si él queda espiritualmente estimulado al oírse a sí mismo pronunciar sonidos que no entiende, ¿por qué los demás no pueden ser espiritualmente estimulados por oír los mismos sonidos?» (James D. Bales, *Pat Boone and the Gift of Tongues* [Searcy, Ark., 1970], 109-110). El oyente no es estimulado espiritualmente, ni puede serlo el hablante de ninguna manera provechosa.
13. Robertson y Plummer dicen que el hablante «se edificaba a sí mismo», pero no dicen cómo ni por qué medios (*Primera Corintios*, 367). Ninguno de los numerosos usos de *oikodomeo* en la Septuaginta está en paralelo con este concepto. Véase Hatch y Redpath, *Concordance*, 970-972. *Oikodomeo* no parece ser usado en la Septuaginta en el sentido de edificación personal. Véase también Otto Michel, «Oikodomeo», *TDNT*, 5:137-138. *The Exhaustive Concordance of the Bible*, de James Strong, muestra que los traductores ingleses no tradujeron ninguna verbo del Antiguo Testamento mediante la palabra «edify» [edificar]. Efesios 4:16 no usa el verbo, sino el nombre «edificación». El cuerpo de Cristo como colectividad es edificado por el ministerio mutuo de los miembros.
14. F.L. Godet, *First Corinthians*, 2:268.
15. La palabra *battalogeo* no aparece en la Septuaginta y se usa sólo en este pasaje del Nuevo Testamento. Arndt y Gingrich lo definen como «parlotear, hablar sin pensar» (*Lexicon*, 137). Moulton y Milligan ven una relación entre *battalogeo*, *battologeo* y *battalos*, el apodo de Demóstenes, que era llamado así «debido al torrente de palabras bajo su dominio, que hacía que sus envidiosos rivales le llamasen «el barboteador» (*Vocabulary*, 107). Liddell y Scott se refieren a palabras similares, todas ellas con el sentido de tartamudear, y definen *battologeo* como «hablar tartamudeando, decir lo mismo una y otra vez» (*Lexicon*, 311). Beare piensa que el significado de Jesús en este pasaje es que los discípulos no deben «barbotear sonidos sin significado» («Speaking with Tongues», *Journal of Biblical Literature* 83 [Septiembre 1964]: 229). Delling está de acuerdo en que significa «barbotear» en este versículo («Battalogeo», *TDNT*, 1:597). Lampe define el término tal como se usaba poco después de los tiempos del Nuevo Testamento (*Patristic Greek Lexicon*, 294).

Un ejemplo denota claramente habla sin entendimiento (Dámaso, *Trophaea* 2.4.4., que dice: «*me epistamenos alla battologeon*, no comprendiendo, sino barboteando»). Otro ejemplo de un padre de la iglesia primitiva se refiere a un habla ininteligible (Gregory Nyssa).

16. Arndt y Gingrich, *Lexicon*, 34.
17. Liddell y Scott, *Lexicon*, 60.
18. C. E. B. Cranfield, *The Epistle to the Romans*, ICC, 2 tomos (Edimburgo: T. & T. Clark, 1975-1979), 1:423-424.
19. *Ibid.*
20. Tampoco hay razón alguna de que tuviesen que cesar las lenguas angélicas. Ésta es una implicación adicional de que las lenguas no son lenguaje celestial o angélico.
21. Carl Brumback, *What Meaneth This?*, pp. 299ss [Hay una edición en español, *¿Qué quiere decir esto*?, Deerfield, FL: Editorial Vida]. Brumback cree que el propósito de las lenguas es doble: «la edificación individual y colectiva» (*What Meaneth This?* 265).
22. *Ibid.*, 261-272.
23. Véase Hollenweger, *The Pentecostals*, 342 [*El pentecostalismo*, La Aurora]; Erling Jorstad, *The Holy Spirit in Today's Church* (Nueva York: Abingdon, 1973), 81; Nichol, *Pentecostalism*, 12, 13.
24. Artículo 8, «The Evidence of the Baptism in the Holy Ghost», como aparece en el Apéndice a William W. Menzies, *Anointed to Serve* (Springfield, Mo.: Gospel Publishing House, 1971), 388. Menzies es el «historiador por excelencia de las Asambleas de Dios», según David Faupel en su *The American Pentecostal Movement* (Wilmore, KY: Asbury Seminary, 1972), 22.
25. Faupel, 33.
26. Brumback, *What Meaneth This?* 261, 262 [*¿Qué quiere decir esto?*, Editorial Vida]. Frederick Dale Bruner dice que ésta es la doctrina distintiva del pentecostalismo (*A Theology of the Holy Spirit* [Grand Rapids: Eerdmans, 1970], 76, 77).
27. Los otros usos que se proponen para las lenguas dependen principalmente de la opinión de que las lenguas son un habla extática. Cuando se toma conciencia de que las lenguas son idiomas, el propósito se hace claramente evidente. La evidencia difícilmente podría ser más poderosa ni expresada de manera más explícita, y la naturaleza de las lenguas concuerda sólo con esta postura.
28. Véase, p.ej., Joseph Dillow, *Speaking in Tongues* (Grand Rapids: Zondervan, 1975), 26, 27. Toda la discusión de Dillow se basa en este concepto y cae con él (véase pp. 95-107). Véanse también B. F. Cate, *The Nine Gifts of the Spirit* (Des Plaines, Ill.: Regular Baptist Press, 1965), 17 [Hay edición en español, *Nueve dones del Espíritu*,

Sebring, FL: Editorial Bautista Independiente]; y C. Norman Sellers, *Biblical Conclusions Concerning Tongues* (n.p., 1970), 10.

29. Dillow, *Tongues*, 26, 27.
30. Bruner, *A Theology of the Holy Spirit*, 76, 77.
31. Brumback, *What Meaneth This?* 261, 262 [*¿Qué quiere decir esto?*].
32. *Ibid.*
33. No hay evidencia en favor de ningún pretendido «bautismo del Espíritu» («segunda bendición») que tenga lugar después de la salvación. No es el propósito de esta obra refutar este concepto, que ha sido tratado de manera adecuada en obras como la de Bruner, *A Theology of the Holy Spirit*, a la que se ha hecho referencia en la nota 26. Será suficiente con decir que una «segunda bendición» va en contra de la doctrina cristiana básica de que el creyente recibe todo lo que necesita para la vida espiritual de modo inmediato al recibir la salvación.
34. Como lo expone Bruner, la pregunta de Pablo (Hch. 19:3) cuando esos discípulos mostraron ignorancia del Espíritu Santo se basaba en la suposición de que no podían haber sido bautizados en Cristo (salvados). Cuando ellos mostraron que eran desconocedores del Espíritu, Pablo les preguntó: «¿En qué, pues, fuisteis bautizados?» (Bruner, *Theology of the Spirit*, 207-212).
35. Ford, «Charismatic Gifts», 114, reconoce que el don de lenguas no es el más importante, y dice: «Por otra parte, hay poca evidencia para decir que sea el menor de los dones.» Puede que no haya suficiente evidencia para demostrar que el don de lenguas sea el menor de todos los dones, pero sí que hay abundante material con implicaciones para decidir acerca de la prioridad del don de lenguas.
36. Se debería clarificar que prioridad no necesariamente significa inferioridad, aunque se pueda implicar. Ervin arguye que subordinación no es necesariamente inferioridad (*These Are Not Drunken*, 140). Sin embargo, la subordinación, aunque pueda no exigir una inferioridad inherente, sí que indica una importancia relativa. Esta sección no trata expresamente acerca de la inferioridad, sino de la prioridad o importancia.
37. Aunque no son totalmente excluidas cuando se interpretan, las normas que Pablo da eliminarán la práctica de las mismas, y las declaraciones de que no están dadas para la asamblea disuadirán su uso. Esa disuasión es tan evidente que Pablo se sintió constreñido a concluir sus consideraciones instruyéndolos que no hicieran lo que parece evidente, esto es, prohibir las lenguas de una manera total.
38. Las preguntas son introducidas con el negativo griego *me*, «no». Se usan dos negativos en las preguntas en el griego del Nuevo

Testamento. Este negativo demanda un «¡No!» como respuesta. Esta respuesta es evidente tanto por el argumento del pasaje como por la gramática griega.

39. El argumento de Ervin de que no se implica ninguna oposición ni antítesis en este pasaje (14:1, 5) entre las lenguas y la profecía se basa en una interpretación de «sobre todo» o «más» (*mallon de*) y va contra todo el contexto (Ervin, *These Are Not Drunken*, 159, 160). No importa cómo se traduzcan esas palabras (Ervin, «más que esto»), el punto básico es que en la asamblea se ha de preferir la profecía sobre las lenguas. Esto se especifica en el versículo 24 y es la razón de la declaración básica en el versículo 1 (véase la conjunción «porque», *gar*).
40. La prioridad baja no es el evangelismo. El don de evangelista cumple esto. Las lenguas como señal eran una ayuda a este ministerio, pero el evangelismo puede operar y operaba aparte de este don.
41. Los ejemplos de Hechos son los mismos casos que usan los pentecostales para demostrar que *todos* deberían hablar en lenguas como señal del «bautismo del espíritu». Pero en cada caso ninguno de los que lo recibieron habían oído acerca de hablar en lenguas, y mucho menos lo habían buscado.

shakers, mormones, y jansenistas como los que posiblemente ejercitaron la glosolalia durante los siglos diecisiete a diecinueve.[6]

Examinaremos ahora estos casos, recordando que Nichol y otros han sido incapaz de documentar la glosolalia entre la mayor parte de estos grupos.

En la iglesia primitiva

Montano (a. 160 d.C.). Montano y sus seguidores fueron caracterizados como profetas más que como hablantes en lenguas.[7] En realidad, no hay ninguna aseveración expresa de que Montano y sus seguidores hablasen en lenguas. Cutten dice:

> Sin embargo, los montanistas, aunque caracterizados por los mismos arranques extáticos que los que hablaban con lenguas, deben ser más bien considerados como profetas, porque ni intentaban hablar lenguas extranjeras ni el parloteo ininteligible conocido en la iglesia de Corinto.[8]

Aparentemente, no hay evidencia disponible de que Montano pretendiese hablar en lenguas, ni sus oponentes alegan que él pretendiera tener el don de lenguas. El uso de términos como *delirante* para describir a Montano no exige que su lenguaje fuese ininteligible. Ireneo (*a.* 170) usa el término *delirante* para describir un lenguaje inteligible de un falso maestro (esto es, uno que enseña falsa doctrina).[9] Fuese lo que fuese que hiciesen Montano y sus seguidores, no fue asociado por la iglesia primitiva con el don de lenguas, sino con el de profecía. Schaff describe a Montano y a las dos mujeres que le seguían:

> Los tres salieron como profetas y reformadores de la vida cristiana, y proclamaron el acercamiento de la edad del Espíritu Santo y del reinado milenario en Pepuza, un pequeño pueblo de Frigia, sobre el que iba a descender la Nueva Jerusalén.[10]

Si Montano y las dos mujeres hablaron o profetizaron estas cosas, que no se cumplieron, entonces sus profecías fueron falsas. Además, Schaff se refiere a una declaración de Maximilla, una de las dos profetisas, que dijo: «Después de mí ya no hay más profecía, sino sólo el fin del mundo.»[11] Ésas son falsas profecías, y por ello no son profecías procedentes del Espíritu Santo. Según Deuteronomio 18:20-22, las profecías que no se cumplen son evidencia de un falso profeta. Montano afirmó ser profeta, y aquellos que le rebatían arguyeron sobre la base de su pretensión de ser profeta.[12] Además, se desvió de la doctrina apostólica.[13] No puede ser empleado como evidencia de glosolalia de ninguna clase, ni él ni sus seguidores constituyen un testimonio de ningún don genuino de lenguas ni de profecía en la iglesia primitiva.

Celso, un enemigo del cristianismo en el siglo segundo, puede estar refiriéndose a las pretensiones de los montanistas cuando habla de profetas que pretenden ser Dios, el Hijo de Dios, o el Espíritu Divino.[14] Celso dice también lo siguiente acerca de esos profetas:

> A estas promesas se añaden palabras extrañas, fanáticas, y totalmente ininteligibles, de las que ninguna persona racional puede encontrar ningún sentido, porque son tan oscuras que carecen totalmente de sentido; pero dan ocasión a cualquier necio o impostor para aplicárselas a fin de adecuarlas a sus propios propósitos.[15]

Es dudoso que Celso quiera decir que las palabras dichas no eran en lenguaje normal. Más bien, significa que los dichos eran difícil de comprender. Sería difícil a los impostores aplicar un habla ininteligible para sus propósitos. Orígenes considera que las profecías mencionadas son comprensibles, porque dice acerca de Celso: «Si hubiera estado actuando con honestidad en sus acusaciones, debería haber dado los términos exactos de las profecías.»[16] Naturalmente, eso no habría sido posible si las profecías no hubieran sido dadas en habla normal. Refiriéndose a la cita anterior de Celso, Orígenes dice: «Esta aseveración de Celso parece ser ingeniosamente preparada para disuadir a los lectores de intentar ninguna indagación o buscar cuidadosamente en su significado.»[17] Orígenes no sólo considera las declaraciones de tales profetas como comprensibles, sino que acusa a Celso de falta de honradez en su declaración de que son oscuras y sin significado. Orígenes prosigue: «Y Celso no debe ser creído cuando dice que ha oído profetizar a esos hombres; porque ningún profeta que se parezca en absoluto a los antiguos profetas ha aparecido en tiempos de Celso.»[18]

Orígenes dice que en su tiempo (*a.* 254) no había profetas en la iglesia que tuviesen parecido alguno con los antiguos profetas. Sigue esto con observaciones tocantes a verdaderos y falsos profetas. Por tanto, Orígenes aparentemente no creía que hubiera genuinos profetas en sus días, ni creía que las personas a las que se refiere Celso hablasen con un habla ininteligible. Este es uno de los muy pocos ejemplos que Kydd halló que considera como ejemplos de hablar en lenguas en la iglesia primitiva.[19] Pero si se aceptan las observaciones de Orígenes hechas en aquel tiempo, esto no es una referencia a lenguas.

El habla extática de Montano es descrita con esas palabras: «Fue transportado en espíritu y llevado a una cierta clase de frenesí y de éxtasis irregular, delirando y hablando y diciendo cosas extrañas, y proclamando lo que era contrario a las instituciones que habían prevalecido en la iglesia....»[20] Observemos que no se dice que hablase de manera ininteligible. Aparentemente, Montano abandonaba todo dominio propio y el uso de su propia voluntad cuando estaba en su éxtasis.

Montano es un claro testigo de la existencia, en la iglesia primitiva, de falsas pretensiones de poseer dones espirituales extáticos. Este falso movimiento ganó un gran número de seguidores y provocó grandes perplejidades a la iglesia. Muchos creyentes aparentemente sinceros, como Tertuliano, fueron atrapados por este movimiento y lo defendieron. En muchas maneras, este antiguo movimiento fue un paralelo del movimiento actual.

Ireneo (a. 175 d.C.). Hinson describe tres casos en los que Ireneo, obispo de Lyón en el siglo II, se refiere al habla en lenguas.[21] El primero de ellos se refiere a Hechos 2, pero no describe las lenguas ni se refiere a ningún uso de las mismas en la época de Ireneo.[22] En la segunda cita, Ireneo dice:

> Por esta razón dice el apóstol: «Hablamos sabiduría entre los perfectos» que han recibido el Espíritu de Dios, y que por medio del Espíritu de Dios hablan en todas las lenguas, como él solía también hacerlo. De la misma manera oímos también a muchos hermanos en la iglesia, que poseen dones proféticos, y que por medio del espíritu hablan toda clase de lenguajes y que traen a la luz para beneficio general las cosas ocultas de los hombres y declaran los misterios de Dios, a los cuales también el apóstol denomina «espirituales».[23]

Hoekema demuestra que no está claro si Ireneo se refiere a algunos que hablan idiomas extranjeros o lenguaje extático, y tampoco está claro si está diciendo que ello ocurría en su propio tiempo.[24] La expresión «en todas las lenguas» parece referirse a verdaderos idiomas extranjeros, lo que, como se ha mostrado previamente, es descriptivo del verdadero don de lenguas. La declaración «a los cuales también el apóstol denomina espirituales» se refiere con la mayor probabilidad a incidentes que tuvieron lugar en tiempos del apóstol Pablo, por cuanto se refiere a personas descritas por él. Por ello, es improbable que Ireneo realmente oyese tal habla o que esté diciendo que esto tenía lugar en sus tiempos. Aparentemente se refiere a la iglesia en los tiempos apostólicos tal como se describe en el Nuevo Testamento. Éste es el segundo de los pocos casos que se alegan de lenguas en la iglesia primitiva.[25] Lo mismo que en el otro caso, no resulta que dé apoyo a tal alegación.

La tercera referencia en Ireneo no dice nada tocante a hablar en lenguas. Se refiere a una mujer engañada por un charlatán que parece ser un falso profeta agnóstico. Bajo su dirección, ella dice cosas sin sentido, aunque aun en este patente caso de falsa profecía no hay sugerencia alguna de que el habla sea otra cosa que su lenguaje normal.

La evidencia que se alega para la existencia del don de lenguas en el siglo segundo se basa sólo en una declaración de Ireneo, que en realidad parece estar refiriéndose a los tiempos del Nuevo Testamento. La declaración de Ireneo no sólo se refiere a ejemplos del Nuevo Testamento más bien que a los tiempos postapostólicos, sino que no se refiere a ningún habla ininteligible, sino a idiomas reales. Pero lo que sí hace Ireneo es dejar al descubierto que en sus tiempos existían falsos obradores de milagros.[26]

Evidencia adicional en la iglesia primitiva. Como indica Hoekema, la declaración de *Tertuliano* en *Contra Marción*, V, 8, no constituye prueba para un don genuino de lenguas en su época. Tertuliano era montanista y probablemente se refería a las actividades de los montanistas, que como hemos visto no eran actividades del Espíritu Santo. No menciona el hablar en lenguas pero sí que se refiere a la interpretación de lenguas. Tampoco con ello se implica que el habla a la que se hace referencia sea ininteligible.[27]

> Que Marción exhiba, entonces, como dones de su dios, algunos profetas, de la clase que no han hablado por sentido humano, sino con el Espíritu de Dios, como los que han predicho cosas venideras y que han puesto de manifiesto los secretos de los corazones; que produzcan ellos un salmo, una visión, una oración; sólo que sea procedente del Espíritu en un éxtasis, esto es, en un arrebatamiento, cuando le haya sobrevenido una interpretación de lenguas; ... ahora bien, todas esas señales [de dones espirituales] están presentes en mi lado.[28]

Por cuanto en esta discusión Tertuliano contrasta el dios de Marción con su propio Dios, es probable que Tertuliano se esté refiriendo a las obras milagrosas de su Dios tal como se describen en la Biblia, en vez de estar afirmando que tales cosas estuviesen sucediendo en su época. Tertuliano también vincula el don de lenguas con el conocimiento.[29]

Novaciano (a. 250) es citado por Kydd como evidencia de todos los dones carismáticos. Sin embargo, el uso del tiempo presente no demuestra que Novaciano esté refiriéndose a prácticas de su tiempo, aunque es una posibilidad. La manera en que se describen las señales carismáticas y el hecho de que el tiempo presente dé una descripción del Espíritu envuelto hace probable que se esté refiriendo al Nuevo Testamento.[30]

Crisóstomo (a. 345-407), patriarca de Constantinopla, consideraba el don genuino de lenguas como la capacidad de hablar en diversos idiomas extranjeros.[31] También dice que las lenguas son cosa del pasado. Se refiere específicamente a 1 Corintios 12:1, 2, pero es evidente de las observaciones que citamos a continuación que en realidad está considerando los capítulos 12–14. El don de lenguas, así como el de profecía, no sólo está incluido en sus pensamientos, sino que lo destaca al decir:

> Todo este pasaje es muy oscuro; pero la oscuridad es producida por nuestro desconocimiento de los hechos a que se hace referencia y por su cesación, siendo como entonces solían ocurrir, pero que ya no tienen lugar hoy. ¿Y por qué no ocurren hoy? Mirad ahora, la causa también de la oscuridad ha producido en nosotros otra pregunta, esto es, ¿por qué sucedía entonces, y ahora ya no sucede más?[32]

Esta es una aseveración explícita por parte de un dirigente de la iglesia del siglo IV (que habría tenido un conocimiento de una gran área geográfica) de que las lenguas, la profecía, y probablemente ciertos otros dones, habían cesado. Ya no se daban en la iglesia, y no habían tenido lugar durante un período suficiente de tiempo. Los hechos acerca de los mismos habían desaparecido del conocimiento disponible, de modo que el pasaje es considerado oscuro para la época de esta homilía.

Agustín (354-430), obispo de Hipona en África, es otro dirigente de la iglesia del siglo IV que representa un área geográfica diferente. Agustín dice:

> En los tiempos más primeros, «el Espíritu Santo cayó sobre los que creían, y hablaron con lenguas», que ellos no habían aprendido, «según el Espíritu les daba que hablasen». Esas eran señales adaptadas a los

> tiempos. Porque convenía aquel don del Espíritu Santo en todas las lenguas, para mostrar que el evangelio de Dios debía correr en todas las lenguas por toda la tierra. Esto sucedió como una señal, y se desvaneció.[33]

Observemos que Agustín declara que el hablar en lenguas es cosa del pasado, que pertenecía a los tiempos más primeros. Se refiere al pasado y dice: «Esas eran señales adaptadas a los tiempos.», pero añade también que se habían desvanecido. Además, parece cosa cierta que consideraba las lenguas como lenguajes humanos normales, porque las describe como «lenguas que ellos no habían aprendido» y como señal «en todas las lenguas» para «correr en todas las lenguas por toda la tierra». Como dice Hoekema:

> Parece, por tanto, que para la época de Crisóstomo no hay evidencia de glosolalia en la iglesia oriental, y que para el tiempo de Agustín no hay ni rastro de hablar en lenguas en la iglesia occidental. Una pregunta que nos vemos llevados a hacer ya en este punto es: si la glosolalia es un don tan importante del Espíritu como los actuales pentecostales y neopentecostales nos dicen, ¿por qué Dios permitió que sencillamente desapareciese de la iglesia?

Observemos que ni Agustín ni Crisóstomo consideraban la glosolalia como algo que hubiera cesado en un pasado reciente. Los hechos son «oscuros» para Crisóstomo, por estar tan apartados en el tiempo. Para Agustín, las lenguas fueron «en los tiempos más primeros», es decir, en la era apostólica. En consecuencia, por lo que se refiere a esos dos dirigentes de la iglesia primitiva, las lenguas habían cesado «hacía mucho tiempo». Por su posición de dirigentes, ninguno de ambos hombres habría sido desconocedor de casos de hablar en lenguas que se hubieran dado en sus respectivas regiones. Parece que se puede suponer con seguridad que para finales del siglo cuarto hacía mucho tiempo que habían cesado las lenguas bíblicas en la iglesia.

En la iglesia medieval, reformada, y posreformada

Después de un intervalo de unos mil años aparecen varios pretendidos ejemplos de hablar en lenguas. Hinson cita varios procedentes de J. J. Gorres, *Die Christliche Mystik*, y uno de G. B. Cutten, *Speaking with Tongues.*[35] Hoekema cita también a Cutten.[36] Todos los casos que se citan tienen que ver con santos canonizados de la iglesia católica. Aparentemente, Javier, uno de los santos mencionados, no tuvo ninguna capacidad milagrosa para hablar otras lenguas como se dice de él que hizo. De hecho, tuvo dificultades para hablar con diversas colectividades extranjeras.[37] El análisis de Hoekema parece apropiado.

> Cuando observamos cómo funcionó el proceso de embellecer las historias de santos con fantásticas leyendas en el caso de Javier, aprendemos a tomarnos con más que un grano de sal las otras pretensiones medievales acerca del don milagroso de lenguas.[38]

Warfield demuestra también que las pretensiones medievales de obras milagrosas de parte de los santos no son fiables.[39] Como dice Hinson: «Lo sorprendente, a la vista de la credulidad general de la era medieval, es que haya tan pocas alegaciones.»[40] Los casos citados, que se refieren a ciertos santos católicos, no son sustentados por los hechos. Sin embargo, todas las alegaciones citadas se refieren a hablar idiomas extranjeros reales a personas que hablan dicho idioma. Por tanto, aun si tales alegaciones fueren ciertas, ninguno de esos ejemplos sirve para apoyar ni siquiera remotamente el fenómeno actual de las lenguas. Por cuanto no son hechos verdaderos, tampoco constituyen un testimonio de la operación del don genuino de las lenguas. Así, el vacío en la operación de casos genuinos de hablar en lenguas y de otros fenómenos carismáticos entre creyentes se alarga hasta el siglo XVII. Este es un vacío muy difícil de explicar según las teorías de los modernos proponentes carismáticos. Además, parece que durante todo este tiempo el habla ininteligible o «angélica» no fue identificada con el don de lenguas bíblico. Se consideraba como la capacidad de hablar lenguas conocidas.

Los camisards y cevenoles. Según la *Encyclopaedia Britannica*, los *camisards* fueron prominentes durante los años 1702-1705. Sus manifestaciones espirituales consistían en una violenta agitación física que finalmente, según se alega, iba acompañada del habla en el francés de la Biblia hugonote. Se alegaban toda clase de milagros, incluidos luces en el cielo, voces que les cantaban, tiros y heridas que resultaban sin daño, derramamiento de lágrimas de sangre, y otras señales.[41] Es dudoso que este movimiento fuera espontáneo, porque el libro de Pierre Jurieus aparentemente estimuló a la gente a buscar esas cosas, y el entusiasmo fue comunicado a los jóvenes por hombres como DuSerre.[42] Este movimiento, que exhibió muchos casos de habla extática, consideraba esos pronunciamientos como profecías. Un gran número de sus profetas eran niños. Las profecías iban frecuentemente acompañadas por agitación física, incluidos echar espuma por la boca y convulsiones.

Cutten describe con bastante detalle a los *cevenoles*. Dice que inicialmente enfatizaban misteriosos sones en el aire.[43] Uno de los profetas era un niño de pecho, y muchos niños de entre tres y doce años profetizaban.[44] Se decía de las profecías que eran en latín, hebreo, y francés, así como en la lengua autóctona. El término «lengua celestial», que usa Cutten, no implica un habla ininteligible, como queda clarificado por su aseveración que describe «una lengua celestial por medio de aquellos que eran normalmente incapaz de expresar tal pensamiento o de usar dicha lengua».[45] El pensamiento era inteligible. Aunque Mackie muestra su desacuerdo con otros cuando dice que el francés era malo,[46] hay un testimonio constante de que se consideraba que la llamada glosolalia tenía lugar en lenguas normales, y que estaba conectada con la profecía más que con el don de lenguas. Dice Samarin:

> Tocante a grupos más antiguos, los *camisards* y los jansenistas de la Francia del siglo diecisiete y los anabaptistas y los valdenses del siglo dieciséis, todos citados frecuentemente como practicantes de la glosolalia, la información lingüística se vuelve más escasa y muy poco fiable. No podemos estar seguros en absoluto de que su conducta verbal fuese como la moderna glosolalia.[47]

El fenómeno coincidió con una intensa persecución. Se informa de una provincia en la que había ocho mil profetas, y en una ocasión todas las mujeres y niñas de toda una ciudad se estremecieron y «profetizaron» públicamente. Había alegaciones de que se oían arpas en el cielo y de que las estrellas llevaban a la gente a adorar.[48] Un testigo ocular informaba:

> Se volteaban con gran violencia hasta que, mareados del todo, caían al suelo. Así postrados, daban vueltas a los ojos de una manera espantosa, con una apariencia salvaje y espectral, y movían los labios en formas diversas, salivando y espumajeando por la boca; retenían el aliento, se golpeaban el pecho, jadeaban hasta que se les hinchaban las gargantas, y a veces yacían como en un trance. Luego, de repente, volvían en sí, sacudían la cabeza, tragaban saliva y hacían extraños hipidos, daban palmadas, movían los pies de manera extraña, sacudían el cuerpo en contorsiones, como en una convulsión. Luego temblaban, gemían, reían, eructaban, suspiraban, hacían horribles chirridos; al final, abriendo la boca de par en par, de una manera terrible y distorsionada, con un tono lastimero, y tan a voces como podían, clamaban sus profecías.[49]

Se deberían observar varias cosas. Muchos de los pretendidos milagros, como luces, arpas y salmos en el cielo carecen totalmente de precedentes bíblicos. Por ello, había una propensión entre esa gente hacia manifestaciones milagrosas no bíblicas. La pretendida glosolalia tenía lugar aparentemente en idiomas conocidos, o así se describía. La incidencia de profecía entre niños milita contra su genuinidad bíblica así como las convulsiones y espumarajos que la acompañaban, cosas de naturaleza nada bíblica. Aparentemente, también profetizaban cosas que no se cumplieron, como lo señala Hoekema.[50] La presencia de ocho mil profetas en una provincia, y toda una ciudad de mujeres y niñas que profetizan va contra todo tenor de la enseñanza del Nuevo Testamento acerca de los dones espirituales.

Así, en época tan tardía como 1700, los cristianos no identificaban el habla ininteligible con el don de lenguas del Nuevo Testamento. Todas las alegaciones se refieren a lenguas conocidas. Ninguno de los grupos estudiados hasta ahora ponían ningún énfasis real sobre hablar en lenguas ni esperaban que todos los creyentes lo hiciesen. El énfasis de Montano y de los *camisards* recaía en el área de la profecía, donde pretendían dar revelaciones adicionales, que resultaron falsas. Las experiencias de los *camisards* o de los *cevenoles* no pueden ser consideradas como manifestaciones genuinas del Espíritu Santo. No proveen evidencia de la presencia de lenguas similares a las que se manifiestan en los grupos carismáticos de la actualidad, porque su pretensión a las lenguas y los énfasis son diferentes. Sin embargo, el énfasis que hacían en los dones milagrosos, la presencia de la agitación física y las pretensiones que se deben esperar todos los dones son cosas similares al movimiento actual.

Hay otra cosa similar a las actuales pretensiones carismáticas. Los *cevenoles* de los años 1700 predijeron «la pronta venida del Señor y el establecimiento de su reinado personal sobre la tierra, de lo cual, explicaban ellos, la presente difusión de dones espirituales entre ellos era la preparación y la señal».[51] Esto es equivalente a la teoría pentecostal actual de la lluvia tardía. Hace poco menos de trescientos años, los *cevenoles* o sus defensores teológicos pretendían que las manifestaciones milagrosas eran una difusión especial del Espíritu y dones para los últimos días o fin de la edad. Naturalmente, también en la actualidad se usa esta explicación para el estallido repentino de un fenómeno sin precedentes históricos. Y era falsa entonces, como lo ha demostrado la historia, y desde luego no tiene hoy demostración bíblica.

Los jansenistas. La *Encyclopedia Americana* no menciona la glosolalia ni sucesos milagrosos en relación con Jansen o el jansenismo.[52] El artículo en la *Encyclopaedia Britannica* muestra que los jansenistas eran católicos romanos convencidos que dejaron la iglesia católica romana debido a persecución física.[53] Refiriéndose a las diferencias entre los puntos de vista de Jansen y de los protestantes, este artículo expone:

> Él rechazó vehementemente la doctrina protestante de la justificación por la fe; la conversión podría ser instantánea, pero era sólo el inicio de un largo y gradual proceso de justificación. Segundo, aunque lo único necesario en la religión era una relación personal del alma humana con su hacedor, Jansen mantenía que esta relación sólo era posible en la iglesia romana y por medio de esta.[54]

Un movimiento con tales antecedentes y perspectivas doctrinales no se recomienda a creyentes sanos en la doctrina como un grupo con posibilidad de manifestaciones del Espíritu Santo.

Tocante a la glosolalia, este mismo artículo dice:

> Los jansenistas que permanecieron en Francia cayeron en malos tiempos. La persecución generalmente engendra histeria en sus víctimas; y los miembros más extravagantes de este partido estaban ya muy adelantados en el camino que lleva a profecía apocalíptica y a «hablar en lenguas».[55]

El artículo no dice que esas personas hablasen realmente en lenguas o profetizasen. Sí que implica que sólo unos pocos se involucraron en ello, y que fueron rechazados por otros jansenistas.

Una descripción más detallada de lo que sucedió dice así:

> Un joven clérigo jansenista, François de París, había muerto en 1727 como resultado de sus prácticas ascéticas, con su «apelación» en su mano, y algunas curaciones milagrosas efectuadas junto a su tumba fueron consideradas como una confirmación divina de la causa de los Apelantes; hasta los niños caían en convulsiones y trances sobre su sepulcro, profetizando y testificando contra la bula. Los incrédulos eran llevados por el fanatismo de los miles que se arrodillaban en la tumba de París en el patio de la iglesia de St. Medard. En 1732 el rey ordenó que se cerrase el cementerio, pero porciones de la tierra eran igualmente eficaces, y el número de profetas convulsivos de la inminente ruina de la iglesia y del estado siguieron aumentando hasta que el

movimiento terminó en medio de reyertas, y a veces de desórdenes morales, después de dar ocasión a los escépticos de sacar conclusiones desfavorables acerca de los milagros del cristianismo.[56]

Esta descripción, que incluye tierra «eficaz», convulsiones, profecías de niños y desórdenes morales desde luego no recomienda tales experiencias como procedentes del Espíritu Santo. Cutten dice:

> Al visitar aquella tumba, algunas personas experimentaban éxtasis y movimientos convulsivos que devenían contagiosos, y muchos que eran así afectados profetizaban y pronunciaban expresiones ininteligibles en un «estado» de inconsciencia.[57]

Tocante a esas profecías,

> ... aun oraban contra su venida y cerrar la boca con la mano no impedía su pronunciación. Se alternaban sonidos inarticulados con un cantar inconsciente de himnos y después raramente había el recuerdo de lo que se había dicho.[58]

Uno de sus dirigentes escribe: «En cada verdadera conversión, Dios habla al menos una vez al alma de manera tan inconfundible como habló a san Pablo en el camino de Damasco.»[59] Otro dirigente pensaba que «la conversión no es asunto de un momento; era un proceso lento y gradual que conllevaba un largo curso de disciplina».[60]

Algunos de los sucesos milagrosos relacionados con el jansenismo incluyen «el milagro de la Santa Espina», cuando una muchacha fue sanada de «una úlcera ocular al tocar una reliquia de la corona de espinas en la capilla del convento en Port Royal»,[61] y los milagros ya mencionados de Saint Medard, que fueron «una serie de curaciones asombrosas —principalmente de enfermedades nerviosas— llevadas a cabo en la tumba de François de París».[62] El artículo observa además que

> había sólo un paso a la profecía apocalíptica y a hablar en lenguas. Los llamados *convulsionnaries* se excitaban, mediante una terrible tortura de sí mismos, hasta un estado de éxtasis, en el que profetizaban y sanaban enfermedades.[63]

El análisis de la información nos permite ver que los jansenistas no tenían intención alguna de abandonar la iglesia católica romana, sino que eran ardientes católicos romanos. El grupo holandés que se denomina la vieja iglesia católica romana «se adhiere estrictamente a las creencias y prácticas católicas, las prácticas de hace doscientos años», excepto que rechazan la bula papal contra ellos y la doctrina de la infalibilidad papal.[64] En lo doctrinal no eran sanos tocante a la justificación. Los milagros de sanidades a que se refiere eran hechos por técnicas como tocar reliquias o tenían lugar junto a un sepulcro. Aun había tierra «eficaz» implicada en las sanidades. Se daban convulsiones y otras manifestaciones no bíblicas. Los que profetizaban eran a menudo incapaz de controlarse. Esto no es cierto de los dones del Espíritu Santo que, según se expone explícitamente en 1 Corintios 14:27-33, estaban bajo el gobierno del hablante. El énfasis de los jansenistas se centraba en curaciones milagrosas y profecía más bien que en las lenguas. Aparentemente, usaban medios no bíblicos como el propio tormento para excitarse hasta un estado de éxtasis.

Los anabaptistas radicales. Nichol dice que los anabaptistas radicales en Alemania, así como los jansenistas, exhibían glosolalia.[65] Sin embargo, el artículo en la *Encyclopaedia of Religion and Ethics* no hace mención alguna de glosolalia, milagros, ni nada similar a todo esto en relación con los anapabtistas.[66] Lo mismo sucede con la *Encyclopaedia Britannica* y Broadbent.[67] La obra *The New Schaff-Herzog Encyclopedia of Religious Knowledge* divide a los anabaptistas en dos grupos principales: los anabaptistas sobrios y los anabaptistas fanáticos.[68]

Aunque uno de los anabaptistas fanáticos, Melchior Hoffman, declaró que él era uno de los dos testigos de Apocalipsis 11:3 y que Estrasburgo, en Francia, iba a ser la Nueva Jerusalén y la sede del dominio universal, el artículo de Schaff-Herzog no hace referencia alguna a hablar en lenguas ni a milagros.[69] Otro dirigente anabaptista pretendió ser el otro testigo, transfirió «la capital del reino de los santos a Munster» y abogó por el uso de la fuerza para mantenerla.[70] El siguiente dirigente, Juan de Leyden, se proclamó rey y promulgó la poligamia como la ley del reino.[71] Si esos dirigentes y el grupo de Munster se consideran típicos, entonces esos anabaptistas radicales estaban sin duda de ningún género involucrados en falsa profecía tocante a la segunda venida y la Nueva Jerusalén, y estaban abogando en pro de diversas prácticas inmorales. Los anabaptistas radicales, sin embargo, no dan evidencia de un uso genuino del don de lenguas. Los anabaptistas sobrios eran aparentemente creyentes genuinos señalados por su piedad.

Pero no tenemos indicación de que el hablar en lenguas o el obrar milagros fuese enfatizado ni por los anabaptistas radicales ni por los sobrios, si es que jamás tuvieron lugar tales cosas.

Los irvingitas. Muchas de las discusiones tocantes al fenómeno de las lenguas están relacionadas con Irving en el siglo XVIII. Como es característico del movimiento actual, los hablantes en lenguas de aquel tiempo recibían la instrucción de buscar las lenguas.[72] La iglesia de Irving llegó finalmente a tener apóstoles, profetas y hablantes en lenguas, así como otros dones. Sin embargo, antes de mucho los pretendidos profetas estaban contradiciendo sus propias declaraciones y afirmaban que otros profetas hablaban por un espíritu malo. Algunos «fueron declarados culpables de haber fabricado su propio mensaje».[73] Uno de los principales profetas admitió que estaba engañado y que había hablado por un espíritu malo.[74] Los que poseían los dones en Escocia calificaron a los de Londres como «obreros engañosos».[75] Muchos admitieron que sus dones no eran genuinos. Contra lo que se dice en 1 Corintios 14:32, los hablantes en lenguas evidentemente perdían todo el dominio de sus acciones mientras hablaban. Las citas de testigos oculares hacen poner en tela de juicio a todo el movimiento y aun la sinceridad de Irving.[76] Había muchas mujeres involucradas en el habla efectiva, especialmente en la asamblea.

Inicialmente, la gente creía que las lenguas, que a menudo parecían ser meramente un largo grito, eran un habla genuina. Los observadores que la describen revelan que en la misma no había ningún contenido edificante; la experiencia misma recibía el énfasis principal. Cutten cita una descripción de las reuniones de Irving como «desmayos, chillidos, demencia, risas y gemidos».[77] Los profetas humillaron a Irving, el «ángel» de la iglesia, y ejercieron dominio sobre él mediante las profecías que pronunciaban. «No le permitieron bautizar a un niño, sino que se le mandó que esperase hasta que, a iniciativa de los profetas, volviera a ser ordenado por un apóstol.»[78]

La naturaleza de este movimiento no es sólo descrita por el anterior testimonio, sino por la resultante deriva hacia la doctrina católica. Este grupo llegó a ser finalmente la Iglesia Católica Apostólica, completa con altares, vestiduras clericales, extremaunción, transubstanciación, así como cirios, incienso y agua bendita.[79] Finalmente, algunas de las personas asociadas con este movimiento admitieron que sus pronunciamientos no procedían de Dios. Así, la experiencia de los irvingitas, en el siglo XVIII, no constituyen evidencia de un don genuino de lenguas ni de profecía.

Los shakers, ranters, y cuáqueros. Otro grupo citado a menudo como evidencia a favor de la glosolalia es el de los *shakers* [sacudidores]. Sin embargo, este grupo difícilmente puede clasificarse como cristiano. Este hecho, por sí mismo, impide la posibilidad de que sus acciones fueran impulsadas por el Espíritu de Dios. Ann Lee, la mujer reconocida como dirigente de los *shakers*, se consideraba como la segunda encarnación de Cristo, y era «reconocida por la sociedad como madre en Cristo».[80] Algunas de sus heréticas doctrinas eran como se describe a continuación:

> Rechazan la doctrina de la Trinidad, de la resurrección corporal, y de la expiación del pecado. No adoran ni a Jesús ni a Ann Lee, considerando a ambos como dignos de honra y amor. Creen que es posible comunicarse con el mundo de los espíritus, y que los dones especiales del Espíritu no han cesado. Creen que la vida sin pecado no es sólo una posibilidad, sino una obligación. Sostienen que el mundo tendrá la oportunidad de la salvación en la vida venidera.[81]

Cutten cita un caso en el que se supone que el espíritu de un indio difunto era el espíritu que hablaba a través de un *shaker*.[82] Esto, naturalmente, es contrario a la Biblia (p.ej., Dt. 18:11). Los que mantienen tales doctrinas desde luego no están movidos por el Espíritu de Dios. Mackie da también evidencia de que en ocasiones algunos *shakers* danzaban desnudos.[83]

Aunque los *shakers* no pueden ser considerados como evidencia favorable acerca de los dones del Espíritu Santo, sí que son evidencia de que en el pasado ha habido fenómenos similares al movimiento carismático actual. Según Cutten, en el pasado los *shakers* hablaban en lenguas ininteligibles, y sus reuniones estaban acompañadas de patadas al suelo, salto, y giros.[84] Hinson dice que ellos consideraban las lenguas, la danza, y diversos estados extáticos como las expresiones más elevadas de la adoración.[85]

Algunos académicos suponen que los *ranters* dan sustento a la práctica del don de lenguas. Pero los hechos acerca de este grupo que apareció en la Inglaterra del siglo diecisiete no respaldan esta pretensión. La *Encyclopedia of Religion and Ethics* cita de sus propios escritores así como de otros para mostrar que eran panteístas y antinomianos. Su antinomianismo resultó en problemas morales, porque llegaron a pensar que estaban por encima de «las distinciones morales usuales del bien y del mal».[86] Este artículo cita las experiencias de George Fox en las que algunos *ranters* afirmaban ser Dios. Richard Baxter da también testimonio de la inmoralidad de los *ranters*. Los hechos demuestran que los *ranters* no eran un grupo cristiano, sino que eran panteístas y a menudo inmorales, que exaltan su propia luz interior por encima de las Escrituras.[87] Otra fuente afirma que los *ranters* hacían confesión abierta de impudicia e irreligión, y que creían que Dios, los ángeles, los demonios, el cielo y el infierno eran cosas ficticias y falsas.[88] Un grupo así no da evidencia del don genuino de las lenguas.

Otra secta a menudo citada como practicante de glosolalia son los cuáqueros. Para venir a ser cuáquero, uno no tiene necesidad de ser conversos, porque cada uno que nace en una familia cuáquera es miembro; otros vienen a ser miembros meramente bajo petición.[89] Están divididos en dos grupos principales, y al menos uno de ellos es de teología liberal, que niega doctrinas como la plena deidad de Cristo, la imputación del pecado de Adán, y la expiación vicaria.[90] Ni los primitivos cuáqueros ni los actuales parecen poner ningún énfasis en la glosolalia. Los artículos de las enciclopedias acerca de los cuáqueros, algunos de ellos escritos por cuáqueros, no mencionan don milagroso alguno, excepto la profecía. Mientras que Gromacki dice: «Se cita que entre los cuáqueros se practicó el hablar en lenguas»,[91] ni Hoekema[92] ni Nichol[93] los incluyen como ejemplos de ello. Hinson dice: «Los antiguos cuáqueros probablemente fueron testigos del habla en lenguas como una de las muchas expresiones del poder del Espíritu en sus vidas.»[94] Cutten dice que los antiguos cuáqueros no pretendieron poseer el don de lenguas.[95] Sin embargo, como dice él, esto no sería inesperado de unas personas que «hacían marchas desnudos por las calles y que desenterraban cuerpos con la expectativa de restaurarlos a la vida».[96]

Ni los *shakers* ni los *ranters* eran cristianos en ningún sentido bíblico, porque sus doctrinas los excluyen de esta categoría. Es cosa incierta que los cuáqueros practicasen hablar en lenguas, por lo que no constituyen una evidencia concreta acerca de esto.

El ministerio de Wesley y los ministerios de avivamiento. Los académicos señalan a menudo que las reuniones de Juan Wesley iban a veces acompañadas de manifestaciones físicas. Refiriéndose a una reunión de un antiguo predicador metodista, Hinson dice:

> Tanto los adultos como los niños caían bajo el poder del Espíritu. Chillaban, se desvanecían, caían a tierra como muertos, balbuceaban cosas sin sentido, clamaban en alabanza a Dios, y así.[97]

Nada en el Nuevo Testamento se parece a esto, ni siquiera el día de Pentecostés. Por ello, hay abundantes razones de dudar que tales fenómenos procedan de Dios. Refiriéndose a manifestaciones físicas, Wesley dice:

> En tanto que la verdad es 1) Dios convenció repentina e intensamente a muchos de que eran pecadores perdidos; las consecuencias naturales de esto fueron repentinos clamores y convulsiones corporales; 2) para fortalecer y alentar a aquellos que creían, y para hacer más evidente Su obra, favoreció a varios de ellos con trances y visiones; 3) en algunos de esos casos, después de un tiempo, la naturaleza se mezcló con la gracia; y 4) Satanás también imitó esta obra de Dios a fin de desacreditar la obra en su totalidad.[98]

Las personas afectadas en este caso no eran creyentes, sino irregeneradas. Por tanto, esas manifestaciones no eran dones espirituales. Lo único comparable en los relatos del Nuevo Testamento es la violencia causada por los demonios cuando eran echados fuera. No hay ninguna declaración aquí de que hubiera implícitos el hablar en lenguas ni profecía, y el mismo Wesley dudaba de que todos los fenómenos fuesen genuinos. Wesley describe también trances que tuvieron lugar.[90] Sin embargo, no hubo glosolalia implícita ni lo que se decía era para edificación.

Sweet se refiere a avivamientos de la frontera en América, donde los «pecadores» o incrédulos sufrían sacudidas y se veían dominados por movimientos convulsivos[100] y en los que había sollozos, chillidos, gritos, y espasmos, y donde docenas caían al suelo.[101] Sin embargo, no tenemos evidencia alguna de que esto fuesen dones espirituales ni que hubiese ningún habla en lenguas, ni de que hubiera creyentes involucrados en tales acciones. En su estudio del movimiento de santidad/pentecostal, Synan se refiere a caídas, sacudidas, ladridos, trances, risas santas, y danzas desenfrenadas. Dice que después de «orar y orar», algunos «se ponían sobre sus cuatro cuartos y ladraban como perros».[102] Aun estudiantes inconversos en la Universidad de Georgia caían, sufrían sacudidas, gritaban, y hablaban en lenguas.[103] Esas manifestaciones no estaban restringidas a creyentes, y por tanto no eran dones espirituales. Algunas de ellas eran tan ridículas que es blasfemo asociarlas con el Espíritu de Dios. ¿Acaso da el Nuevo Testamento base alguna para pretender que acciones como las descritas proceden del Espíritu Santo?

En la iglesia moderna

El moderno movimiento pentecostal. La historia del moderno movimiento de las lenguas ha sido investigado exhaustivamente por varios autores recientes. Todos están de acuerdo en que el movimiento moderno hunde sus raíces en el movimiento de santidad del siglo pasado. Refiriéndose a un teólogo del movimiento de santidad de aquel tiempo, Dayton dice:

> El primero de los libros de Mahan es bastante típico del desarrollo dado a la teología de la santidad hasta el tiempo de la Guerra de Secesión, mientras que el segundo libro indica un nuevo desarrollo teológico de la doctrina que logró aceptación en los años posteriores a la Guerra de Secesión y que para fines de siglo había sido aceptado ampliamente no sólo en los círculos del movimiento de santidad sino hasta cierto punto más allá de ellos. El nuevo elemento es el uso del término «bautismo del Espíritu Santo» y el modelo de Pentecostés en Hechos 2 para explicar el significado de «santificación integral».[104]

Dice Dayton que esto es más que un mero cambio de terminología, porque «cuando "la perfección cristiana" deviene el "bautismo del Espíritu Santo", hay una transformación teológica capital.» Unos pocos de los cambios que menciona son «un alejamiento del cristocentrismo a un énfasis sobre el Espíritu Santo que es realmente de carácter muy radical», «un nuevo énfasis en el poder» y un cambio que pasa del «énfasis en la meta y naturaleza de la "vida santa" a un acontecimiento en el que esto tiene lugar.»[105]

Los hay que tratan de seguir el pentecostalismo más atrás en el tiempo, y que lo relacionan con Wesley y sus avivamientos.[106] Sin embargo, esto es cuestionable, por cuanto la doctrina de Wesley acerca de la doctrina cristiana aparentemente pone el énfasis en Cristo y poco sobre la obra del Espíritu Santo.[107] Dollar remonta el pentecostalismo a los mormones y a los *shakers*.[108] Los muchos grupos carismáticos y neopentecostales presentes en nuestros tiempos están enraizados todos ellos en el movimiento pentecostal bien por una conexión física directa, bien ideológica. En realidad, se trata de meras modificaciones del mismo. Hay bien pocas dudas de que los pentecostales, neopentecostales y otros grupos carismáticos son meramente diferentes aspectos de un movimiento que hunde sus raíces en el movimiento de santidad pero que significó un apartamiento teológico respecto al pensamiento normativo de este movimiento.

Las lenguas en la historia de la iglesia: recapitulación

Los fenómenos como los que suceden en el actual movimiento de lenguas no fueron identificados con el don espiritual de las lenguas en la iglesia primitiva, y ni siquiera en los tiempos medievales. No tenemos testimonio de la presencia del don de lenguas en la iglesia desde el tiempo de los apóstoles, excepto por una declaración no clara de Ireneo. Esto significa que no tenemos evidencia de ninguna clase desde el segundo siglo en adelante. Puede que Ireneo se refiriese a los tiempos del Nuevo Testamento y no a los suyos propios. El testimonio general de la historia sustenta la conclusión de que no hubo ningún don genuino de lenguas durante sus tiempos.

Casos que se alegan de lenguas entre grupos no cristianos

La *Encyclopaedia Britannica* dice:

> El don de lenguas y de su interpretación no era peculiar de la iglesia cristiana, sino que era una repetición en la misma de una fase común a las antiguas religiones.
>
> Virgilio (*Eneida* vi. 46, 98) hace una descripción vívida de la antigua profetisa que «hablaba en lenguas». Detalla sus rápidos cambios de color, su cabello alborotado, su pecho jadeante, su aparente aumento de estatura al acercársele el dios y llenarla con su divino aflato. Luego su voz pierde su timbre de mortalidad....
>
> La posesión oracular de la clase descrita más arriba es también común entre los salvajes y entre los pueblos de culturas inferiores; y el doctor Taylor, en su obra *Primitive Culture*, II. 14, da ejemplos de habla extática interpretada por los cuerdos. Así en las Islas Sandwich el dios Oro daba sus oráculos por medio de un sacerdote que «cesaba de actuar o de hablar como agente voluntario, pero que con los miembros convulsionados, sus rasgos distorsionados y terribles, sus ojos salvajes y tensos, se revolcaba por el suelo mientras echaba espumajos, y revelaba la voluntad de Dios con agudos chillidos y sones violentos y distintivos que los sacerdotes que asistían interpretaban ante el pueblo».[109]

Es interesante observar que en recientes ediciones de esta enciclopedia, quizá por deferencia a nuestro actual contexto histórico, se minimiza el hecho de que la glosolalia se da en círculos no cristianos, aunque esto fue observado en ediciones más antiguas. Este artículo se refiere al hecho de que el habla extática similar a la que aparece en el movimiento carismático era cosa común en las religiones antiguas. Sin embargo, esos no eran dones del Espíritu Santo; tenían más bien un origen distinto.

La referencia anterior a Virgilio es una descripción de la Sibila, una antigua sacerdotisa griega pagana. El pasaje muestra que sus acciones no eran consideradas cosa insólita, sino religiosa.[110] La sacerdotisa trataba de librarse de la influencia, pero «él [el dios] tanto más forzaba su delirante boca».[111]

> En palabras tales del santuario canturrea la Sibila de Cumae sus terribles enigmas, y resuenan por la caverna en una oscuridad que vela la verdad; tanto sacude las riendas Apolo en su delirante boca, y hunde profundamente en su pecho la aguijada. Pronto su frenesí se había desvanecido, y los arrebatados labios quedaron callados.[112]

Behm se refiere a fenómenos similares en la religión pagana de Grecia, como el Dionisio tracio, la Frigia délfica y las Sibilas.[113] Platón dice que el hombre llega a la verdad profética sólo cuando «la inteligencia está sumida en el sueño, o él está alterado por alguna dolencia o posesión».[114] A fin de comprender lo que ha dicho, el hombre «ha de recobrar primero su sano juicio», o bien «no puede juzgar acerca de las visiones que ve ni de las palabras que pronuncia».[115]

Tylor se refiere a incidentes comunes en el animismo o en religiones primitivas, en las que una persona prorrumpe «delirios desenfrenados e incoherentes, o con pensamiento o elocuencia más allá de lo que pueden gobernar sus facultades sobrias, para aconsejar y para predecir».[116] Tylor considera el éxtasis convulsivo entre las tribus indias en el pasado, y luego se refiere al arrebatamiento o posesión de la persona.

> Así en la religión de razas sin cultura, el fenómeno de ser «abatido» tiene una posición tan reconocida que los impostores aun la falsifican. En su naturaleza morbosa, sus casos genuinos se corresponden al menos de manera llana con los ataques que la historia registra entre los convulsionistas de St. Medard y los exaltados de las Cevenas.[117]

Tylor se refiere luego a fenómenos similares durante los avivamientos en Inglaterra, Irlanda, y América.

Los chamanes de la religión esquimal y de Siberia experimentan estados extáticos. Lommel describe el estado extático de estos chamanes. En un caso, el chamán hace «balbuceos e hipidos ininteligibles», hasta que cambia a gritos desenfrenados, voces de animales, «toda una cascada de sones» y canturreo.[118] Eliade se refiere a los que eran iniciados en el cargo de chamán entre los Tungus de Manchuria. Después de una experiencia inicial histérica, el candidato comienza a balbucear «palabras incoherentes».[119] Eliade se refiere también al «lenguaje secreto» usado por los chamanes, y dice:

> Aun allí donde no está directamente implicado un lenguaje secreto, se encuentran trazas del mismo en los estribillos incomprensibles que se repiten durante sesiones espiritistas, como, por ejemplo, entre los naturales del Altai.
>
> Este fenómeno no pertenece exclusivamente al norte de Asia y al Ártico: ocurre casi en todos los lugares. Durante una sesión espiritista el Semang pigmeo *hala* habla con los Cenoi (espíritus celestiales) en su lenguaje.... El chamán batak usa el «lenguaje de los espíritus» durante las sesiones espiritistas; y los cánticos chamánicos de los dusun (norte de Borneo) son en lenguaje secreto.[120]

Gromacki se refiere a casos de glosolalia o de habla frenética entre los antiguos fenicios, las antiguas religiones y oráculos de Grecia, las religiones de misterio grecorromanas, el mahometismo, los paganos esquimales, y los paganos del Tibet y de la China.[121] Respecto al hablar en lenguas entre los mormones, Synan dice:

> Incluso la iglesia mormona experimentó mucho de los mismos fenómenos motores que caracterizaron a los primeros metodistas y a los pentecostales posteriores. Gritos, sacudidas y danzas eran cosas comunes en sus servicios, y Brigham Young no sólo hablaba en lenguas desconocidas, sino que interpretaba sus propios mensajes a sus oyentes.[122]

Goodman se refiere a nativos de las Islas Trobiand que hablaban con espíritus. Uno de ellos era un hombre respetable y apacible que cuando hablaba con los espíritus lo hacía con un tono agudo y a gritos, y después quedaba agotado.[123] Al comparar el habla del culto espiritista de los Umbanda y el habla de los grupos pentecostales, Goodman muestra que la glosolalia similar a la de los pentecostales es dominante en el paganismo y en el mundo. Es interesante observar que aunque Goodman aparentemente no está segura de que hay un Dios personal, experimentó personalmente algunos de los fenómenos asociados con un grupo pentecostal que estaba estudiando.[124] Desde luego, ¡el suyo no era uno de los dones espirituales del Nuevo Testamento! También concluye que la glosolalia se ajusta a una pauta y se vuelve estereotipada en la persona, y que el habla «es un espejo del de la persona que guió al glosolalista a esta conducta. Hay poca variación en las pautas sonoras dentro del grupo que surge alrededor de un guía particular».[125]

El habla incoherente o en un lenguaje desconocido es un factor común en las religiones paganas. Es mucho más característico de las religiones no cristianas que del cristianismo. Hay una historia de glosolalia entre los grupos religiosos que no están en manera alguna bajo la influencia del Espíritu Santo. Hay ciertas características que tienden a ser comunes en la glosolalia pagana cuando el que habla está en un estado como de trance, extático. Hay generalmente una rutina o procedimiento para provocar la experiencia. La pauta de voz del que habla en lenguas, así como su entonación, son anormales, y el habla es generalmente ininteligible, aunque algunos pretenden hablar en lenguas inteligibles. El hablante a menudo no es consciente de sus propias declaraciones o acciones. Hay generalmente otras manifestaciones físicas como un mayor ritmo de respiración y distensión. A veces se dan espumarajos por la boca y convulsiones. Durante la experiencia, el hablante experimenta a menudo un resplandor interior o «hito» que va seguido por un bajón emocional. En tanto que la primera experiencia es a menudo la más difícil o crucial, las experiencias posteriores son más fácil de iniciar.

Se debe clarificar varias cosas. Es evidente que la glosolalia o el hablar en lenguas ha tenido lugar entre muchos grupos no cristianos. Pero esto no es prueba del don espiritual de lenguas dado por el Espíritu Santo, aunque es evidencia de que ha ocurrido un habla extática bajo otras influencias. El investigador medio ha identificado demasiadas veces toda la glosolalia con el don espiritual de las lenguas, pero no hay ninguna razón válida de establecer tal identificación.

Goodman encara a los teólogos porque no tratan acerca del asunto con las mismas presuposiciones y creencias que ella tiene. Ella da por supuesto que las manifestaciones de lenguas del movimiento pentecostal son las mismas que las del Nuevo Testamento.[126] Como muchos otros, supone erróneamente que el habla en lenguas en el moderno movimiento de las lenguas es el mismo fenómeno que el don espiritual de lenguas en el Nuevo Testamento. Por tanto, su demostración de que toda la glosolalia de los grupos pentecostales es similar a la de la religión pagana se mantiene en pie, pero su suposición de que esta similitud incluye el don de lenguas del Nuevo Testamento es contradictoria de este.

El actual hablar en lenguas se parece al fenómeno que se ve en las religiones paganas, pero es diferente del don bíblico de lenguas. El don de lenguas en la Biblia no es un habla ininteligible: al contrario, es lenguaje inteligible. No hay evidencia alguna de que el hablante en lenguas bíblico hablase en un estado extático, en trance o inconsciente, ni que experimentase un sentimiento de exaltación al ejercitar su don, ni que fuese «transportado» o en cualquier otra manera no totalmente consciente de lo que estaba sucediendo, ni que fuese incapaz de gobernarlo tanto como un maestro o un evangelista pueden controlar su don.

De hecho, el Nuevo Testamento revela que no estaba involucrada ninguna de estas características del moderno hablar en lenguas en el don espiritual de lenguas genuino. Es contrario a la evidencia creer que tuvieran lugar otros fenómenos, como sacudidas, temblores, risas, llantos, danzas, chillidos, y ladridos en concomitancia con este don o con el don de profecía, ni sería tolerado en la asamblea. En 1 Corintios 14:23 Pablo declara que una iglesia donde todos hablasen en lenguas parecería un manicomio. Desde luego que habría mencionado estos otros fenómenos si hubieran tenido lugar en la asamblea en concomitancia con el habla en lenguas. El que poseía de manera genuina el don bíblico de lenguas no tenía dificultad alguna para adquirir el don al principio ni para usarlo. El don inicial de hablar en lenguas en el día de Pentecostés no exigió ningún esfuerzo de parte de los oradores para iniciar la experiencia, ni hubo tampoco ningún esfuerzo en ningún otro caso de hablar en lenguas descrito en la Biblia; tampoco ninguna de las personas implicadas buscó las lenguas ni esperaba hablar en lenguas.

Sanidades, milagros, y otros dones

Es tan conspicua la falta de evidencia de dones milagrosos en la historia de la iglesia, a pesar de recientes alegaciones en contra, que se han inventado varias teorías para explicarla. Esta es la razón detrás de ideas como la teoría de la «lluvia tardía» y de la especulación de que los dones desaparecieron de la escena por la falta de fe. Ya hemos visto que no hay evidencia alguna de la continuación del don de lenguas. De hecho, la evidencia milita en su contra. La continuación de los otros dones milagrosos es también cuestionable. Kydd, un autor carismático, ha hecho un estudio de los dones durante los tres primeros siglos de historia de la iglesia.

Dice que «no hay ningún ejemplo de ningún profeta cristiano no montanista procedente de la segunda mitad del segundo siglo».[127] Esta aseveración debería considerarse junto con el hecho de que Montano fue evidentemente un falso profeta, cuyas profecías no se cumplieron. La conclusión de Kydd puede recapitularse en su declaración de que «a partir de alrededor del 260 d.C. no existen evidencias de la presencia de dones espirituales».[128] Aun la evidencia que Kydd presenta para los dones antes del 260 d.C. es como mucho fragmentaria. Además, es dudoso que la mayor parte de la escasa evidencia disponible se refiera realmente a los dones milagrosos. En muchos casos también es dudoso que el testimonio sea respecto a incidentes contemporáneos del escritor o respecto a incidentes pertenecientes a los tiempos apostólicos.

Escribiendo alrededor del final del primer siglo, Ignacio agrupa a los profetas con los apóstoles, y los contempla como pasados.[129] Orígenes, que escribe alrededor del 250 d.C., observa que los dones milagrosos, incluidos los milagros, habían disminuido hasta que sólo quedaban trazas.[130] Y establece una distinción entre estos y los del Nuevo Testamento. Orígenes dice también que en tiempos de Celso no habían aparecido profetas «que se pareciesen en nada a los antiguos profetas».[131] Como ya hemos mencionado, Crisóstomo, patriarca de Constantinopla, describe los dones en 1 Corintios 12–14 como algo no manifiestos en su día.[132] Dice que estaban tan en el pasado que eran cosa oscura. Warfield menciona varias aseveraciones de Crisóstomo, como que «los milagros no suceden ahora», y que «de poderes milagrosos no queda ni un vestigio». También pregunta: «¿Por qué no hay entre nosotros ahora aquellos que resucitan a los muertos y que operan sanidades?» Agustín, obispo de Hipona, concuerda al testificar que en su tiempo no se daba la presencia del Espíritu por medio de milagros.[134] Puede decirse sin duda alguna que estos dones milagrosos no han continuado hasta nuestro tiempo actual.

Sin embargo, hay simultáneamente una aparente paradoja que Warfield señaló hace ya años. Algunos de estos mismos Padres que afirman que los milagros cesaron en cierto sentido con la edad apostólica mencionan milagros contemporáneos a ellos mismos.[135] Deere da la engañosa implicación de que Agustín no creía en los milagros, pero que al madurar llegó a creer en ellos.[136] Pero esto dista de ser así, ya que Agustín dice que era conocedor de milagros antes de llegar a ser clérigo.[137] Por tanto, debe haber alguna otra solución.

Primero, debemos recordar que estos padres de la iglesia

primitiva estaban sumamente familiarizados con las prácticas de las iglesias en su época. Todos dan un testimonio claro y específico de que los milagros como los que sucedieron en la edad apostólica no ocurrían en sus tiempos. Además, los que han estudiado este asunto desde una perspectiva histórica están de acuerdo en que hay bien poca evidencia de que se diera ninguna continuidad de los dones de señales. Hemos visto que incluso esta pequeña cantidad de evidencia es ella misma objetable. Así, parece que estos padres ni vieron ni oyeron de milagros que se ajustasen a los milagros y señales de carácter bíblico o que fuesen equivalentes a los mismos. Los pretendidos milagros durante su tiempo son sanidades, y a menudo son lo son del tipo más extravagante, incluidas sanidades mediante reliquias y huesos de muertos, y mediante la proximidad a sepulcros de creyentes difuntos.[138] Es revelador que Deere, en vez de admitir esta falta de evidencia, arguya en favor de la validez de sanidad mediante reliquias y huesos de muertos, por alegar el caso de los huesos de Eliseo.[139] Pero los huesos de Eliseo fueron un caso absolutamente insólito aun en las Escrituras y se presentan como cosa insólita. Y además la gente no acudía a los huesos de Eliseo para ser sanados. ¿Tiene acaso Deere alguna evidencia de que los creyentes muertos actuales puedan ser puestos en los sepulcros de cristianos difuntos para resucitar? Si no tiene esta evidencia, ¿qué pertinencia tiene su referencia a los huesos de Eliseo respecto al tema de los dones del Nuevo Testamento? Además, ¿en qué sentido es el incidente con los huesos de Eliseo una evidencia de los dones espirituales en ningún tiempo? ¿Acaso pretende Deere que este profeta del Antiguo Testamento estaba ejercitando dones espirituales después de su muerte? El hecho que se ha pasado por alto en toda esta discusión es que la sanidad mediante reliquias y mediante la proximidad a sepulcros no constituye evidencia de la continuidad de los dones espirituales ejercitados por creyentes vivos que posean los dones respectivos. Los huesos y las tumbas no poseen dones espirituales, e incluso si los poseyeran, esto no demuestra nada tocante a si hay cristianos que poseen tales dones. Si no son extravagantes, los milagros contemporáneos a que hacen referencia los Padres primitivos son generalmente descritos como respuestas a las oraciones de los creyentes. Pero esto es evidencia de la validez de Santiago 5:14, no de la presencia de los dones.

Hay otro factor que no debe pasarse por alto. Los milagros bíblicos eran tan convincentes que los que los recibían no podían refrenarse de publicar esto aun cuando se les amonestaba que no lo hiciesen. Sin embargo, y como dice Agustín, los sanados durante su tiempo generalmente se mantenían callados incluso cuando se les apremiaba a que lo publicasen. Esto está en total contraste con las sanidades bíblicas y manifiesta que los beneficiarios de estos milagros contemporáneos deben haber carecido de la convicción de que había tenido lugar un milagro, convicción que desde luego sí tenían los sanados en el Nuevo Testamento.

De modo que podemos ver que hay un testimonio congruente y claro de que los milagros bíblicos no tuvieron continuidad. Los milagros que se alegan como contemporáneos de los padres de la iglesia primitiva eran objetables incluso en aquellos tiempos y no hay casos de personas que ejercitaran dones de sanidades o de milagros. Más bien, los casos que se alegan son respuestas a la oración, o bien sanidades mediante reliquias. Pero vemos que la iglesia primitiva, incluidos sus dirigentes, estaba muy bien dispuesta a aceptar milagros y sanidades y que no se sentían reacios a aceptar lo milagroso. El testimonio congruente de los padres de la iglesia primitiva de que habían cesado los milagros bíblicos no se debía a que fuesen reacios a creer en milagros, sino debido a que no ocurrían milagros bíblicos en medio de ellos.

Llamada a la cautela

Un estudio de la historia de la iglesia demanda cautela respecto a la continuación de dones milagrosos. La glosolalia, no en el sentido de hablar idiomas reales, sino en el sentido de un habla extática, ha ocurrido y seguirá ocurriendo entre algunos grupos no cristianos. Pero esas manifestaciones no pueden ser del Espíritu Santo. El Antiguo Testamento incluye ejemplos de milagros que no fueron obrados por el Espíritu Santo, como los de los magos que se opusieron a Moisés. Una vez más, en el Nuevo Testamento se lee de los «milagros» de Simón Mago, de los hijos de Esceva, de Elimas el mago, y de la muchacha pitonisa en Filipos, ninguno de los cuales era obra del Espíritu Santo. Los padres de la iglesia primitiva también dan testimonio de obras aparentemente milagrosas en el mundo no cristiano de su época. Por tanto, los «milagros» que difieren de los registrados en el Nuevo Testamento deberían ser contemplados con escepticismo.

El fenómeno actual no se parece a los dones bíblicos. No hay una evidencia concreta en la historia de la iglesia de ninguna manifestación del don genuino de lenguas, de profecía o de milagros desde la época de los apóstoles originales. En cambio, hay evidencia en la historia de fenómenos extáticos relacionados con habla extática, manifestaciones físicas y pretensiones de profecía en la que los participantes estaban relacionados con religiones paganas no cristianas, con lo que quedan excluidos como dones genuinos del Espíritu Santo. La historia refuta la idea de que los modernos fenómenos carismáticos sean dones dados por el Espíritu Santo, y rechaza la idea de que el presente movimiento esté vinculado con la iglesia primitiva.

* * *

1. *Encyclopaedia Britannica*, 14ª ed., artículo «Tongues, Gift of.»
2. John Thomas Nichol, *Pentecostalism* (Nueva York: Harper and Row, 1966), 11.
3. Frank Stagg, E. Glen Hinson y Wayne E. Oates, *Glossolalia*, 45-75.
4. *Ibid.*, 45, 46.
5. *Ibid.*, 56, 57.
6. *Ibid.*, 59-66.
7. *Ibid.*, 47, 48.
8. George B. Cutten, *Speaking With Tongues* (New Haven, Conn.: Yale University Press, 1927), 35.
9. Ireneo, *Contra Herejías*, citado de la edición en traducción inglesa *Against Heresies* en *The Ante-Nicene Fathers*, 8 tomos (Buffalo: Christian Literature, 1885), 1:15.4.
10. Philip Schaff, *History of the Christian Church*, 8 tomos (Grand Rapids: Eerdmans, 1952), 2:418.
11. *Ibid.*, 425.
12. Eusebio, *Historia Eclesiástica*, citado de la edición en traducción inglesa *Ecclesiastical History* en *The Nicene and Post-Nicene Fathers*, 2a. serie, 14 tomos (Grand Rapids, Eerdmans, 1952), 1:5.16-19. (Hay edición en español, *Historia eclesiástica*, 2 tomos, Terrasa, España: Editorial CLIE. También hay *Eusebio: Historia de la Iglesia*, editado por Paul L. Maier y publicado por Editorial Portavoz, 1998, un tomo a todo color.)
13. Adolph Harnack, *History of Dogma*, 7 tomos (Nueva York: Russell and Russell, 1958), 2:98.
14. Orígenes, *Contra Celso*, citado de la edición en inglés *Against Celsus* en *The Ante-Nicene Fathers*, 8 vols. (Buffalo: Christian Literature, 1887), 4:VIII, 9.
15. *Ibid.*
16. *Ibid.*, VII, 10.
17. *Ibid.*
18. *Ibid.*, VII, 11.

19. Ronald A. N. Kydd, *Charismatic Gifts in the Early Church* (Peabody, Mass.: Hendrickson, 1984), 36-39, 45.
20. Eusebio, *Historia Eclesiástica*, V, 16.
21. Stagg, Hinson, Oates, *Glossolalia*, 48-49.
22. Ireneo, *Contra Herejías*, III, 12.
23. *Ibid.*, V, 6.
24. Anthony A. Hoekema, *What About Tongues Speaking?* (Grand Rapids: Eerdmans, 1966), 12-15 [Hay edición en español, *¿Qué de la lenguas?*, Editorial CLIE.] Véase también S. D. Currie, «Speaking in Tongues», *Interpretation* 19 (julio 1965): 277.
25. Kydd, *Charismatic Gifts*, 45.
26. Ireneo, *Contra Herejías*, II, 31.3.
27. Hoekema, *Tongues Speaking?* 16.
28. Tertuliano, *Contra Marción*, citado de la edición en traducción inglesa *Against Marcion*, vol. 3 en *The Ante-Nicene Fathers* (Buffalo: Christian Literature, 1885), V, 8.
29. *Ibid.*
30. Ronald A. N. Kydd intenta demostrar que Novaciano es evidencia de señales carismáticas alrededor del 250 d.C. Un estudio cuidadoso de la evidencia muestra que Novaciano se refiere a actividades del Espíritu Santo que se describen en el Nuevo Testamento y que no está diciendo que los dones carismáticos tuviesen lugar en su época. Véase Kydd, «Novatian's *De Trinitate*, 29: Evidence of the Charismatic?» *Scottish Journal of Theology* 30 (1977):313-318; y su obra *Charismatic Gifts*, 60-64.
31. Crisóstomo, *Homilías en Primera Corintios. Homilía XXIX y XXXVI.* Citado de la traducción inglesa *Homilies in First Corinthians* en *The Nicene and Post Nicene Fathers*, 13 vols. (Grand Rapids: Eerdmans, 1956), 12:168, 218.
32. *Ibid.*, 168.
33. Agustín, *La Epístola de San Juan VI, 10*, citado de la traducción inglesa *The Epistle of St. John* en *The Nicene and Post-Nicene Fathers*, 13 vols. (Grand Rapids: Eerdmans, 1956), 7:497-498.
34. Hoekema, *Tongues Speaking*, 17, 18.
35. Stagg, Hinson y Oates, *Glossolalia*, 56, 57.
36. Hoekema, *Tongues Speaking*, 18, 19.
37. Stagg, Hinson y Oates, *Glossolalia*, 57; y Hoekema, *Tongues Speaking*, 19, citando a Cutten.
38. Hoekema, *Tongues Speaking*, 19.
39. B. B. Warfield, *Counterfeit Miracles* (1918; reimpresión, Londres: Banner of Truth, 1972), 248.
40. Stagg, Hinson y Oates, *Glossolalia*, 56.

41. *Encyclopaedia Britannica*, 14ª ed., artículo «Camisards».
42. *Ibid.*
43. Cutten, *Speaking with Tongues*, 51.
44. *Ibid.*, 58.
45. *Ibid.*, 51.
46. Alexander Mackie, *The Gift of Tongues* (Nueva York: Doran, 1921), 79.
47. William J. Samarin, *Tongues of Men and Angels* (Nueva York: Macmillan, 1970), 13.
48. Cutten, *Speaking With Tongues*, 54-57.
49. Citado por Mackie, *The Gift of Tongues*, 71, 72.
50. Hoekema, *Tongues Speaking*, 20.
51. Warfield, *Counterfeit Miracles*, 130.
52. *Encyclopedia Americana* (1962), 15:615, 616.
53. *Encyclopaedia Britannica*, 14ª ed., 12:892.
54. *Ibid.*
55. *Ibid.*
56. *The New Schaff-Herzog Encyclopedia of Religious Knowledge* (1967), artículo «Jansen».
57. Cutten, *Speaking With Tongues*, 67.
58. *Ibid.*
59. James Hastings. ed., *Encyclopedia of Religion and Ethics* (Nueva York: Charles Scribner's Sons, s.f.), 7:477.
60. *Ibid.*
61. *Ibid.*
62. *Ibid.*, 480.
63. *Ibid.*
64. *Ibid.*, 481.
65. Nichol, *Pentecostalism*, 22.
66. Hastings, *Encyclopedia of Religion and Ethics*, 1:406-412.
67. E. H. Broadbent, *The Pilgrim Church* (Londres: Pickering and Inglis, 1963), 153-185.
68. *The New Schaff-Herzog Religious Encyclopedia*, vol. 1, 161-163.
69. *Ibid.* 163.
70. *Ibid.*
71. *Ibid.*
72. Warfield, *Counterfeit Miracles*, 138-140.
73. *Ibid.*, 142.
74. *Ibid.*, 143.
75. *Ibid.*, 145.
76. *Ibid.*, 149-152, 296-299.
77. Cutten, *Speaking With Tongues*, 98-99.

78. *The New Schaff-Herzog Encyclopedia*, Vol. 6, 34.
79. *Ibid.*, vol. 2, 457-459.
80. Hastings, *Encyclopedia of Religion and Ethics*, 3:782.
81. *Ibid.*
82. Cutten, *Speaking With Tongues*, 81.
83. Mackie, *The Gift of Tongues*, 94-99.
84. Cutten, *Speaking With Tongues*, 76ss.
85. Stagg, Hinson, Oates, 66.
86. Hastings, *Encyclopedia of Religion and Ethics*, 10:579.
87. *Ibid.*
88. M'Clintoch, John, y James Strong, eds. *Cyclopaedia of Biblical, Theological and Ecclesiastical Literature*, 12 tomos (1887; reimpresión, Grand Rapids: Baker, 1970), 8:908.
89. *Encyclopaedia Britannica*, 14ª ed., artículo «Friends, Society of.»
90. M'Clintoch, Strong, *Cyclopaedia*, 3:667-673.
91. Gromacki, 21.
92. Hoekema, *Tongues Speaking*, 10-23.
93. Nichol, *Pentecostalism*, 18-24.
94. Stagg, Hinson y Oates, *Glossolalia*, 63.
95. Cutten, *Speaking With Tongues*, 68.
96. *Ibid.*
97. Stagg, Hinson y Oates, *Glossolalia*, 64.
98. John Wesley, *The Journal of John Wesley* (Chicago: Moody, s.f.), 239.
99. *Ibid.*, 234, 235.
100. W. W. Sweet, *The Story of Religion in America* (Nueva York: Harper and Brothers, 1930), 230.
101. *Ibid.*, 229.
102. Vinson Synan, *The Holiness Pentecostal Movement in the United States* (Grand Rapids: Eerdmans, 1971), 24.
103. *Ibid.*, 25.
104. Donald W. Dayton, «Asa Mahan and the Development of American Holiness Theology», *Wesleyan Theological Journal* 9 (primavera 1974): 61.
105. *Ibid.*, 64-66.
106. Frederick Dale Bruner, *A Theology of the Holy Spirit* (Grand Rapids: Eerdmans, 1970), 42, 47.
107. Herbert McGonigle, «Pneumatological Nomenclature in Early Methodism», *Wesleyan Theological Journal* 8 (Primavera 1973): 64.
108. George W. Dollar, «Church History and the Tongues Movement», *Bibliotheca Sacra* 120 (octubre 1963): 320.
109. *Encyclopaedia Britannica*, 14ª ed., tomo 22, 282, 283.

110. Virgilio, *La Eneida*, VI, 32-102, citado de la traducción inglesa, *The Aeneid* en *Great Books of the Western World*, trad. de James Rhoades (Chicago: Encyclopaedia Britannica, 1952).
111. *Ibid.*, VI, 78, 79.
112. *Ibid.*, VI, 96-102.
113. Behm, «Glossa», *TDNT*, 1:722.
114. Platón, *Timeo*, 71-72.
115. *Ibid.*
116. Sir E. B. Tylor, *Religion in Primitive Culture*, 2 vols. (Nueva York: Harper and Brothers, 1958), 2:210.
117. *Ibid.*, 506.
118. Andreas Lommel, *Shamanism* (Nueva York: McGraw Hill, 1967), 69.
119. Mircea Eliade, *Shamanism* (Nueva York: Bollinger Foundation, 1964), 18.
120. *Ibid.*, 96-97.
121. Robert Gromacki, *The Modern Tongues Movement* (Filadelfia: Presbyterian and Reformed, 1967), 5-10.
122. Synan, *The Holiness Pentecostal Movement*, 25.
123. Felicitas D. Goodman, *Speaking in Tongues* (Chicago: University of Chicago Press), XVI.
124. *Ibid.*, 506.
125. *Ibid.*, 121-123.
126. *Ibid.*, XVI-XX.
127. Kydd, *Charismatic Gifts*, 34.
128. *Ibid.*, 57.
129. Ignacio, *A los filadelfianos*, 5. 1, 2.
130. Orígenes, *Contra Celso*, 1, 2; 2, 8; 7, 8.
131. *Ibid.*, 7, 11.
132. Crisóstomo, *Hom. 1 Cor. XXIV y XXXVI.*
133. Warfield, *Counterfeit Miracles*, 42.
134. Agustín, *La Epístola de San Juan*, VI, 10.
135. Warfield, *Counterfeit Miracles*, 46ss.
136. Deere, *Sorprendido por el poder del Espíritu* (Miami: Editorial Carisma, 1996), 85.
137. Agustín, *La Ciudad de Dios*, XX.
138. *Ibid.*
139. Deere, *Sorprendido*, 86.

CAPÍTULO 9

La cesación de los dones: ¿hay algunos dones temporales?

LA MAYORÍA DE cristianos siempre han creído que ciertos dones sólo fueron para el primer siglo. La historia suscita graves dudas acerca de que haya realmente habido manifestaciones de ciertos dones desde aquel tiempo. Los ejemplos que se alegan en nuestros tiempos de hablar en lenguas, de operaciones de milagros y de sanidades no tienen ninguna similitud con las descripciones bíblicas de los respectivos dones. Así, nos sentimos justificados al cuestionar la teoría de que todos los dones espirituales han seguido a lo largo de la edad de la iglesia.

Una de las suposiciones básicas que hacen los grupos carismáticos es que el Espíritu opera de la misma manera en la actualidad que como lo hacía durante el primer siglo. Pero la Biblia no hace declaración alguna de que los dones proseguirán a lo largo de la era de la iglesia. Sin embargo, antes de examinar la evidencia bíblica, consideraremos varios otros factores.

La opinión general tocante al don de apóstol

La mayoría de los cristianos concuerdan en que los apóstoles ya no están presentes en la iglesia. Esta admisión niega la suposición básica de que todos los dones fueron dados a la iglesia de manera permanente. Cualquiera que crea que los apóstoles estuvieron presentes sólo en la iglesia primitiva ya ha admitido que al menos un don ha cesado. Pretender que ha cesado el cargo de apóstol pero no el don no es una solución, porque una distinción así entre cargo y don no aparece en la Biblia. Cualquier evidencia de que los apóstoles no existen en la actualidad en el sentido pleno de apóstol del Nuevo Testamento es evidencia de que el Espíritu Santo no está distribuyendo los dones de la misma manera que en la iglesia primitiva. No podemos aceptar la pretensión de que en la actualidad haya apóstoles en algún otro sentido que el del Nuevo Testamento. El único don de apóstol que puede aceptarse en esta consideración es el que se describe en el Nuevo Testamento. Al menos hay un don temporal según la opinión de la mayoría de los creyentes y según la evidencia bíblica.

El hecho de que el don de apóstol cesase con la edad apostólica es un golpe devastador para la suposición básica subyacente a toda la perspectiva carismática, esto es, la suposición de que todos los dones han de estar operando a lo largo de la edad de la iglesia. Sabemos que al menos un don ha cesado; por tanto, la suposición fundamental que ellos plantean es errónea. Sin embargo, Deere intenta anular el hecho de que uno de los dones cesó en el primer siglo pretendiendo que el don de apóstol no es un don espiritual. Al examinar este concepto, debemos tener presente que aun si el apostolado no fuese un don espiritual, el hecho de que ha cesado seguiría mostrando que una de las funciones dadas al cuerpo de Cristo ha cesado. Así, no han continuado todas las funciones de la iglesia en sus inicios. Por ello, la iglesia de la actualidad no debería esperar tener todas las funciones que tuvo la iglesia durante el siglo primero.

Deere arguye que Pablo nunca aplica el término *charisma* al apostolado, y tampoco habla de apostolado en el mismo sentido en que lo hace de los otros dones.[1] Así, él llega a la conclusión de que el apostolado no es un don espiritual. Sin embargo, Deere está errado en cada punto. Primero, la definición de un don espiritual no es «algo que se describe con el término *charisma*», como implica Deere; por tanto, incluso si fuere cierto que el don de apóstol no es descrito con el término *charisma*, esto no demostraría que el apostolado no es un don espiritual. Quizá Deere se confunde al pensar que el moderno término *carismático* es determinativo de dones espirituales en la Biblia, pero este término se usa en un sentido más amplio. Por ejemplo, *charisma* se usa de la salvación (Ro. 5:5, 10), de la vida eterna (Ro. 6:23), de la capacidad de permanecer soltero (1 Co. 7:7) y de la respuesta a la oración (2 Co. 1:11). Es un término general más que sólo un término definitorio para dones espirituales. Un don espiritual es una capacidad dada por Dios para ministrar como miembro del cuerpo de Cristo. El apostolado cumple este criterio y siempre ha sido aceptado como uno de los dones espirituales.

Además, es un error pretender que el término *charisma* no se usa del apóstol. En realidad se usa del apóstol, y el don de apóstol queda incluido en la lista de dones que también incluye el don de lenguas, de milagros, y de sanidades. Primera Corintios 12:4, 5 introduce el resto del capítulo empleando el término *charisma* pero también usando los términos «ministerios» y «operaciones». Los dones en 1 Corintios 12:8-10 que Deere arguye que son los *charismata* son de hecho introducidos con la expresión «manifestación del Espíritu» y no de manera directa mediante el término *charismata*; sin embargo, queda claro por el decurso del pensamiento que también quedan incluidos bajo el término *charisma*. Pero queda igual de claro que esta consideración es una unidad de pensamiento hasta el final del capítulo, y que por ello apóstoles, profetas, maestros, milagros, sanidades, lenguas, ayudas, y administraciones en los versículos 28-30 quedan también incluidos en el término *charismata*. El versículo 12 queda unido a la anterior consideración con la palabra «porque» y por su contenido, y hace referencia a «los miembros del cuerpo». Esta consideración de los miembros del cuerpo prosigue hasta el final del versículo 30. El versículo 31, que prosigue el pensamiento de los versículos 28-31, usa el término *charisma* para referirse a los dones mencionados en estos últimos versículos. Y estos versículos tratan de la prioridad de los diversos dones. En el versículo 31, la declaración «Sed celosos por los mayores dones (*charismata*)» se retrotrae de manera clara a estos dones, incluido el de apóstol, que se acaban de tratar en los versículos 28-30. Esto es cosa cierta, no sólo por el contexto inmediato, sino también por el hecho de que 1 Corintios 14 prosigue esta discusión y destaca la prioridad del don de profeta sobre las lenguas, en conformidad con la prioridad dada en la lista de los versículos 28-30.

El apóstol también se relaciona con los milagros, sanidades, lenguas, profetas, y los otros dones, lo que pone de manifiesto que Pablo lo considera como perteneciente a la misma clasificación. Además, los apóstoles, así como los profetas, evangelistas, pastores y maestros, son designados como dones en Efesios 4:11, donde se usa el término griego *doma*, «dones». En Romanos 12:6-8 quedan incluidos dos de esos dones, profetas y maestros, bajo el término *charisma*, pero no se mencionan los milagros, sanidades y lenguas. En Romanos 12 se usa el término *charisma* para designar a las personas que ejercitan las capacidades. Así, los apóstoles quedan incluidos con los otros dones espirituales de tal manera que queda claro que están incluidos entre los dones espirituales. No se puede hacer la distinción que intenta establecer Deere entre los dones y las personas que poseen el don. Su intento de excluir al apóstol de la categoría de los dones espirituales no sólo concluye en un fracaso, sino que destaca un descuido común en los carismáticos, es decir, que el propósito principal de los dones espirituales es el ministerio, no simplemente obtener unas manifestaciones esporádicas de poder para asombrar y fortalecer a cristianos débiles. Así, el apostolado es un don por excelencia para el ministerio, pero sigue siendo un don espiritual.

También es falaz el argumento de Deere de que el apostolado no es descrito del mismo modo que los otros dones. No se habla de ningún don de la misma manera que los otros dones debido a que todos son diferentes. No se habla de las lenguas de la misma manera que de la enseñanza o de la dadivosidad, pero todos ellos son dones espirituales. ¿De cuántos dones se habla aparte de dar su nombre? Usando el argumento de Deere, no hay base bíblica ni lógica sobre la cual decir que los apóstoles o profetas no son dones espirituales pero que los milagros y las lenguas sí lo son.

Otros argumentos de Deere son también falaces. Por cuanto está familiarizado con la literatura acerca de los dones, ha de ser conocedor de que no está tan «claro» que Jacobo, el hermano del Señor, fuese apóstol, ni está «claro» que Bernabé sea un apóstol en el sentido de don apostólico, y que no es ni siquiera probable que Silas fuese apóstol por cuanto hay evidencias concretas en contra de ello. Hay suficiente evidencia de que «todos los apóstoles» en 1 Corintios 15:7 se refiere a los «doce», por lo que desde luego debería dar alguna evidencia antes de hacer la improbable y falaz aseveración de que puede referirse a otros. Pero sus propias declaraciones parecen ignorar esos asuntos.[2] Por ejemplo, mantiene que según 2 Corintios 11:13 que «no había podido fijarse el número de los apóstoles en los tiempos del Nuevo Testamento, o si no, estos hombres no hubieran podido hacerse pasar por tales».[3] Pero esta es una deducción inconsecuente. Que un número quede fijado no tiene una relación lógica con lo que otros puedan pretender. El número de apóstoles genuinos no tiene nada que ver con si otros hombres pretenden ser apóstoles. Lo que Deere parece suponer es que si el número estaba fijado, entonces todos los cristianos lo sabrían y aceptarían, y que rehusarían de manera firme aceptar cualquier falso apóstol. Así, todos los que se sintieran tentados a presentar tal pretensión se sentirían tan desalentados que nadie jamás pretendería ser un apóstol. La mera enunciación de estas suposiciones demuestra lo ilógico que realmente es su argumento. El número de Mesías genuinos está claramente fijado en uno solo, pero según la Biblia ha habido y habrá muchos que pretenderán ser el Mesías. Los argumentos de Deere sirven de poco para desafiar la realidad de que al menos un don fue temporal y que cesó con la edad apostólica. ¿Y qué hay de los otros dones?

La falta de los dones milagrosos en la historia

En la discusión del capítulo anterior, los ejemplos aislados y esporádicos que se alegan como casos de lenguas son una evidencia por sí misma de que no se trataba del don genuino. Si Dios siguió dando este don, no tenemos razón alguna de suponer que no habría sido dado a la iglesia de una manera uniforme y regular. Nadie ha mantenido que otros dones como el de evangelismo, ayudas, administración, y enseñanza han aparecido sólo en algunos lugares separados por cientos de años. Además, cuando se examinan estos pocos ejemplos de pretendidas lenguas, la evidencia está en contra de que ellas sean como un don genuino de lenguas del Nuevo Testamento.

No se ha demostrado ningún caso de un don de lenguas desde la edad apostólica hasta el tiempo actual. La iglesia como un todo siempre ha creído que el don de lenguas cesó con los apóstoles. Crisóstomo (345-407) y Agustín (354-430) dan unas claras declaraciones de que el don de lenguas había cesado mucho antes de su época. El hecho de que las lenguas habían cesado es reconocido por muchos que suponen que este don está presente ahora. En la actualidad hay un intento de resolver este problema por admitir que el don había cesado pero pretendiendo que ahora se ha dado de nuevo. Si el don de lenguas hubiera continuado de manera normal en la iglesia tal como fue dado al principio, entonces no se suscitaría problema alguno acerca de su presencia en la actualidad. Este asunto sólo se suscita porque de hecho cesó. Este mismo argumento de la historia es de aplicación a otros dones como los de profecía, sanidades, y milagros. No hay ni un solo ejemplo seguro de estos dones desde los tiempos apostólicos. Si estos dones hubiesen continuado a lo largo de la historia de la iglesia, entonces, ¿por qué falta tanto su evidencia confirmatoria? Debido a que su cesación es tan evidente, aun muchos pentecostales contemplan el fenómeno actual como un derramamiento del Espíritu Santo del «postrer tiempo».

Un intento común de los carismáticos de esquivar esta realidad de la historia es la pretensión de que los cristianos primitivos llegaron a no creer en los dones milagrosos, y que estos desaparecieron por causa de esa falta de fe. Como lo expresa Deere, «cuando la gente dejó de buscar los dones espirituales (*en directa desobediencia a los ordenanzas de Dios:* 1 Corintios 12:39; 14:1, 39) y dejó de procuar que se ejercicieran dentro de sus iglesias, dejaron de recibir los dones».[4]

Antes de considerar este argumento, parece necesario señalar que cualquiera que esté familiarizado con el griego sabría que «buscar» no es uno de los significados más probables para el verbo empleado en 1 Corintios 12:31; 14:1 y 14:39. El significado usual, «tener celo», concuerda perfectamente con este pasaje. Es improbable que el verbo jamás signifique «buscar», y, en todo caso, en este contexto no puede tener este significado. Por tanto, su reiterada insistencia en que estos versículos instruyen a los creyentes a buscar los dones milagrosos parece tener el designio de aprovecharse del lector mal informado. Sin embargo, aun si el verbo se interpretase como «buscar», en vez de instruir a los creyentes que busquen los dones milagrosos, estos versículos instruirían a lo contrario. Instruirían al creyente a buscar los dones edificantes como el de profeta y maestro en vez de buscar los dones milagrosos como lenguas, milagros y sanidades. Tanto si el verbo de que se trata se traduce «tened celo», «codiciad», «procurad», o «buscad», no hay duda alguna de que la atención se dirige a los dones de edificación o «mayores», no a los dones milagrosos. Así, si el verbo en estos versículos significase «buscar», como lo traduce Deere, entonces la iglesia actuó correctamente desde una perspectiva bíblica al no buscar los dones milagrosos, sino los dones de edificación, como el de maestro. Sea cual fuere la traducción que se siga en estos versículos, no enseñan en absoluto lo que Deere implica. Sería exacto decir que enseñan lo contrario.

Con respecto al argumento de que los dones milagrosos desaparecieron debido a que la iglesia dejó de creer en ellos, deberíamos observar que esto se basa en la suposición de que los dones sólo son dados a aquellos que creen en ellos y los buscan. Ésta, sin embargo, es una suposición injustificada, carente de evidencia bíblica. No hay ejemplo en la Biblia en el que nadie recibiera un don por buscarlo ni como resultado de creer en aquel don. Al contrario, los que son descritos como que hablaban en lenguas no tenían ni idea de que existiera tan don hasta que hablaron. En ningún lugar de la Biblia se manda a los cristianos que busquen ningún don ni se les exhorta a creer en los dones milagrosos. Varias veces se especifica en 1 Corintios 12 que los dones se dan sólo por voluntad de Dios. Uno de los aspectos principales de este pasaje es el de presentar el concepto de que la persona de que se trata no tiene opción en este asunto, y que por ello debe darse por satisfecha con el don que Dios le haya dado, y actuar en base del mismo.

De modo que dicho argumento es inválido en todos los respectos. Aunque se dice frecuentemente que la iglesia primitiva se burocratizó, especialmente en el caso de los dirigentes, que llevaron a la iglesia a no creer en dones, no se da evidencia alguna para apoyar tal aserción. Parece derivarse de la necesidad de explicar por qué la iglesia primitiva no prosiguió operando con todas las mismas funciones como las que aparecen en el libro de Hechos. Eso también choca con los hechos. Como hemos visto, la iglesia primitiva y sus dirigentes estaban muy abiertos y receptivos a lo «milagroso». Parecían estar dispuestos a creer aun en los tipos más extravagantes de «milagros», como la sanidad mediante reliquias y junto a tumbas. Por tanto, la credulidad de la iglesia primitiva respecto a lo milagroso muestra que no estaban inclinados a la descreencia, y que sus dirigentes no habrían alentado a la descreencia en los dones milagrosos si todavía hubieran estado en operación.

Esto nos lleva a otro aspecto de esta situación. Los dones milagrosos del libro de Hechos eran tan evidentes que aun si los enemigos del evangelio encontraban imposible negarlos. Si estos dones estaban operando, ¿cómo entonces podrían los creyentes negar su existencia? ¿Cómo podría nadie en la iglesia haber llegado a la conclusión de que no podían suceder? Si todos los dones hubieran estado operando todo alrededor de los creyentes como una función normal de la iglesia transmitida directamente desde el principio, ¿es razonable especular que los cristianos fuesen a dejar de creer en ellos? ¿Podría algún dirigente de la iglesia convencer a los creyentes de que los milagros no ocurrían mientras que los veían suceder? La única manera en que la iglesia podría dejar de creer en los dones milagrosos sería que dejasen de ocurrir. La única manera en que podrían dejar de tener lugar sería que Dios dejase de darlos. Por tanto, el hecho de que la iglesia llegó a no creer en los dones milagrosos sólo puede explicarse debido al hecho de que Dios puso fin a los mismos. El hecho de la historia, así como de 1 Corintios 12–14, muestran con claridad que la iglesia primitiva estaba demasiado inclinada hacia lo milagroso para descreer los dones milagrosos mientras estuviesen en operación.

¿Debemos tomarnos en serio la alegación de que en una época no científica, en la que toda la sociedad creía en lo sobrenatural y en lo milagroso, y estando rodeados de milagros genuinos y de dones milagrosos, que la casi totalidad de la cristiandad llegase a descreer los milagros de modo que estos llegaron a cesar? Observemos que este argumento carismático exige que no se crean los milagros mientras están teniendo lugar y que luego se detienen debido a la incredulidad. ¿Y deberemos además aceptar el corolario igualmente ilógico de que en la era más racionalista de todas, después que no han ocurrido milagros durante mil novecientos años, los cristianos del siglo veinte han creído en ellos hasta el punto de que han vuelto a ocurrir? ¿Acaso los modernos cristianos tienen más fe en estos dones que una iglesia primitiva rodeada de los mismos?

Si los cristianos modernos han creído aparte de cualquier evidencia «concreta», ¿cómo podemos pensar que los cristianos primitivos, sumergidos en milagros, podrían dejar de creer en hechos irrefutables? Además, si esta «milagrosa infusión» del Espíritu Santo da poder, gozo, propósito y revitaliza la iglesia tal como aseveran los modernos carismáticos, ¿cómo podría la iglesia primitiva haber rechazado una bendición tan enorme? Todo este concepto es irrazonable.

El argumento de que los dones milagrosos cesaron debido a una falta de creencia en estos dones no es una respuesta, sino una evasiva ante los hechos de la historia y contradice a la evidencia bíblica. Es igualmente ilógico comparar la cesación de estos dones con la pérdida temporal en sectores de la cristiandad de algunas doctrinas como la de la justificación por la fe. Estos errores doctrinales se debieron a la fragilidad o al error de los hombres, y mayormente se debieron a la presencia de incrédulos en la iglesia. Pero los dones son dados por Dios con independencia del deseo o doctrina de los hombres acerca de los mismos. Ningún don en la Biblia vino como resultado de una doctrina correcta acerca de los dones, sino que vinieron a menudo sobre cristianos que ni siquiera eran conscientes de los dones. Los creyentes en Pentecostés no eran conscientes de las lenguas, ni lo eran los discípulos en Hechos 19:6. La iglesia de Corinto estaba llena de pensamientos erróneos en lo tocante a los dones; sin embargo, los dones seguían funcionando. Aparentemente, los dones de enseñanza, de dadivosidad, de ayuda, de mostrar misericordia, y de evangelismo siempre han operado, aunque la mayoría de cristianos no hayan sido conscientes de los mismos. La Biblia es específica en cuanto a que los dones se dan sólo sobre la base de la voluntad de Dios. Aun los incrédulos no pudieron refutar ni dejar de creer en los milagros genuinos.

Los actuales fenómenos carismáticos no tienen ninguna vinculación histórica con la iglesia apostólica. Por tanto, sería sumamente ingenuo aceptar las pretensiones carismáticas aparte de alguna prueba de una vinculación histórica directa o de una evidencia bíblica sólida de que estos fenómenos son los mismos que los que aparecen en las Escrituras. Sin embargo, y desde ambos criterios, la evidencia está en contra de dichas pretensiones.

La necesidad de milagros en la iglesia de los comienzos

El mensaje del evangelio era insólito y asombroso. Un hombre ejecutado en un diminuto país estaba siendo presentado como el Hijo de Dios que había venido a morir por todos los hombres. Para los que confiasen en él, Dios, por la gracia, perdonaría los pecados de ellos. Pocas personas fuera de Israel habían oído jamás hablar de Jesús. Él murió antes del establecimiento de la iglesia. Fue ejecutado después de un breve período de actividad. Estos hechos sirven al menos para mostrar las dificultades a que hacían frente los primeros evangelistas. Los dones de señales milagrosas ponen todo este mensaje en una diferente perspectiva, porque los milagros constituían evidencia de que el mensaje venía de Dios. La necesidad de confirmación del mensaje al principio parece desde luego mayor que en la actualidad.

El argumento de que la necesidad actual es igual de grande y que por ello la necesidad al comienzo de la iglesia no era mayor significa estar fuera de contacto tanto con las Escrituras como con la realidad histórica.[5] Había una necesidad inicial de establecer a los apóstoles como los representantes del crucificado y resucitado Señor Jesucristo, y con ello de establecer la doctrina apostólica. Había la necesidad de establecer la conexión entre Cristo y la iglesia apostólica. Los apóstoles, testigos oculares de la resurrección, debían proclamar este hecho y el mensaje del evangelio. La promulgación inicial de la resurrección y el establecimiento de la autoridad apostólica para proclamar, clarificar, corregir los errores, y producir una eclesiología y la teología del Nuevo Testamento es una situación que nunca se ha presentado desde aquel tiempo. La suposición de Deere de que la necesidad de aquel tiempo no era mayor es inexacta tanto desde una perspectiva bíblica como histórica.

Cuando los cristianos hicieron frente a la oposición y a la

persecución durante el período de la Reforma, había desde luego tanta necesidad de confirmación milagrosa como en la actualidad, pero no se dio ninguna. Lo mismo puede decirse en el caso de los valdenses, de los hugonotes, y de varios otros grupos de la historia de la iglesia. Pero no se dio ninguna confirmación milagrosa. Y no hay razón de suponer que en la actualidad exista una mayor necesidad que en otros tiempos. No hay correlación entre los pretendidos acaecimientos de dones milagrosos en nuestros tiempos y áreas de aparente gran necesidad espiritual. De hecho, el movimiento carismático comenzó en los llamados países cristianizados y no en las regiones más espiritualmente necesitadas.

Indicaciones bíblicas de cambio

Pentecostés

Hay en el Nuevo Testamento implicaciones adicionales de que no todas las cosas han seguido igual como al principio de la iglesia. Con independencia de las aserciones de que ha tenido lugar otro Pentecostés en tiempos recientes, nunca ha habido una duplicación de los acontecimientos que se atestiguaron en la época de Pentecostés. La cantidad de personas envueltas, el número de lenguas habladas, la presencia de los doce apóstoles, el número de personas conversas, el hecho de que ninguna de éstas había jamás oído hablar del don de lenguas ni lo había buscado, y el fenómeno de las lenguas de fuego y el fragor de un viento poderoso, todos estos factores se combinaron para producir un acontecimiento como jamás se ha vuelto a ver.

Acontecimientos adicionales en Hechos

Ananías y Safira cayeron muertos bajo la palabra de Pedro delante de la iglesia (Hch. 5:5, 10). El Espíritu Santo no ha obrado de esta manera a lo largo de la historia de la iglesia, ni lo hace hoy así. La conversión de Pablo no ha sido duplicada (9:1-9). La visión de Pedro del lienzo (10:10-15) y el cegamiento del mago por parte de Pablo (13:11, 12) no se han repetido en la actualidad. Hoy no se dan apariciones directas de ángeles, como la de Hechos 12:6-11. Hay numerosos incidentes que tuvieron lugar por el poder del Espíritu Santo que no han vuelto a tener lugar desde entonces. Es evidente que el Espíritu Santo no ha estado operando a lo largo de la edad de la iglesia en todas las maneras descritas en el libro de Hechos.

Evidencia bíblica de la naturaleza temporal de ciertos dones

El único asunto que queda es: ¿cuáles son los dones temporales? Ya hemos demostrado bíblicamente que los apóstoles y profetas ya no se dan. Esto es suficiente para demostrar el principio de unos dones temporales; sin embargo, consideraremos algunas declaraciones adicionales del Nuevo Testamento.

Los proponentes del movimiento carismático han puesto sobre sus opositores la carga de la prueba tocante a la naturaleza temporal de algunos dones. Lo han hecho dando por supuesto que todas las cosas han seguido iguales a lo largo de la edad de la iglesia, y luego han demandado prueba en contra. Por cuanto los hechos de la historia de la iglesia revelan que el Espíritu Santo no ha estado operando de todas las maneras en que lo hacía en el libro de Hechos, la suposición básica de que todas las cosas han permanecido iguales es falsa. La carga de la prueba descansa sobre los que insisten que en la actualidad se deben ver todos los dones. Deberían presentar una prueba irrefutable de la Biblia de que su postura es correcta. Sin embargo, no pueden. Las siguientes secciones demostrarán la naturaleza temporal de ciertos dones.

Efesios 2:20

Este pasaje ha sido considerado en el capítulo sobre apóstoles y profetas. Allí hemos demostrado que la expresión «de los apóstoles y profetas» es definitivamente un caso del genitivo apositivo. Así, este versículo declara que los apóstoles y los profetas son el fundamento de la iglesia, y que Cristo es su piedra angular. El pasaje se refiere a la iglesia universal, no a la iglesia local ni al campo misionero. Los fundamentos son necesarios para la edificación de cualquier estructura. Aunque el edificio en Efesios 2:20 es una figura de lenguaje, ilustra una verdad. Cristo, la piedra angular, vino en primer lugar. Los miembros de la iglesia están realmente «edificados sobre» (gr., *epoikodomeo*) el fundamento. Este pasaje implica intensamente que apóstoles y profetas pertenecen al pasado y que fueron sólo en el principio.

Alguien puede decir: «Seguimos necesitando el fundamento; por tanto, se siguen dando apóstoles y profetas.» Seguimos necesitando a Cristo la piedra angular, pero no ha estado presente de manera física desde su ascensión. Cristo cumplió su propósito en la tierra, y la iglesia sigue fundamentada sobre ello. Del mismo modo, los apóstoles y profetas cumplieron el propósito que tenían, y la iglesia edifica sobre esto.

Hebreos 2:3, 4

Este pasaje declara que Dios usó obras milagrosas para confirmar la predicación inicial del evangelio. Dice:

> ¿Cómo escaparemos nosotros, si descuidamos una salvación tan grande? La cual, habiendo sido anunciada primeramente por el Señor, nos fue confirmada por los que oyeron, testificando Dios juntamente con ellos, con señales y prodigios y diversos milagros y repartimientos del Espíritu Santo según su voluntad.

Las señales y maravillas y milagros que se mencionan aquí son los mismos términos que se emplean a lo largo del libro de Hechos para describir las obras milagrosas y los ministerios de los apóstoles. Estos términos *dunamis*, *semeion* y *teras* se usan también en Romanos 15:19 y en 2 Corintios 12:12 para describir el ministerio de Pablo, y en 2 Tesalonicenses 2:9 para describir los falsos milagros del hombre de pecado. Por tanto, no cabe duda que este pasaje se refiere a señales milagrosas como la sanidad y la resurrección de muertos.

Lo que en este pasaje se considera es la salvación que había sido confirmada a los destinatarios de Hebreos por parte de aquellos que habían oído personalmente al Señor. Ellos eran testigos oculares del Señor, y eran por tanto la primera generación de cristianos. Dios dio testimonio juntamente con ellos por medio de las señales milagrosas. Para el tiempo que fue escrita esta epístola, esto ya era cosa del pasado. La cláusula verbal «fue confirmada» (gr., *ebebaiothe*) está en tiempo pasado (aoristo). Aparentemente, esta confirmación no estaba teniendo lugar en el momento de escribir. El tiempo presente del participio, «testificando», se relaciona con el verbo principal, «fue confirmada». Dios no estaba dando testimonio en el tiempo en que fue escrito Hebreos, pero había dado testimonio mediante los milagros en aquel tiempo pasado, mientras los testigos oculares testificaban ante los hebreos.

Este pasaje dice explícitamente que Dios dio señales milagrosas para confirmar la predicación evangelística (a los incrédulos) mediante aquellos que eran testigos presenciales del Señor (los que oyeron), probablemente refiriéndose a los apóstoles. Esta confirmación era cosa del pasado cuando fue escrita esta epístola. No estaba dándose en ese tiempo, pero había tenido lugar con el testimonio original de los testigos presenciales.

Romanos 15:18-20

En este pasaje, Pablo se refiere de manera inequívoca al ministerio evangelístico, es decir, al ministerio a los incrédulos.

> Porque no osaría hablar sino de lo que Cristo ha hecho por medio de mí para la obediencia de los gentiles, con la palabra y con las obras, con potencia de señales y prodigios, en el poder del Espíritu de Dios; de manera que desde Jerusalén, y por los alrededores hasta Ilírico, todo lo he llenado del evangelio de Cristo. Y de esta manera me esforcé a predicar el evangelio, no donde Cristo ya hubiese sido nombrado, para no edificar sobre fundamento ajeno.

Este pasaje se refiere a un ministerio de «predicar el evangelio no donde Cristo ya hubiese sido nombrado». Se refiere al ministerio «para la obediencia de los gentiles», y en el versículo 16 se refiere a su actividad «ministrando el evangelio de Dios». Pablo dice en el versículo 19 que «todo lo he llenado del evangelio de Cristo». Usa el verbo *euaggelizo* y el nombre *euaggelion*, de los que derivamos la palabra castellana «evangelizar». Este ministerio era de evangelismo a *los incrédulos.*

Aunque hay diferentes interpretaciones de la expresión «no osaría hablar sino de lo que Cristo ha hecho por medio de mí» (v. 18), el pasaje deja en claro que la «potencia de señales y prodigios» tienen que ver con su ministerio a los que no habían sido aún alcanzados. Las señales y los prodigios son agentes que traen la obediencia de los gentiles. Pablo contempla las señales y los prodigios como aquello que ayudó a conseguir la obediencia de los gentiles al evangelio de Cristo. Como señales, eran para confirmación. Como lo muestra el contexto, esto se relaciona de manera particular con el ministerio de Pablo como apóstol a los gentiles.

Segunda Corintios 12:12

Este pasaje también ha sido considerado con anterioridad. Pablo se refiere a su ministerio anterior a los corintios, probablemente al tiempo en que les trajo el evangelio por primera vez. Relaciona las obras milagrosas con los apóstoles, cuando dice: «Porque en nada he sido menos que aquellos grandes apóstoles, aunque nada soy. Con todo, las señales de apóstol han sido hechas entre vosotros en toda paciencia, por señales, prodigio, y milagros» (2 Co. 12:11, 12). No iba a la zaga a los otros apóstoles, por cuanto llevaba a cabo obras milagrosas. Esto implica que todos los apóstoles llevaban a cabo señales y prodigios. Pablo era apóstol; por tanto, hacía lo mismo. Obrar milagros parece haber sido una evidencia de apostolado. Por ello, debía quedar principalmente restringido a los apóstoles, ¿o cómo podría ello demostrar que Pablo era un apóstol? El libro de Hechos sustenta el hecho de que los milagros estaban casi totalmente restringidos a los apóstoles. Si estaban básicamente restringidos a los apóstoles, entonces las obras milagrosas fueron para el primer siglo, y nunca estuvieron muy extendidas.

Marcos 16:15-20

Este pasaje se refiere de manera inequívoca al ministerio evangelístico a los incrédulos. El versículo 15 dice: «Id por todo el mundo y predicad el evangelio a toda criatura.» Este ministerio iría seguido de señales milagrosas, incluidas el habla en lenguas, las sanidades, y la expulsión de demonios. El pasaje termina con: «Y ellos, saliendo, predicaron en todas partes, ayudándoles el Señor, y confirmando la palabra con las señales que la seguían» (v. 20). Estas señales milagrosas, incluidas las lenguas, fueron usadas por el Señor para confirmar el testimonio de esos testigos oculares suyos. «Confirmando» (gr., *bebaioo*) es el mismo verbo que se emplea en Hebreos 2:3, 4, donde se dice que el testimonio de los testigos oculares originales había sido confirmado mediante señales milagrosas, pero esto pertenecía ahora al pasado. Marcos 16:20 se refiere a testigos oculares, y la perspectiva pertenece al pasado. Ellos predicaron y el Señor confirmó la predicación. La implicación es que esto lo cumplieron ellos y que ya no estaba ocurriendo para cuando se redactó el Evangelio de Marcos.

El libro de Hechos

Hay varios pasajes en Hechos que especifican que Dios hacía obras milagrosas por medio de los apóstoles a fin de confirmar la primera proclamación del evangelio. Por ejemplo, Hechos 14:3 dice: «Por tanto, se detuvieron allí mucho tiempo, hablando con denuedo, confiados en el Señor, el cual daba testimonio a la palabra de su gracia, concediendo que se hiciesen por las manos de ellos señales y prodigios.» Si en la actualidad algunos desean ser como la iglesia primitiva de Hechos, ¿por qué no usan entonces obras milagrosas de esta manera como testimonio de la palabra de la gracia de Dios a los incrédulos? Los muchos casos de operaciones de milagros en Hechos han sido ya tratados antes, y son consecuentes con este versículo. El testimonio de todo el Nuevo Testamento concuerda con este versículo.

Primera Corintios 13:8-13

Aunque muchos usan 1 Corintios 13:8-13 como su principal argumento de que las lenguas han cesado, los otros versículos considerados en este capítulo y la otra evidencia dada en este libro muestra que la creencia en la cesación de algunos dones no se mantiene o cae con este pasaje. Primera Corintios 13:8-13 dice de manera clara que las lenguas cesarán, y que el conocimiento y la profecía «acabarán». Sin embargo, hay una considerable polémica acerca de cuándo han de suceder estas cosas.

En este capítulo, Pablo destaca la necesidad de ejercitar los dones espirituales con la actitud de amor. Dice que ninguno de los dones (lenguas, conocimiento, profecía) son nada por sí mismos, y que de nada aprovechan al que ejercita el don excepto si los usa con amor (vv. 1-7). En la última parte del capítulo (vv. 8-13) escribe que el amor permanece, mientras que no lo hacen la profecía, el conocimiento, y las lenguas. Pablo dice:

> El amor nunca deja de ser; pero las profecías se acabarán, y cesarán las lenguas, y la ciencia acabará. Porque en parte conocemos, y en parte profetizamos; mas cuando venga lo perfecto, entonces lo que es en parte se acabará. Cuando yo era niño, hablaba como niño, pensaba como niño, juzgaba como niño; mas cuando ya fui hombre, dejé lo que era de niño. Ahora vemos por espejo, oscuramente; mas entonces veremos cara a cara. Ahora conozco en parte; pero entonces conoceré como fui conocido. Y ahora permanecen la fe, la esperanza y el amor, estos tres; pero el mayor de ellos es el amor.

Por cuanto el punto en el que tiene lugar este «acabar» es descrito como «cuando venga lo perfecto», muchos han discurrido acerca del significado de «perfecto» (*teleion*) en este pasaje, llegando a conclusiones diferentes. Aunque la palabra *teleion* se traduce a menudo como «perfecto», puede significar «acabado, completo, maduro o perfecto.» El «perfecto» en este pasaje se contrasta de manera específica como lo contrario de «lo que es en parte». Por tanto, «perfecto» debe ser comprendido en el sentido de «completo». Y esto no sólo es un significado común de *teleion*, sino que es el único que hace un contraste razonable con «lo que es en parte».

El significado de «maduro» es derivado por algunos intérpretes de la ilustración en el versículo 11, pero una posible interpretación de una declaración ilustrativa que puede tomarse en diversos sentidos no puede dictar el significado de una declaración perfectamente clara que sólo puede ser interpretada de manera razonable en un sentido. De modo que *teleión* ha de entenderse como «completo». Así como el hombre deja a un lado las cosas de la infancia cuando viene a ser maduro (v. 11), igualmente las cosas completas arrinconan o reemplazan sus componentes parciales cuando lo que es en parte queda completado (v. 10).

La repetición de esta idea demuestra que es un énfasis principal en este pasaje. El versículo 9 dice que la razón de que las profecías y el conocimiento vayan a acabar es que son sólo parciales. El versículo 10, como hemos acabado de ver, se refiere a lo «completo» que reemplaza «lo que es en parte». El versículo 12 comienza luego a cerrar la discusión al decir que «ahora conozco en parte; pero entonces [en el *teleion*] conoceré como fui conocido». Así, queda claro que el concepto de «completo» que toma el puesto de «lo que es en parte» es el tema básico de este pasaje, que muestra por qué el amor permanece cuando ya no hay profecías, conocimiento, ni lenguas.

Observemos que el versículo 10 da un principio general más que una declaración específica. Enuncia un principio general comúnmente reconocido que es empleado como principio general en este pasaje. Pablo lo da como razón evidente por sí misma para su argumento de que las profecías y el conocimiento serán arrinconados debido al hecho de que son algo parcial. Aparentemente, espera que sea una declaración evidente por sí misma. La evidencia concluyente de que se trata de un principio general es el uso que hace de los singulares neutros «lo que es en parte» y «lo completo». El singular neutro muestra que se usan para referirse a los conceptos generales de cualquier cosa que sea parcial y de cualquier cosa que sea completa. Si se refiriese a los puntos específicos de este pasaje, que serían las profecías parciales y el conocimiento parcial, sería en femenino, por cuanto en griego ambas cosas son femeninas.

Por ello, el hecho de que *teleion* sea neutro deja evidente que es un principio general, y no nos dice nada del género de lo que constituye el tema en discusión. Es lo mismo que el hecho de que el neutro *to ek merous* («lo que es en parte») no nos dice nada acerca del género de lo que se designa como «en parte» en este pasaje. Según el contexto, lo que es «en parte» son las profecías y el conocimiento, cosas ambas que son femeninas.

El significado de *teleion* también es inconfundible en este pasaje, y, de hecho, se expresa de manera específica en el versículo 12. Es cuando el conocimiento que es en parte queda reemplazado por un conocimiento total, y cuando las profecías parciales quedan reemplazadas por la vista directa. Pablo dice que se trata de un acontecimiento individual —cuando la persona individual conoce y ve— más que un acontecimiento colectivo como la traslación de la iglesia al cielo. Pero el acontecimiento colectivo es una posibilidad si se minimiza el aspecto individual del versículo 12 y se pone en su lugar el aspecto de la profecía completada. Pablo parece estar diciendo: «Poned el énfasis en el amor, que permanece, en vez de en las profecías, el conocimiento y las lenguas, que son cosas sólo temporales y que un día serán reemplazadas.»

Se debería observar otro aspecto significativo. En este pasaje, las profecías y el conocimiento no son los dones en sí mismos, como parecen suponer la mayoría de los intérpretes, sino el contenido asociado con los dones. Hay varias razones de entender el pasaje de esta manera. Los dones no son parciales, ni habrá tampoco un día en el que los dones parciales serán reemplazados por dones completos. Lo que se destaca en el pasaje no son los dones, sino el conocimiento y las profecías, como por ejemplo la profecía de Ágabo acerca del hambre. La palabra «profecías» usada aquí se refiere al don en unos pocos pasajes. Sin embargo, generalmente se refiere a las profecías en sí mismas. Del mismo modo, el «conocimiento» no se describe en ningún lugar como uno de los dones espirituales. La «palabra de conocimiento» sí es un don; sin embargo, este título no se emplea aquí. Finalmente, el versículo 12 se refiere no específicamente a los dones, sino a lo que no es claro frente a la visión directa y al conocimiento parcial frente al conocimiento completo. De la misma manera, en esta consideración, las «lenguas» deben tener referencia al lenguaje en sí más que a don. Cuando se está tratando del don de lenguas, se usa alguna adición calificativa como «hablar en» lenguas o «las» lenguas.[6] La aparente excepción de 1 Corintios 14:26 se refiere en realidad al lenguaje hablado y no al don en sí, y, por tanto, no constituye una excepción.

Alguien objetará que toda esta sección de 1 Corintios es una consideración de los dones, y que por ello mismo éste debe ser el tema tratado aquí. Aunque Pablo está todavía considerando los dones, en esta sección en particular está tratando acerca del contenido resultante de los dones y del elemento básico implícito en el don de lenguas. Lo hace para mostrar que la razón básica de estos dones es sólo temporal, y que, por ello mismo, son menos significativos que el amor, que permanece. La visión directa y el conocimiento completo llegarán a ser a su tiempo el privilegio de cada cristiano. Por tanto, el conocimiento parcial y la profecía que resultan de los dones dejarán de ser cosas necesarias.

El contenido resultante de estos dones prosigue mucho tiempo después del don ejercitado para producir este contenido. Por ejemplo, Isaías profetizó hace muchos siglos, y su profecía permanece, aunque tanto Isaías como su don hace tiempo que desaparecieron. Así, sea lo que fuere el *teleion*, es sólo el contenido lo que continúa, no necesariamente el don. Es sólo el lenguaje lo que continúa hasta este punto, no necesariamente el don. Si, tal como parece por el pasaje, el *teleion* se refiere a la presencia de la persona individual con el Señor, este pasaje no hace referencia a ningún punto profético en la historia. Esos factores significan que este pasaje no enseña cuándo cesarán los dones ni durante cuánto tiempo permanecerán. Sirve para recordar a los corintios la naturaleza permanente del amor en contraste con los dones, que por su naturaleza inherente son sólo temporales, sólo para esta vida.

Recapitulación

Un hecho indisputable resuelve la pregunta básica «¿Hay algunos dones temporales?» Hay la realidad de que el don de apóstol del Nuevo Testamento ha cesado. Según 1 Corintios 9:1, 2, un apóstol ha de haber visto al Señor resucitado. Pablo fue el último en cumplir los requisitos (1 Co. 15:8); por tanto, fue el último apóstol. Como ya hemos visto antes, otros pasajes también dan sustento a esto. Según 2 Corintios 12:12, un apóstol debía poder hacer señales, milagros, y prodigios. Los ejemplos que se dan en el Nuevo Testamento no han sido duplicados. Pablo dice que esas señales confirmaron su ministerio evangelístico como apóstol a los gentiles. El abrumador consenso de la iglesia desde los tiempos más antiguos es que los apóstoles existieron sólo en la iglesia en sus comienzos, con lo que se admite que al menos este don fue temporal. Nadie ha pretendido de manera realista ser apóstol en el sentido pleno de un apóstol del Nuevo Testamento (como los Doce y Pablo). Por tanto, es cosa cierta que este don fue temporal, lo que establece el hecho de que no todos los dones son dados de manera continuada a la iglesia, y que algunos dones son de hecho temporales. Si un don es temporal, puede que otros lo sean.

Efesios 2:20 declara que los apóstoles y profetas son el fundamento de la iglesia universal. El contexto trata de todo el cuerpo de Cristo y no sólo de una iglesia local. Por tanto, este fundamento debe haber sido echado al comienzo de la iglesia universal y no había de repetirse con cada nuevo empuje misionero. Por cuanto los apóstoles existieron sólo en la iglesia primitiva, esto es una confirmación de que Efesios 2:20 considera el fundamento sólo como un principio. Los dones de apóstol y profeta están vinculados en este versículo como dones fundacionales. Por tanto, los profetas fueron para el comienzo de la iglesia, lo mismo que los apóstoles. Ésta ha sido también la opinión de la iglesia desde el principio. Las pretensiones de los pocos que han dicho ser profetas en el sentido pleno de un profeta del Nuevo Testamento nunca han sido validadas.

Segunda Corintios 12:12 revela que los apóstoles obraban señales milagrosas. Estas obras eran señales y eran prueba de apostolado. Por ello mismo, sería de esperar que las obras milagrosas, debido a que eran evidencia de apostolado, fuesen también una característica del apostolado. Es improbable que obras tales se extendiesen en ninguna magnitud considerable fuera del círculo apostólico. Nuestro estudio de los milagros pone en evidencia que los milagros bíblicos después de la crucifixión fueron realizados sólo por los apóstoles y por Esteban y Felipe. Así, las obras milagrosas iban ligadas con el don fundacional del apóstol. Pablo señala de manera explícita en Romanos 15:19 que su ministerio evangelístico a los inconversos gentiles, como apóstol de los gentiles, fue confirmado a sus destinatarios mediante señales milagrosas. Esto concuerda con 2 Corintios 12:12. En Marcos 16:15-20, que se ha considerado de manera más plena en un capítulo anterior, se expone que las señales milagrosas, que incluían hablar en lenguas, sanidades y expulsiones de demonios, fueron dadas como señales a los incrédulos. Estas palabras fueron dirigidas a los once apóstoles. Marcos 16:20 dice que ellos predicaron el evangelio y que el Señor obraba con ellos, confirmando su mensaje con señales. Esto estaba ya en el pasado cuando Marcos escribió su Evangelio. Estas señales confirmaron la predicación de los once. El mismo concepto es evidente en Hebreos 2:3, 4, que dice que el Señor confirmó la proclamación original a los hebreos mediante señales milagrosas de los testigos oculares del evangelio. Una vez más las obras milagrosas fueron señales a los incrédulos y confirmaron el testimonio de los que realmente habían «oído al Señor». Todos estos pasajes concuerdan en declarar que las obras milagrosas, incluidas las lenguas y sanidades, eran señales de confirmación para los incrédulos. Esto concuerda con 1 Corintios 14:22, donde el propósito del don de lenguas es claramente expuesto como señal a los incrédulos. Todos estos pasajes concuerdan también en vincular las obras milagrosas con el testimonio de testigos oculares. Hay coherencia en el testimonio de que estas señales eran a los incrédulos, pertenecían al pasado, y estaban cercanamente relacionadas con la proclamación primera del evangelio.

Así, la evidencia bíblica demuestra que los apóstoles y profetas fueron sólo para el comienzo, para la etapa fundacional de la iglesia universal (Ef. 2:20). La evidencia bíblica muestra también que los milagros y señales fueron sólo para la primera generación de creyentes y que habían pasado ya para la época en que fue escrita una parte del Nuevo Testamento (Mr. 16:17-20; He. 2:3, 4). Hay evidencia bíblica de que los dones de señales eran principalmente apostólicos, y que su propósito era el de confirmar la proyección inicial de la iglesia. Por la Biblia sola ya deberíamos esperar que los dones de apóstol, profeta, sanidades, milagros y lenguas fuesen temporales.

Además de la evidencia bíblica directa, hemos visto también que muchos acontecimientos descritos en el libro de Hechos no han continuado en la historia de la iglesia, como Pentecostés y el enceguecimiento de Elimas el mago. Esta es una prueba adicional de que la iglesia no está experimentando todos los fenómenos que ocurrieron en la iglesia del comienzo.

La historia demuestra que el don de lenguas cesó hace unos mil novecientos años. Desde aquel tiempo no se han visto verdaderos profetas, sanadores, u obradores de milagros que se ajusten a la descripción de los del Nuevo Testamento. Los pretendidos milagros de la actualidad no concuerdan con los milagros en la Biblia. Las sanidades de hoy no concuerdan con las de la Biblia, y fallan a menudo, lo cual es contrario a la Biblia. La manipulación de serpientes y la bebida de veneno, aunque pocas veces se practican, fallan a menudo. Más decisivo aun que todas estas discrepancias es el hecho de que los pretendidos dones de hoy tienen poco parecido con sus respectivos dones bíblicos. La historia de la iglesia amplifica este hecho, porque no hay casos de obras milagrosas, sanidades o hablar en lenguas en toda la historia de la iglesia que concuerden con las descripciones bíblicas de esos dones. ¿Da la Biblia información alguna que signifique que algunos dones fuesen sólo temporales? Sí, la da, como hemos visto en este capítulo.

El propósito expreso de los dones de señales como confirmación se ajusta a la necesidad especial para el establecimiento histórico inicial de la iglesia que comenzaba. La Biblia implica que algunos dones son temporales y declara que el don de apóstol es sólo para la iglesia en sus comienzos. La suposición de que todos los dones han de estar presentes en la iglesia en la actualidad es totalmente gratuita y contradice la opinión de la iglesia desde los primeros tiempos. Carece de sustento bíblico o histórico. Sin embargo, el punto de vista de que algunos dones son temporales es un hecho bíblico, y está también sustentado por la falta de estos dones en la historia.

* * *

1. Jack Deere, *Sorprendido por el poder del Espíritu* (Miami: Editorial Carisma, 1996), 275.
2. *Ibid.*, 276.
3. *Ibid.*, 277
4. *Ibid.*, 84.
5. *Ibid.*, 125ss., 320, 321. Deere no sólo falsea todas mis declaraciones, sino que parece más que un poco confundido, porque identifica los argumentos de Warfield contra la posición de que los milagros eran necesarios para los tres primeros siglos con un argumento que tiene que ver con los milagros sólo en la era apostólica.
6. Primera Corintios 14:22 usa el artículo anafórico para referirse a las lenguas ya bajo consideración.

CAPÍTULO 10

Conclusión

Un análisis del argumento carismático

UN ANÁLISIS DE LA posición carismática basada en sus propios argumentos resulta particularmente reveladora. A fin de comprender mejor la postura de ellos, analicemos el argumento de Deere. Su argumento es significativo principalmente debido a la naturaleza de su enfoque global, pero también debido a su respaldo y recomendación como apologética convincente para el movimiento carismático de señales y prodigios. Aunque algunos de los que respaldan el libro de Deere son considerados como personas de posturas moderadas, estos líderes y académicos carismáticos han dicho que «renovará su fe y su amor por Jesús»; «está entre los primeros en el nuevo paradigma en la vida de la iglesia»; «esto es teología narrativa en su mejor expresión: al mismo tiempo confesional, testimonial y bíblico»; y «tiene todo el potencial de ... mostrar al cuerpo de Cristo todo el poder del Espíritu de Dios».[1] En el catálogo de la casa editorial se dice: «Este libro es para los que anhelan saber lo que Dios está diciendo hoy.»[2] Esta cantidad insólita de alabanzas da la certidumbre de que estos dirigentes carismáticos están de acuerdo con el libro de Deere y su presentación y que lo recomiendan. Por tanto, al analizar el enfoque de Deere, estamos asimismo analizando un enfoque que tiene el respaldo y la recomendación de académicos y dirigentes carismáticos bien conocidos. Así, estamos en realidad analizando el enfoque carismático contemporáneo a este asunto, y por eso ha sido necesario considerar el libro de Deere.

El papel central de la experiencia

En primer lugar, no se pueden albergar demasiadas dudas de que el libro de Deere es fundamentalmente una descripción de su experiencia así como de la experiencia de otros, y que es también una exhortación al lector para que busque la misma «experiencia». Fee lo describe como «teología narrativa en su mejor expresión: ... testimonial», lo que es simplemente otra manera de decir que describe la «experiencia» de Deere.[3]

Deere dedica una gran parte de su libro a un segundo argumento que consiste de un ataque insólitamente fuerte, no contra los argumentos, sino contra la honradez y la fe de los cesacionistas y de todos aquellos que no busquen esta «experiencia». Dedica mucho tiempo y pone mucho énfasis en esas acusaciones, en lo que usa casi tanto espacio como el que dedica a describir su «experiencia». Sin embargo, el argumento real contra la posición cesacionista recibe mucho menos tiempo y énfasis.

Deere lanza un alegato para evitar insultos en la discusión.[4] Felizmente, muchos apologistas carismáticos son como Grudem, que ha estudiado el asunto y que en mis contactos ha sido gentil y sincero. A pesar del alegato de que quiere evitar los insultos, la obra de Deere está sin embargo repleta de ataques contra los motivos y la sinceridad de los no carismáticos. No me estoy refiriendo a declaraciones de que ciertos argumentos cesacionistas específicos sean antibíblicos o ilógicos.[5] Tampoco me refiero al uso que hace Deere del ridículo cuando se refiere al punto de vista cesacionista de que los milagros ayudaron a establecer la iglesia en su comienzo como la teoría «de cohete impulsor» y a los argumentos cesacionistas como «un gorrión en medio de un huracán».[6] Me refiero más bien a ataques directos sobre los cesacionistas mismos, no a ataques contra sus argumentos.

Por cuanto muchas personas sólo se fijarán en sus pocas protestas contra los insultos, señalaré algunos ejemplos. Él reitera constantemente el argumento carismático estándar de que los cesacionistas carecen de fe. Sin embargo, sus acusaciones son más extremas. Por ejemplo, acusa a los cesacionistas de arrogancia,[7] de mantener sus posiciones debido a su instrucción y tradición y no al estudio de las Escrituras,[8] y de saber que no pueden demostrar su posición en base de las Escrituras.[9] Asevera él que los cesacionistas consideran y enseñan que la doctrina es más importante que una vida moral,[10] ponen a la mente como más importante que el corazón,[11] y fomentan un seguimiento intelectual de la pureza doctrinal a expensas de la santidad personal.[12] Da la impresión de que en las iglesias cesacionistas la inmoralidad es cosa común.[13] Dice que las iglesias cesacionistas usan la Palabra de Dios para manipular y ejercer dominio sobre sus miembros,[14] que son insinceros al interpretar las Escrituras,[15] que son fríos, legalistas, pretenciosos, y farisaicos,[16] y que desvirtúan mandamientos bíblicos.[17] Dice que hay más maldad y pecado entre las iglesias fundamentalistas «autoritarias» que en ninguna otra sección de la iglesia y por su contexto da la impresión de que se refiere a las iglesias opuestas a las prácticas carismáticas.[18] Implica de manera directa que los cesacionistas son gente engañada, llenos de prejuicios y orgullosos.[19]

Dice que nadie llega al cesacionismo simplemente por el estudio de las Escrituras.[20] Asevera él que los Reformadores arguyeron contra los milagros no por razones honestas, sino para tener un argumento contra los católicos y para explicar un defecto en su experiencia. Ellos «decidieron» aceptar la naturaleza temporal de los milagros porque necesitaban un «truco» para demostrarlo. Deere presenta todo el enfoque de los Reformadores como básicamente deshonesto.[21] Presenta a los cesacionistas como gente que emplea o una hermenéutica antisobrenaturalista y los vincula con los teólogos liberales alemanes como Bultmann. Los cesacionistas son acusados de enseñar que los Evangelios y Hechos no pueden usarse para doctrina, pero que en la práctica sólo usan esto para aplicarlo a ciertas doctrinas, esto es, de manera deshonesta.[22] También acusa a los cesacionistas de negar la capacidad de Dios para sanar y de no tener una verdadera confianza en la capacidad de Dios de obrar a cabo sanidades difíciles.[23]

Los cesacionistas quedan conectados con la apostasía, el legalismo, y una fe tibia,[24] y son acusados de confiar en su propia piedad o tradición antes que en el poder, la sabiduría, y la bondad de Cristo.[25] Tienen miedo de probar nada diferente.[26] Son ciegos tradicionalistas, que chupan la vida de la iglesia y persiguen cualquier nueva obra del Espíritu Santo.[27] Mantienen una visión defectuosa del cristianismo y del amor, y usan el cesacionismo como una manera conveniente de racionalizar su falta de hambre de Dios.[28] Los cesacionistas son también acusados de carecer de amor, de mantener una obediencia externa a la Biblia, de justificar sus tibios sentimientos hacia Dios,[29] y de amar más la Biblia que a Dios. Son acusados también de usar el cesacionismo para echar todo aquello que no les guste en las Escrituras en la categoría de «cosas que dejaron de existir a fines del primer siglo».[30]

Ninguna de las anteriores alegaciones constituye realmente un argumento contra el cesacionismo. Sencillamente, se trata de ataques contra los cesacionistas. Infortunadamente, mucha parte del libro de Deere transcurre en estos ataques, en vez de en desarrollar los argumentos. ¿Acaso el llamamiento de Deere de evitar insultos sólo se aplica a los cesacionistas? Cuando Deere dice que necesitamos humildad para estar a bien con Dios, ¿se refiere a que esta humildad la necesitan sólo los cesacionistas? La mayor parte de su libro se dedica a su experiencia y a las acusaciones contra los cesacionistas. No sólo es frustrante que las Escrituras estén en un segundo plano en su presentación, sino que es muy perturbador descubrir su implicación de que las Escrituras son insuficientes para ayudar a los creyentes a vencer los problemas en su vida. También implica que demasiado énfasis en las Escrituras puede arruinar la vida de los cristianos, y que de hecho la ha arruinado.[31]

Por último, contemplemos un ejemplo específico de su método de argumentación contra las aseveraciones cesacionistas. Usaré un ejemplo con el que estoy muy familiarizado, porque es un argumento contra lo que dije en mi obra *Miraculous Gifts* [Dones milagrosos]. Pero tengo la impresión de que no soy el único autor que recibe este tratamiento. Me tomo el tiempo para hacer esto porque sólo alguien que esté familiarizado con estos asuntos y con los escritos que atañen a los mismos puede poner en evidencia la metodología de Deere. Además, espero que nadie pensará que realmente creo o que he escrito las distorsiones que Deere me ha atribuido.

Aunque la posición que presenté en mi libro anterior es probablemente el punto de vista más común, y aunque ya había dado la justificación bíblica, Deere introduce su discusión ridiculizándola con la designación de la teoría «del lanzamiento del cohete». Dice él que «durante toda su discusión, Edgar no cita ni un versículo de la Biblia para respaldar esta teoría».[32] La mayoría de sus lectores no serán conocedores de cuán distorsionada es esta declaración. Antes de la sección de que se trata, he citado numerosos versículos de la Escritura que sustentan de manera específica la posición que estoy presentando, además de 260 páginas de argumento basado en la Biblia. Al tratar de inducir a sus lectores a creer que no me baso en las Escrituras para mis argumentos, Deere evita mencionar que ya he establecido un fundamento bíblico. También pasa en silencio que inmediatamente después de la breve sección mencionada presento más evidencia bíblica que trata directamente con este tema. Aun una lectura superficial de mi anterior libro y dos secciones tituladas «Indicaciones bíblicas de cambio» y «Evidencia bíblica directa de que ciertos dones son temporales» deberían indicar que sí cito las Escrituras para sustentar mi teoría.

Pero una distorsión aun más evidente es la forma en que intenta apoyar una acusación así. Cita de una sección de mi libro titulada «Consideraciones lógicas». Dado este título, doy por supuesto que el lector medio esperaría encontrar bajo este título una sección dedicada a consideraciones lógicas, y no bíblicas. Y además, dejo esto más claro al introducir esta sección con estas palabras: «Antes de considerar la evidencia bíblica directa, hay otros factores que considerar.» Esta sección va luego seguida por otras tituladas «Indicaciones bíblicas de cambio» y «Evidencia bíblica directa de que ciertos dones son temporales». Por cuanto doy una gran cantidad de apoyo bíblico tanto antes como después de esta sección, no es cierto ni de lejos que no doy citas de las Escrituras para apoyar mi posición. Pero parece particularmente engañoso emitir la acusación de que no doy apoyo bíblico siendo que se cita de una sección en la que ya digo explícitamente que cubre argumentos lógicos y no bíblicos.

Deere también acusa que en mi argumento busco el «reconocimiento mundano en lugar del poder de Dios». Cita de mi libro e insinúa que quiero abandonar el poder de Dios a cambio de una reputación mundana. Luego me acusa de decir que nadie podría creer el evangelio aparte de milagros al distorsionar mi pregunta de retórica: «¿Quién podría aceptar un mensaje así?» Sin embargo, Deere no menciona al lector que estas aseveraciones están tomadas de una sección donde afirmo de una manera muy específica que estoy presentando cómo habría aparecido la predicación original del evangelio desde la «perspectiva humana» (esto es, para los inconversos), de manera particular en el ministerio evangelístico. En ningún momento insinúo que este es mi punto de vista.

Deere me acusa también de decir que los milagros son necesarios para que la gente crea el evangelio, y que, por ello mismo, estoy «peligrosamente cerca de rebajar el poder inherente del mensaje del evangelio». Su acusación es claramente falsa, porque en ningún lugar digo yo que los milagros sean o que jamás fueron necesarios para que la gente creyera el evangelio. Esta evidentemente es una distorsión de mi aseveración de que la necesidad de confirmación era mayor al principio que en la actualidad, pero «necesidad» no significa «necesario». Incluso si alguien no conoce la diferencia entre las palabras «necesidad» y «necesario», el contexto por sí mismo clarificaría el significado. ¿Por qué me acusaría Deere de lo que no he dicho?

Deere también saca de contexto mi pregunta de retórica: «¿Quién podría aceptar un mensaje así?» Aunque digo de manera específica que se trataba de la perspectiva de una persona irregenerada, él presenta esto como si fuese mi creencia. Por cuanto aun el apóstol Pablo usaba frecuentemente preguntas retóricas de una manera similar, Deere debería ser bien consciente de cómo he usado esta pregunta. En todo caso, el contexto en el que he empleado la pregunta debería clarificar su significado. ¿Por qué presenta Deere esto a sus lectores como si se tratase de mi opinión?

Finalmente, la acusación de Deere de que estoy rebajando el poder del evangelio parece singularmente inapropiada de su parte. Deere mismo ha dicho que los milagros de los apóstoles tenían el designio de confirmar su ministerio.[33] Él mismo dice muy claramente que hay situaciones en la vida cristiana en que la Palabra de Dios y la oración son inadecuadas. Todo su libro y toda su postura son una argumentación en el sentido de que los milagros no sólo fueron necesarios en los comienzos de la iglesia, sino también a lo largo de su historia, y no sólo para el evangelismo sino para toda la vida cristiana. De hecho, sólo tiene palabras de encomio para los dirigentes de un movimiento que cree en la necesidad de señales y milagros para una vida cristiana plena y que fomenta «el evangelismo de poder», que también sostiene la necesidad de señales para un ministerio evangelístico efectivo. En realidad, el mismo Deere y otros en el movimiento de señales y prodigios están «peligrosamente cerca de negar el poder inherente» del mensaje del evangelio así como de la Palabra de Dios y de la oración.

Debemos hacer una pregunta evidente: ¿Cómo pueden todos esos dirigentes y académicos carismáticos no sólo dar su aprobación sino también recomendar de manera entusiasta un enfoque así? Aunque muchos de esos académicos están familiarizados con este asunto y deberían reconocer la debilidad e improbabilidad de los argumentos e interpretaciones bíblicas de Deere, siguen sin embargo dando grandes alabanzas a su libro. Personalmente, no creo que sean deshonestos. La realidad es que ellos, lo mismo que la mayoría de los carismáticos, creen implícitamente lo que dice Deere, aunque ellos mismos no lo hayan dicho directamente. No debemos olvidar que los carismáticos tienen como fundamentales la creencia y el argumento de que la razón por la que los cesacionistas mantienen su punto de vista, y la razón de que desaparecieran los dones milagrosos en la historia, es la falta de fe: esto es, se debe a un defecto espiritual de parte de los no carismáticos. Además, su principal argumento siempre ha estado basado en su propia experiencia personal. Están tan convencidos por su experiencia que les es difícil, si no imposible, creer que nadie abierto a Dios podría resistir y además no buscar una experiencia de esa naturaleza. Así, claramente creen que sólo alguien que resista a Dios podría estar en contra de su punto de vista. Por cuanto para el carismático el factor realmente determinante es la experiencia, las Escrituras no son la autoridad final acerca de este punto en particular.

Ya que el libro de Deere es principalmente una descripción de su propia experiencia y da sólo un pequeño espacio al argumento bíblico, difícilmente puede ser calificado de «brillante, irrefutable». Desde la perspectiva carismática, los defectos espirituales de los cesacionistas explican por qué no están de acuerdo con esta experiencia. Así, los carismáticos pueden recomendar enérgicamente un tal libro, porque básicamente su postura y la de Deere son la misma. Sin embargo, su experiencia no tiene valor como evidencia para sustentar su punto de vista. Lo mismo sucede con sus acusaciones de que los cesacionistas carecen de fe y son espiritualmente deshonestos. Analicemos ahora el verdadero argumento de los carismáticos en vez de sus aseveraciones acerca de su experiencia y de los defectos de los cesacionistas.

El argumento básico de los carismáticos

Los carismáticos y los proponentes del movimiento de señales y prodigios insisten en que sus oponentes deben demostrar mediante una declaración directa e indiscutible de las Escrituras que los milagros del Nuevo Testamento no pueden existir en la actualidad. En caso contrario, dicen que su experiencia es el don del Nuevo Testamento. Rechazan la evidencia de que las lenguas y los milagros son sumamente improbables en la actualidad. También rechazan la sugerencia de que un análisis lógico y la deducción en base de los hechos bíblicos eliminan la posibilidad de tales dones en la actualidad.

En otra solución de continuidad lógica, ellos insisten que a no ser que se diga de modo específico en las Escrituras que es imposible que esos dones se den en la actualidad, que sus «experiencias», con independencia de su falta de similitud con los dones del Nuevo Testamento, son los dones genuinos. Sin embargo, aun si el efecto o resultado del ejercicio de los dones milagrosos pudiera verificarse hoy, esto empero no demostraría que las experiencias carismáticas son realmente los dones.

Supongamos que alguien descubre un carruaje en una vieja granja, y pretende que es realmente el carro del eunuco de Etiopía descrito en Hechos 8. Algunos niegan que esto sea así, pero se les dice que excepto si pueden presentar evidencia en sentido contrario, esto es, una declaración bíblica directa de que este carro no puede existir en el siglo veinte, entonces no tienen razones para dudar de este anuncio. Esta aseveración, aparte de toda evidencia, es el fondo de la pretensión. Cualquiera que rehúse aceptar esto y pida evidencias es señalado como excesivamente racionalista y carente de fe. Esto, a pesar del hecho de que el carro no ha sido visto durante diecinueve siglos, de que este carruaje no es similar al carro del eunuco, y de que es sumamente improbable que el carro fuese a reaparecer en este tiempo. Pero es precisamente así como arguyen los carismáticos para apoyar sus asertos.

¿Es realmente bíblico?

Los cesacionistas dan evidencia bíblica que muestra que ciertos dones han cesado. Observan versículos que demuestran que estos milagros son básicamente apostólicos y que habían cesado para la época en que fueron escritos algunos de los libros del Nuevo Testamento. Pero los carismáticos aseveran una y otra vez que el cesacionismo no se enseña en las Escrituras.

Simultáneamente, los carismáticos admiten que no hay apóstoles y que nadie hace milagros como los apóstoles. Admiten ellos que el don de apóstol cesó, y que los profetas y milagros actuales no son como los de la Biblia. Además, algunos carismáticos enseñan y admiten que en la actualidad no existen los profetas infalibles, o, como dice Hollenweger, los «profetas bíblicos». Ellos están de acuerdo en que cesaron, pero arguyen que la Biblia no enseña esto. Incluso inventan dos teorías para explicar por qué cesaron los dones milagrosos. Ambas teorías son admisiones explícitas de que estos dones cesaron. Aunque admiten abiertamente que estos dones cesaron, insisten sin embargo en que la Biblia no enseña esto.

Si su pretensión es bíblica, entonces, ¿por que no interaccionan con los argumentos cesacionistas? ¿Por qué evitan argumentos sólidos de los cesacionistas y mencionan argumentos que la mayoría de cesacionistas nunca han empleado? ¿Por qué repetir manoseados argumentos como el de que en 1 Corintios 12:31; 14:1, 39 se dice que deberíamos buscar los dones que deseamos? Parece una afrenta a los lectores no conscientes de esos problemas repetir este argumento tan manoseado sin intentar siquiera mencionar la sólida evidencia contra él ni dar respuesta a la misma.

Si las Escrituras sustentan las pretensiones carismáticas, ¿por qué es necesario interpretar Efesios 2:20 de una manera tan singular? ¿Acaso creen los carismáticos que su postura no puede ser apoyada mediante una interpretación normal de los pasajes? ¿Por qué se inventan un tipo inferior de profeta del que no encontramos ejemplo alguno en las Escrituras? ¿Por qué acusan a Ágabo de cometer errores cuando se puede ver que la profecía de Ágabo no entra en conflicto, sino que concuerda con lo que realmente sucedió?

La única manera en que se puede mostrar que los actuales dones carismáticos son los dones bíblicos es mostrar que son lo mismo. Si son bíblicos, sería una tarea relativamente fácil. En vez de ello, los carismáticos admiten que no son lo mismo e intentan entonces encontrar en la Biblia evidencia de dones inferiores. En tanto que arguyen que el cesacionismo no aparece en la Biblia, argumentan en favor de dones que no existen en la Biblia. Mientras que discurren que el cesacionismo no se enseña en la Biblia, admiten los principios básicos del cesacionismo. Si la Biblia enseña la posición carismática, ¿cómo es que no pueden sustentarla mediante ninguna evidencia directa y de defenderla mediante una interpretación normal?

El fruto del movimiento carismático

¿Cuál es el fruto del movimiento carismático? Como resultado de su búsqueda de algo más, ¿con qué nos dejan los carismáticos? Muchos carismáticos alegan que sus experiencias los han ayudado a encarrilar de nuevo su vida. Sin embargo, muchos que han vivido las mismas experiencias han salido del movimiento carismático alegando que estaba haciendo precisamente lo contrario para ellos. Echando a un lado todas las emociones y las experiencias, examinemos el verdadero fruto del punto de vista carismático. ¿Qué es lo que nos han dado? Otra manera de aproximarnos a la situación es hacer esta pregunta: ¿Qué han estado dispuestos a abandonar a fin de mantener sus alegaciones y vencer sus sentimientos de insuficiencia?

Primero, han abandonado la suficiencia de la obra de Jesucristo en la cruz. La obra de Cristo es disminuida a una mera salvación del castigo eterno, pero no es suficiente para vivir la vida cristiana. Desde la perspectiva de la mayoría de los carismáticos, lo que tenemos en Cristo no es suficiente. Dependiente de la perspectiva carismática particular de que se trate, el creyente necesita una «segunda obra» o «el bautismo del Espíritu» y de repetidos «milagros» como evidencia de que Dios está obrando. ¿Cuántos carismáticos estarían satisfechos con uno o dos «milagros»? Según esta perspectiva, un creyente no puede vivir una vida cristiana eficaz sin una evidencia repetida constantemente de que Dios está obrando. Así, para vencer su sentimiento de insuficiencia, nos dan una justificación insuficiente.

Segundo, nos dejan con unas Escrituras insuficientes. Deere dice que la Biblia es útil, pero que la Biblia y la oración no son suficientes para algunos problemas. Así, aunque el creyente está justificado y tiene libre acceso a Dios y a su Palabra para guía y motivación, esto se ve como insuficiente. No sólo se contempla la Bibliaa como inadecuada, sino que ni ella ni el Espíritu que habita en nosotros son suficientes para darnos una pasión por Dios. En vez de ello, se nos dice, necesitamos señales y milagros. Esto contrasta con las Escrituras, que nos dan numerosas amonestaciones e instrucciones acerca de la vida espiritual del creyente, pero que nada nos dice acerca de ninguna necesidad de milagros o de señales para el mantenimiento de nuestra vida espiritual.

Tercero, ahora se nos dice que Jesús puede fallar en la operación de un milagro. Para defender su experiencia carismática, Deere está dispuesto a decir que Jesús puede fallar y que realmente falló, a pesar de que esto contradice lo que la Palabra afirma acerca del Hijo de Dios y de que no tenemos evidencia alguna de que fallase. Quizá las protestas de Deere acerca de que Jesús no podía fallar en su deidad pacificarán a algunos, pero es dudoso de que la mayoría de carismáticos se sientan complacidos con este aserto. En cambio, las Escrituras nos dan una imagen totalmente diferente del Hijo de Dios. No contiene ni la más mínima insinuación de que Jesús pudiera fracasar. Insinuar tal cosa es una mera especulación carente de todo fundamento. El coste de llenar este «sentimiento» de insuficiencia es demasiado elevado. De hecho, ha devaluado la perspectiva verdadera de la justificación, de las Escrituras y del Señor Jesucristo.

Cuarto, nos dejan con un Espíritu Santo que supuestamente distribuye dones defectuosos o deficientes a los hombres. El don de profecía, por ejemplo, resulta un don disminuido, por mucha fe o deseo que pueda tener el profeta del Nuevo Testamento. Esto parece ser una obra mucho menos maravillosa del Espíritu Santo que cualquier ejemplo que se describa en las Escrituras.

Y esto no es todo. Nos quedamos con todo un orden de dones deficientes. Los apóstoles no son más que los profetas del Antiguo Testamento. Nos quedamos sin su oficio y capacidad singulares. Los profetas del Nuevo Testamento son falibles, no son fiables y no son más que lo que pueda ser cualquier maestro o consejero, incluso cuando hablan por revelación. Los obradores de milagros y de sanidades a menudo pueden fallar, pero siguen proviniendo de Dios. Se nos presentan sanidades de «derrumbamiento de personalidad» así como los «demonios» de la depresión y de las alergias. Finalmente, nos quedamos con el «don» de emitir sonidos ininteligibles en vez de la milagrosa y maravillosa capacidad del Espíritu Santo de hablar verdaderos idiomas para beneficio de los demás.

Se abandona la naturaleza singular de la edad apostólica, y se nos informa de que la iglesia de aquella época tenía todos esos dones débiles e ineficaces. En vez de ser dados los dones para un ministerio específico a favor de los demás, ahora se centran en milagros, señales, y otras evidencias para fortalecer a los vacilantes santos. En último término, si aceptamos todo esto, habremos pagado un terrible precio sólo para justificar las experiencias personales de alguien.

Aparte de entusiasmo, ¿qué resultados positivos podemos ver? ¿Tienen los carismáticos una mejor salud física que los no carismáticos? A no ser que consideremos el entusiasmo como una evidencia de espiritualidad, ¿nos encontramos con creyentes más espirituales? ¿Acaso las profecías y las visiones han dado como resultado un mayor conocimiento bíblico? ¿Acaso los carismáticos han recibido nuevos conocimientos acerca del divorcio, de la elección divina, o de otros asuntos difíciles con que se encuentran los estudiosos de la Biblia?

Los pertenecientes a estos movimientos pretenden estar en contacto directo con el Espíritu Santo, tener todos los dones descritos en el Nuevo Testamento, y comunicarse directamente con Dios, pero en ellos se incluyen católicos romanos, fundamentalistas, protestantes liberales, amilenaristas, premilenaristas, calvinistas, arminianos, no inspiracionistas y aun los que rechazan la salvación por la fe. Cosa irónica, el Espíritu con el que pretenden estar en contacto directo no parece en absoluto interesado en corregir estas diferencias en posturas, algunas de las cuales son incorrectas, y muchas de las cuales resultan en diferencias cruciales. Por alguna razón inexplicable, incluso su pretendido contacto directo con lo sobrenatural ha resultado impotente para corregir unos errores tan básicos. Sus experiencias no han conseguido resolver ninguna discrepancia teológica, no han producido ningún avance en el conocimiento bíblico, ni ha producido cristianos más espirituales.

Insistimos en que se nos pide que cedamos demasiadas cosas

importantes, por no decir esenciales. El precio que hemos de pagar por esta experiencia es sencillamente demasiado alto.

Una respuesta apropiada

¿Deberíamos estar abiertos a los dones milagrosos?

Por cuanto Mateo 7:22, 23 indica que obreros fraudulentos pueden hacer milagros y exorcismos en nombre de Jesús, podemos abrirnos en potencia a falsas revelaciones, visiones y señales. Primera Corintios 12:1, 2 y 1 Juan 4:1 nos advierten acerca de la realidad de falsos maestros y profetas. Según 2 Tesalonicenses y el libro de Apocalipsis, habrá falsos obradores de milagros. A pesar de todas estas advertencias bíblicas, los carismáticos no parecen habérselas tomado en serio. En lugar de ello, enfatizan el «poder» o alguna otra fuerza externa. Desean esquivar la mente racional, pero la Biblia instruye a los creyentes a que verifiquen a los maestros en lugar de aceptarlos ingenuamente a todos. Hacerse vulnerables a espíritus desconocidos es espiritualmente una irresponsabilidad; es algo ingenuo y peligroso. Si tal cosa sucede y luego uno es vencido por algún espíritu, ello no es validación de que dicho espíritu es de Dios. El moderno cristiano encuentra difícil creer que haya una batalla espiritual de este calibre en acción. Sin embargo, las Escrituras ponen en claro que así es, y que muchos creyentes serán envueltos en ella.

Muchos pastores y otros cristianos no carismáticos dicen que nadie debería contradecir las prácticas carismáticas a no ser que pueda demostrarse más allá de toda duda que no son genuinas. ¿Qué dice la Biblia? Dice precisamente lo contrario. En vez de la actitud de que debemos *saber* que algo es malo antes de excluirlo de nuestras iglesias y de evitar la práctica individual de lo mismo, la Biblia nos dice que deberíamos estar confiados en que es bueno antes de practicarlo. Por ejemplo: «Cada uno esté plenamente convencido en su propia mente» es un mandamiento en Romanos 14:5. En Romanos 14:23 leemos que «el que duda sobre lo que come, es condenado, porque no lo hace con fe; y todo lo que no proviene de fe, es pecado». Es pecado comer el alimento de que se trate a no ser que uno esté confiado en que es correcto hacerlo. Si existe la duda, no puede ser de fe; por tanto, es pecado. Los pastores y otros dirigentes cristianos no deberían estar exigiendo prueba de que los pretendidos dones carismáticos son falsos. Deberían estar exigiendo pruebas de que son verdaderos, y hasta que se dé tal prueba, no deberían permitir tales prácticas en sus iglesias.

¿Deberíamos buscar los dones milagrosos?

Desde el interior del movimiento carismático se nos exhorta a ir en pos de la experiencia carismática y a buscarla diligentemente. Si lo hacemos, hay pocas dudas de que conseguiremos la «experiencia». Pero no es de eso de lo que se trata. La Biblia nos enseña que sólo podemos ejercitar la fe bíblica cuando estamos primero confiados en que estamos practicando lo que enseña la Palabra de Dios. Se nos enseña con la misma claridad que cuando hacemos algo acerca de lo cual no tenemos la confianza previa de que es grato para Dios, no se hace con fe (Ro. 14:5, 23). Así, ir en pos de los dones milagrosos a fin de ver lo que pueda suceder, y quizá recibir la «experiencia», no es ejercitar la fe bíblica. Es en realidad una forma de existencialismo con un barniz cristiano. Según la Biblia, la fe es creer lo que Dios ha dicho; por tanto, la única manera en que se puede actuar con fe es estar confiado en que Dios lo ha dicho. No es fe buscar la experiencia para ver qué va a suceder. Nadie puede buscar los dones milagrosos por fe hasta que esté bien confiado en que Dios da estos dones hoy. Aun en tal caso, no se pueden buscar los dones milagrosos por fe hasta saber que Dios quiere que los creyentes busquen estos dones en particular. No obstante, las Escrituras no dicen nada para indicar que los creyentes deberían buscar ningún don, y desde luego dice que los cristianos deberían poner el énfasis en los dones de edificación y no en los milagrosos. De modo que parece bíblicamente imposible buscar por fe estos dones en particular. No se trata de si podemos alcanzar la experiencia. Cualquiera puede alcanzarla. De lo que se trata es: ¿Enseña la Palabra de Dios con claridad que debemos buscar los dones milagrosos?

La gravedad de este asunto

Es posible para cristianos bien intencionados mantener falsas doctrinas. Por ejemplo, el premilenarismo y el amilenarismo no pueden ser ciertos a la vez; por tanto, una de esas posiciones es incorrecta. Los cristianos deberían estar siempre interesados en conocer la verdad en contraste con el error. Sin embargo, en el caso del movimiento carismático tienen lugar ciertos fenómenos tangibles. Así, el asunto es más que doctrinal. El carismático alega estar en contacto con alguna fuerza espiritual. Estos fenómenos pueden proceder sólo del Espíritu Santo, de un impulso psicológico, de un falso espíritu, o de una combinación de las dos últimas posibilidades. Si el no carismático está equivocado, está perdiéndose algunos acontecimientos milagrosos y la experiencia de las lenguas.

Sin embargo, la Biblia señala que esas son cosas de prioridad inferior respecto a los dones de edificación. Se dice que son señales a los incrédulos y no a los creyentes; por tanto, el no carismático no se pierde ningún aspecto de la vida cristiana dispuesto o necesario para la espiritualidad del creyente. Puede aún saber la recta doctrina y tener todo lo necesario para la más plena vida cristiana. Puede estar seguro de que este énfasis no carismático en los dones de edificación en vez de en los dones carismáticos es bíblicamente correcto. Primera Corintios 12:31 instruye de manera muy específica que seamos celosos por los mayores dones, los dones de edificación, en lugar de por los dones inferiores, como el de las lenguas. El no carismático tiene evidentemente todos los esenciales para la madurez espiritual. Los carismáticos no han hecho avances en el conocimiento bíblico o teológico ni ningún avance en la espiritualidad. Así, lo que tienen, fuere lo que fuere, no está produciendo ningunas cualidades espirituales que no existan también en los círculos no carismáticos. El no carismático no es en absoluto desobediente al Señor en este asunto, por cuanto a los creyentes nunca se les manda que busquen dones.

En cambio, si el carismático está equivocado, entonces está tratando con fuerzas espirituales que no son de Dios. Además, no hay manera de evitar la realidad de que este entusiasmo por lo milagroso y el ir en pos de ello es contrario a las Escrituras. Al no buscar los dones milagrosos, el no carismático no pone en peligro ningún aspecto de la vida espiritual. De modo que el no carismático no pierde nada al no ser no carismático, pero el carismático no tiene nada que ganar al destacar esos dones milagrosos.

Para resumir

Así como en el ámbito de lo secular existe el concepto de lo «políticamente correcto», en la actualidad tenemos también el concepto de lo «correcto» en el ámbito teológico. Como ha hecho Deere, es común para los carismáticos poner en tela de juicio la fe y la sinceridad de los cesacionistas. Se puede decir sin temor a errar que los carismáticos son los que están en posición de ataque, y que están persuadiendo a muchos. Es cosa común en la actualidad que un libro como el de Deere no reciba crítica alguna por ello, sino sólo reseñas elogiosas. Sigue la práctica moderna de atacar la capacidad, integridad, y espiritualidad de sus oponentes, y luego de añadir ocasionalmente una frase de protesta contra tales prácticas que se supone que lo convierte todo en aceptable. He aprendido por experiencia que cuando un cesacionista intenta en cambio defender su posición sin lanzar ninguna alusión tocante a la fe o integridad de nadie, esto no se considera «aceptable», y su obra es objeto de críticas. De los carismáticos mencionados en este libro, sólo conozco personalmente a Wayne Grudem, considerándolo un amigo, aunque difiero con él acerca de este asunto. Lo cierto es que no atacaría el carácter, la fe, o la espiritualidad de Grudem, por cuanto no conozco de ninguna tacha en él en cuanto a ninguno de estos rasgos. De hecho, por mi propia experiencia, no puedo por más que calificarlo de un caballero y erudito cristiano. Sin embargo, conozco a cesacionistas que también concuerdan con esta descripción. El asunto no reside en el carácter de los que están a cada lado de la disputa, sino en cuál de ambas posturas concuerda mejor con la Biblia. Con esto hago un llamamiento a considerar estos argumentos desde esta perspectiva.

¿Acaso necesitamos ser sorprendidos por una experiencia de parte de Dios para compensar sentimientos de deficiencia? ¡No! Dios nos ha dado todo lo necesario para la vida y la piedad. No carecemos de nada. Cualquier sensación de carencia no se debe a la carencia de nada que Dios tenga para nosotros. Se debe a nuestra fragilidad, a nuestro propia dejación de recurrir a lo que Dios ya ha hecho por nosotros. En lugar de buscar una sorpresa, deberíamos estar satisfechos con lo que tenemos en Cristo, y vivir la vida cristiana en conformidad con Su Palabra escrita.

* * *

1. Comentarios de Wayne Grudem, Ralph Neighbour, Jr., Gordon D. Fee, y C. Peter Wagner, de la página introductoria de la obra de Jack Deere, *Sorprendido por el poder del Espíritu* (Miami: Editorial Carisma, 1996).
2. Catálogo de la casa editorial de la obra en inglés Zondervan Publishing House de libros académicos y profesionales, 18.
3. Fee, en la página introductoria de *Sorprendido*.
4. Deere, *Sorprendido*, 177.
5. *Ibid.*, 122.
6. *Ibid.*, 125, 119.
7. *Ibid.*, 52.
8. *Ibid.*, 53-60.
9. *Ibid.*, 63, 64.
10. *Ibid.*, 94.
11. *Ibid.*, 94, 95.
12. *Ibid.*

13. *Ibid.*, 96.
14. *Ibid.*
15. *Ibid.*
16. *Ibid.*, 97, 98.
17. *Ibid.*, 98.
18. *Ibid.*
19. *Ibid.*, 99, 100.
20. *Ibid.*, 115.
21. *Ibid.*, 115, 116.
22. *Ibid.*, 130, 131.
23. *Ibid.*, 145, 146.
24. *Ibid.*, 169.
25. *Ibid.*, 194.
26. *Ibid.*, 196.
27. *Ibid.*, 196, 197.
28. *Ibid.*, 211.
29. *Ibid.*, 212.
30. *Ibid.*, 217, 218.
31. *Ibid.*, 31, 32.
32. *Ibid.*, 126.
33. *Ibid.*, 78.

Bibliografía

*Libros en español

Abbott-Smith, G. *A Manual Greek Lexicon of the New Testament.* Nueva York: Charles Scribner's Sons, 1921.

Anecdota Graeca.

Aristófanes. *Ranae (Las Ranas).* Loeb Classical Library.

Aristóteles. *Poesía.* Véase *Poetics.* Loeb Classical Library.

———. *Rhetoric.* Loeb Classical Library.

Arndt, William F. y F. Wilbur Gingrich. *A Greek-English Lexicon of the* New *Testament.* Chicago: University of Chicago Press, 1947.

*Agustín. *La Epístola de San Juan.* Véase *The Epistle of St. John.* Tomo 7. The *Nicene and Post-Nicene Fathers.* 13 tomos. Grand Rapids: Eerdmans, *1956.*

Bales, James D. *Pat Boone and the Gift of Tongues.* Searcy, Ark., 1970.

Barrett, C. K. *A Commentary on the Second Epistle to the Corinthians.* Londres: Adam and Charles Black, 1973.

———. *The First Epistle to the Corinthians.* Nueva York: Harper and Row, 1968.

Beare, F. W. «Speaking With Tongues.» *Journal of Biblical Literature* 83 (septiembre 1964): 229-46.

Behm, Johannes. «Glossa.» *Theological Dictionary of the New Testament,* editado por Gerhard Kittel, Gerhard Friedrich y Geoffrey W. Bromiley, y traducido al inglés por Geoffrey W. Bromiley, 10 tomos. Grand Rapids: Eerdmans, 1964, 1976. 1:719-726.

———. «Kainos.» *The Theological Dictionary of the New Testament,* editado por Gerhard Kittel, Gerhard Friedrich y Geoffrey W. Bromiley, y traducido por Geoffrey W. Bromiley, 10 tomos. Grand Rapids: Eerdmans, 1964, 1976. 3:447-450.

Blass, F. y A. DeBrunner. *A Greek Grammar of the New Testament and Other Early Christian Literature*. Traducido y revisado por Robert W. Funk. Chicago: University of Chicago Press, 1961.

Broadbent, E. H. *The Pilgrim Church*. Londres: Pickering and Inglis, 1963.

Broadus, John. «Style of Mark xvi. 9-20 as bearing upon the question of genuineness.» *The Baptist Quarterly* (julio 1869).

Brown, Francis, S. R. Driver, y Charles A. Briggs. *A Hebrew and English Lexicon of the Old Testament*. Oxford: Clarendon Press, 1962.

Bruce, F. F. *The Acts of the Apostles*. Londres: Tyndale, 1951.

*Brumback, Carl. *¿Qué quiere decir esto?* Miami: Editorial Vida.

Bruner, Frederick Dale. *A Theology of the Holy Spirit*. Grand Rapids: Eerdmans, 1970.

Burgon, John William. *The Last Twelve Verses of Mark*. Reimpresión. Grand Rapids: Associated Publishers and Authors, s.f.

———. *The Revision Revised*. Londres: John Murray, 1883.

Carson, D. A. *Showing the Spirit*. Grand Rapids: Baker, 1987.

Cate, B. F. *Los nueve dones del Espíritu*. Sebring, Fl.: Editorial Bautista Independiente, 1965.

Charles, R. H. *The Apocrypha and Pseudepigrapha of the Old Testament*. 2 vols. Oxford: Clarendon Press, 1968.

Crisóstomo. *Homilías en Primera Corintios*. Véase *Homilies in First Corinthians*. Tomo 12. *The Nicene and Post-Nicene Fathers*. 13 tomos. Grand Rapids: Eerdmans, 1956.

Clemente de Roma. *Epístola a los Efesios*.

Conzelmann, Hans. *First Corinthians*. Hermeneia. Filadelfia: Fortress, 1975.

Cranfield, C. E. B. *The Epistle to the Romans*. ICC. 2 tomos. Edimburgo: T. & T. Clark, 1975-1979.

Currie, S. D. «Speaking in Tongues.» *Interpretation* 19 (Julio 1965): 274-294.

Cutten, George B. *Speaking With Tongues*. New Haven, Conn.: Yale University Press, 1927.

Dayton, Donald W. «Asa Mahan and the Development of American Holiness Theology.» *Wesleyan Theological Journal* 9 (Primavera 1974): 60-69.

*Deere, Jack. *Sorprendido por el poder del Espíritu*. Miami: Editorial Carisma, 1996.

Delitzsch, Franz. *Biblical Commentary on the Prophecies of Isaiah*. *Biblical Commentary on the Old Testament*, por C. F. Keil y F. Delitzsch. Reimpresión. Grand Rapids: Eerdmans, 1967.

Delling, Gerhard. «Battalogeo.» *Theological Dictionary of the New*

Testament, editado por Gerhard Kittel, Gerhard Friedrich y Geoffrey W. Bromiley, y traducido por Geoffrey W. Bromiley, 10 vols. Grand Rapids: Eerdmans, 1964, 1976. 1:597.

Demóstenes. *Contra Leptines*. Véase *Against Leptines*. Loeb Classical Library.

Dillow, Joseph. *Speaking in Tongues*. Grand Rapids: Zondervan, 1975.

Diódoro de Sicilia. *Biblioteca de la Historia*. Véase *Library of History*. Loeb Classical Library.

Dollar, George W. «Church History and the Tongues Movement.» *Bibliotheca Sacra* 120 (Octubre 1963): 316-321.

Donnegan, James. *A New Greek and English Lexicon*. Filadelfia: Butler and Williams, 1844.

Durasoff, Steve. *Bright Wind of the Spirit: Pentecostalism Today*. Englewood Cliffs, N.J.: Prentice-Hall, 1972.

Edgar, Thomas R. *Miraculous Gifts*. Neptune, N.J.: Loizeaux, 1983.

Eliade, Mircea. *Shamanism*. New York: Bollinger Foundation, 1964.

Ervin, Howard M. *These Are Not Drunken, As Ye Suppose*. Plainfield, N.J.: Logos, 1968.

Eurípides. *Hécuba*. Véase *Hecuba*, Loeb Classical Library.

*Eusebio. *Historia Eclesiástica*. Véase *Ecclesiastical History*. Vol. 1. *The Nicene and Post-Nicene Fathers*, 2d series. 14 tomos. Grand Rapids: Eerdmans, 1952. Hay también varias ediciones en castellano, entre ellas una de CLIE y otra de la BAC. En preparación: *Eusebio: Historia de la Iglesia*. Grand Rapids: Editorial Portavoz, 1998.

Farmer, W. R. *The* Last *Twelve Verses of Mark*. Cambridge: The University Press, 1974.

Faupel, David. *The American Pentecostal Movement*. Wilmore, Ky.: Asbury Seminary, 1972.

Filón. *De Decalogo (Sobre el Decálogo)*. Véase Loeb Classical Library.

———. *De Specialibus Legibus (Sobre las leyes especiales)*. Véase Loeb Classical Library.

———. *De Vita Mosis (Moisés)*. Loeb Classical Library.

———. *Quis Rerum Divinarum Heres (¿Quién es el heredero de las cosas divinas?)*. Loeb Classical Library.

Ford, Josephine Massyngberde. «The Charismatic Gifts in Worship.» *The Charismatic Movement*, editado por Michael Hamilton. Grand Rapids: Eerdmans, 1975.

*Gardiner, George E. *La catástrofe de Corinto*. Grand Rapids: Editorial Portavoz, 1976.

Gesenius, W, y E. Kautzsch. *Gesenius' Hebrew' Grammar* Traducido por A. E. Cowley. 2ª. ed. Oxford: Clarendon Press, 1963.

Godet, F. L. *The First Epistle to the Corinthians*. 2 tomos. Reimpresión. Grand Rapids: Zondervan, 1971.

Goodman, Felicitas D. *Speaking in Tongues*. Chicago: University of Chicago Press, 1972.

Gromacki, Robert G. *The Modern Tongues Movement*. Filadelfia. Presbyterian and Reformed, 1967.

Grudem, Wayne. *The Gift of Prophecy in the New Testament and Today*. Westchester, Ill.: Crossway, 1988.

Gundry, Robert H. «Ecstatic Utterance (N.E.B.)?» *Journal of Theological Studies* 17 (Octubre 1966): 299-307.

Harnack, Adolf. *History of Dogma*. Traducido por Neil Buchanan. 7 vols. Nueva York: Russell and Russell, 1958.

Harrisville, Roy A. «Speaking in Tongues.» *Catholic Biblical Quarterly* 38 (Enero 1976): 35-48.

Hastings, James, ed. *Encyclopedia of Religion and Ethics*. Nueva York: Charles Scribner's Sons, s.f.

Hatch, Edwin and Henry A. Redpath. *A Concordance to the Septuagint and the Other Greek Versions of the Old Testament*. 2 tomos. 1897. Reimpresión. Graz, Austria: Akademische Druck-u Verlagsanstalt, 1954.

Hodge, Charles. *An Exposition of the Second Epistle to the Corinthians*. Grand Rapids: Eerdmans, s.f.

Hodges, Zane C. «The Purpose of Tongues.» *Bibliotheca Sacra* 120 (julio-septiembre 1963): 226-233.

*Hoekema, Anthony. *¿Qué de las lenguas?* Terrasa, España: Editorial CLIE.

*Hollenweger, Walter J. *Los pentecostales*. Buenos Aires: La Aurora.

Hughes, Philip E. *Paul's Second Epistle to the Corinthians*. NICNT. Grand Rapids: Eerdmans, 1962.

Ignacio. *A los filadelfianos*.

Ireneo. *Contra Herejías*. Véase *Against Heresies*. Tomo 1. *The Ante-Nicene Fathers*. 8 tomos. Buffalo: Christian Literature, 1885.

Jackson, Samuel Macauley, ed. *The New Schaff-Herzog Encyclopedia of Religious Knowledge*. Grand Rapids: Baker, 1969.

Jorstad, Erling. *The Holy Spirit in Today's Church*. Nueva York: Abingdon, 1973.

Josefo. *Contra Apión*. Véase *Josephus - Against Apion*. Traducido al inglés por William Whiston. Grand Rapids: Kregel, 1963.

Kydd, Ronald A. *Charismatic Gifts in the Early Church* Peabody, Mass.: Hendrickson, 1984.

———. «Novatian's *De Trinitate*, 29: Evidence of the Charismatic?» *Scottish Journal of Theology* 30 (1977): 313-318.

Lampe, G. W. H. *A Patristic Greek Lexicon*. Oxford: Clarendon Press, 1961.

Lederle, Henry I. *Treasures Old and New: Interpretations of "Spirit Baptism" in the Charismatic Renewal Movement.* Peabody, Mass.: Hendrickson, 1988.

Liddell, Henry George y Robert Scott. *A Greek-English Lexicon.* Revisado por Henry Stuart Jones. Oxford: Clarendon Press, 1968.

Lommel, Andreas. *Shamanism.* Nueva York: McGraw Hill, 1967.

Mackie, Alexander. *The Gift of Tongues.* Nueva York: Doran, 1921.

Mallone, George. *Those Controversial Gifts.* Downers Grove, Ill.: InterVarsity, 1983.

*Mayhue, Richard. *La promesa de sanidad.* Grand Rapids: Editorial Portavoz, 1995.

M'Clintoch, John y James Strong, eds. *Cyclopaedia of Biblical, Theological, and Ecclesiastical Literature.* 12 tomos, 1887. Reimpresión. Grand Rapids: Baker, 1970.

McCone, R. Clyde. «The Phenomena of Pentecost.» *Journal of the American Scientific Affiliation* 30 (Septiembre 1971): 83-88.

McGee, Gary B, ed. *Initial Evidence: Historical and Biblical Perspectives on the Pentecostal Doctrine of Spirit Baptism.* Peabody, Mass.: Hendrickson, 1991.

McGonigle, Herbert. «Pneumatological Nomenclature in Early Methodism.» *Wesleyan Theological Journal* 8 (Primavera 1973): 61-72.

Marco Aurelio Antonino. *Las meditaciones de Marco Aurelio Antonino.* Véase *The Meditations of Marcus Aurelius Antoninus.* Traducido por John Jackson. Oxford: Clarendon Press, 1906.

———. *Pensamientos.* Véase *Thoughts.* Loeb Classical Library.

Menzies, William W. *Anointed to Serve.* Springfield, Mo.: Gospel Publishing House, 1971.

Michel, Otto. «Oikodomeo.» *The Theological Dictionary of the New Testament*, editado por Gerhard Kittel, Gerhard Friedrich y Geoffrey W. Bromiley, y traducido por Geoffrey W. Bromiley, 10 tomos. Grand Rapids: Eerdmans, 1964, 1976. 5:136-144.

Mitchell, Kurt. «Dispensing with Scofield.» *Christianity Today*, 10 enero 1994.

Morris, Leon. *The First Epistle of Paul to the Corinthians.* Grand Rapids: Eerdmans, 1958.

Moulton, James Hope y George Milligan. *The Vocabulary of the Greek New Testament.* Londres: Hodder and Stoughton, 1930.

Moulton, W. F. y A. S. Geden. *A Concordance to the Greek Testament.* Edimburgo: T. & T. Clark, 1963.

*Nee, Watchman. *La iglesia normal.* Terrassa, España: CLIE, 1985.

Nichol, John Thomas. *Pentecostalism.* Nueva York: Harper and Row, 1966.

Novaciano. *De Trinitate*. Traducido al inglés por Robert Ernest Wallis. Tomo 5. *The Ante-Nicene Fathers*. 8 tomos. Buffalo: Christian Literature, 1887.

Orígenes. *Contra Celso*. Véase *Against Celsus*. Vol. 4. *The Ante-Nicene Fathers*. 8 vols. Buffalo: Christian Literature, 1885.

Paulk, Earl P. *Your Pentecostal Neighbor*. Cleveland, Tenn.: Pathway, 1958.

Platón. *Timeo*. Véase *Timaeus*. Traducido al inglés por J. Harwood. Vol. 7. *Great Books of the Western World*. 54 tomos. Chicago: Encyclopaedia Britannica, 1952. Hay también diversas ediciones en castellano.

Plutarco. *Moralia, De Pythiae Oraculus (Los oráculos en Delfos)*. Loeb Classical Library.

———. *Moralia, Isis y Osiris*. Loeb Classical Library.

Polibio. *Las Historias*. Véase *The Histories*. Loeb Classical Library.

Quintiliano. *Institutio Oratorio*. Véase Loeb Classical Library.

Ramsay, W. *M. A Historical Commentary on St. Paul's Epistle to the Galatians*. Londres: Hodder and Stoughton, 1899.

Rengstorf, K. H. «Didaktikos.» *Theological Dictionary of the New Testament*, editado por Gerhard Kittel, Gerhard Friedrich y Geoffrey W. Bromiley, y traducido por Geoffrey W. Bromiley, 10 tomos. Grand Rapids: Eerdmans, 1964, 1976. 2:165.

Robertson, Archibald y Alfred Plummer. *A Critical and Exegetical Commentary on the First Epistle of St. Paul to the Corinthians*. ICC. 2ª ed. Edimburgo: T. & T. Clark, 1914.

Robinson, D. W. B. «Charismata Versus Pneumatika.» *Reformed Theological Review* 31 (mayo-agosto 1972): 49-55.

Robinson, Edward. *Greek-English Lexicon of the New Testament*. Boston: Crocker and Brewster, 1836.

Samarin, William J. *Tongues of Men and Angels*. Nueva York: Macmillan, 1970.

Sarles, Ken. «An Appraisal of the Signs and Wonders Movement.» *Bibliotheca Sacra* (enero-marzo 1988).

Schaff Philip. *History of the Christian Church*. 8 tomos. Reimpresión. Grand Rapids: Eerdmans, 1952.

*Schwab, Richard C. *Deje que la Biblia hable sobre las lenguas*. Grand Rapids: Editorial Portavoz, 1993.

Sellers, C. Norman. *Biblical Conclusions Concerning Tongues*. n.p., 1970.

Sextus Empiricus. *Contra los Gramáticos*. Véase *Against Grammarians*. Loeb Classical Library.

Sharp, Granville. *Remarks on the Uses of the Definitive Article in the Greek Text of the New Testament*. 3ª ed. Filadelfia: B. B. Hopkins, 1807.

Smith, Charles R. *Tongues in Biblical Perspective*. Winona Lake, Ind.: BMH Books, 1972.

Sophocles, E. A. *Greek Lexicon of the Roman and Byzantine Periods.* Cambridge: Harvard University Press, 1914.

Stafford, Tim. «Testing the Wine From John Wimber's Vineyard.» *Christianity' Today*, 8 agosto 1986.

Stagg, Frank, E. Glenn Hinson y Wayne E. Oates. *Glossolalia*. Nashville: Abingdon, 1967.

Stauffer, Ethelbert. «Agapao.» *Theological Dictionary* of *the New Testament*, editado por Gerhard Kittel, Gerhard Friedrich y Geoffrey W. Bromiley, y traducido por Geoffrey W. Bromiley, 10 tomos. Grand Rapids: Eerdmans, 1964, 1976. 1:49-55.

Strong, James. *The Exhaustive Concordance of the Bible.* Nashville: Abingdon, 1890.

Sweet, W. W. *The Story of Religion in America.* Nueva York: Harper and Brothers, 1930.

Synan, Vinson. *The Holiness Pentecostal Movement in the United States.* Grand Rapids: Eerdmans, 1971.

Tertuliano. *Contra Marción.* Véase *Against Marcion.* Vol. 3. *The Ante-Nicene Fathers.* 8 vols. Buffalo: Christian Literature, 1885.

Thayer, Joseph Henry. *Greek-English Lexicon of the New Testament.* Grand Rapids: Zondervan, 1962.

Thistleton, A. C. «The Interpretation of Tongues: A New Suggestion in the Light of Greek Usage in Philo and Josephus.» *Journal of Theological Studies* 30 (abril 1979): 15-36.

Toussaint, Stanley D. «A Method of Making a New Testament Word Study.» *Bibliotheca Sacra* 120 (enero-marzo 1963): 35-41.

———. «*First Corinthians Thirteen and the Tongues Question.*» *Bibliotheca Sacra.* 120 (octubre-diciembre 1963): 311-16.

Tucídides. *Historia de la Guerra del Peloponeso.* Véase *History of the Peloponnesian War.* Loeb Classical Library.

Turner, Nigel. *Syntax.* Vol. 3. *A Grammar of New Testament Greek.* James H. Moulton. 4 tomos. Edimburgo: T. & T. Clark, 1963.

Tylor, Sir E. B. *Religion in Primitive Culture.* 2 tomos. Nueva York: Harper and Brothers, 1958.

Virgilio. *La Eneida*. Hay diversas ediciones en castellano. Véase *The Aeneid*, traducida al inglés por James Rhoades. Vol. 13. *Great Books of the Western World.* 54 tomos. Chicago: Encyclopaedia Britannica, 1952.

Wallace, Daniel A. *Exegetical Syntax*, borrador preliminar, 1994.

———. «The Article-Noun-kai-Noun Plural Construction.» *Grace Theological Journal* (Primavera, 1983).

Warfield, B. B. *Counterfeit Miracles.* 1918. Reimpresión. Londres: Banner of Truth, 1972.

Wesley, John. *The Journal of John Wesley.* Chicago: Moody Press, s.f.

White, R. Fowler, «For the Sparrow in the Hurricane: A Review of Jack Deere's *Sorprendido por el poder del Espíritu*». Ponencia presentada ante la reunión anual de 1994 de la Evangelical Theological Society, Región Oriental, Filadelfia.

Williams, John. *The Holy Spirit: Lord and Life-Giver.* Neptune, N.J.: Loizeaux, 1980.

Windisch, Hans. «Barbaros.» *Theological Dictionary of the New Testament,* editado por Gerhard Kittel, Gerhard Friedrich y Geoffrey W. Bromiley, y traducido por Geoffrey W. Bromiley, 10 tomos. Grand Rapids: Eerdmans, 1964, 1976. 1:546-553.

Índice de citas bíblicas

Lucas

Juan

Hechos

Romanos

1 Corintios

2 Corintios

Índice analítico